Susanne M. Batzdorff
Edith Stein – meine Tante

Susanne M. Batzdorff

Edith Stein – meine Tante

Das jüdische Erbe einer katholischen Heiligen

echter

Die Originalausgabe erschien unter dem Titel »Aunt Edith.
The Jewish Heritage of a Catholic Saint« © Templegate Publishers.

Die Deutsche Bibliothek – CIP-Einheitsaufnahme

Batzdorff, Susanne M.:
Edith Stein – meine Tante : das jüdische Erbe einer katholischen
Heiligen / Susanne M. Batzdorff. – Würzburg : Echter, 2000
ISBN 3-429-02257-6

Umschlag: Peter Hellmund, Würzburg
Satz: Echter Druck GmbH, Würzburg
Druck und Bindung: Friedrich Pustet GmbH & Co. KG, Regensburg
ISBN 3-429-02257-6

Inhalt

Vorwort für die deutsche Ausgabe

Hanna-Barbara Gerl-Falkovitz

»Die heiligen Frauen: das sind Bürgerinnen Jerusalems in Babylon. Das Leid, die Schuld, die Sehnsuchtsnot der Welt häufen sich auf ihnen; das Licht vernichtet sie fast; es bricht sie. Von vielen, wenn nicht von allen, gilt das Wort: Ich wäre untergegangen, wenn ich nicht zugrunde gegangen wäre (Periissem, nisi periissem), das heißt, wie die große Teresa sagt: Ich lebe, weil ich immerfort sterbe, ich sterbe nicht, weil ich sterbe von Tag zu Tag.«[1]

*

Wenn man das Leben, die philosophische Klarheit, die religiöse Tiefe Edith Steins vor Augen hat, so stößt man um so verwirrter auf ihren furchtbaren Tod. Was kann der Sinn der ganzen, lebenslangen Anstrengung um Wahrheit gewesen sein, welche auch nur geringe Spur hinterlassen ihre luziden Forschungen, wenn alles absurd-mörderisch endet? Und ihr Tod versinkt ja in den Tod ungezählter Millionen des 20. Jahrhunderts, das so fortschrittsbewußt begann und nun die tiefe Vergänglichkeit des Fortschritts erwiesen hat. Ganz Europa war gezeichnet von den Toten der Welt- und Bürgerkriege, der Revolution von 1917 und ihrer Folgen, der Machtergreifung von 1933, der geplanten Vernichtungen durch Lager, Hunger, Exekution. Mehr als das: Die Folgen dieser dämonischen Ereignisse sind immer noch nicht zu Ende, ein Großteil des östlichen Europa leidet bis zum heutigen Tage. Wozu philosophische Erkenntnisse, wozu Fleiß und Disziplin des Arbeitens, wenn es in solchen »Tatsachen« untergeht? Bleibt das Streben nach endgültiger Wahrheit des Denkens leer angesichts der unzähligen Opfer?
Die Antwort darauf kann wohl nicht von uns Lebenden mit letzter Überzeugung kommen, da diese Überzeugung noch keine persönliche Prüfung bestehen mußte. Aber Edith Steins Gesicht hat Teil an der namenlosen Verwüstung und kann daher eine Antwort wagen: Der Sinn solcher Klärungen des Denkens mag darin liegen, daß in aller Bitterkeit verstanden wird, wodurch der Mensch geheilt wird und wie der Heilige heißt.

*

Im Abstand der 60 Jahre zu dem entsetzlichen Tod, den Edith Stein mit ungezählt vielen, ja unmittelbar zusammen mit einer Gruppe großherziger Menschen gestorben war[2], bleibt die Frage nach ihrer besonderen Bedeutung unter den Leidensgenossen. Der noch kurze Abstand der 60 Jahre erlaubt sicher kein endgültiges Urteil. Aber für die Gegenwart ist wohl zu sagen, daß Edith Steins erste, nicht beabsichtigte, aber »zugefallene« Bedeutung in der neu bewußt gewordenen, vielfach verdrängten Verbindung von Christentum und Judentum liegt.
Erinnerlich ist die Diskussion, die der Seligsprechung am 1. Mai 1987 vorausging: Starb Edith Stein als christliche Martyrerin oder als Jüdin? Die Alternative der Fragestellung ist von vornherein falsch: Es gehört zur einfachen historischen Redlichkeit zu sagen, daß Edith Stein als Jüdin umgebracht wurde, aber es gehört zur biographischen Redlichkeit ihr gegenüber zu begreifen, daß sie dieses Schicksal bewußt als Christin trug. Bedeutsamerweise ist der Streit darüber bei der Heiligsprechung 1998 ziemlich verstummt, denn es gelang Johannes Paul II., in einer einzigen Formel zusammenzufassen, wie Edith Stein sich wohl selbst verstanden hätte. Er sprach schon 1987 von der »großen Tochter Israels und des Karmel«, wobei »Israel« ebenso ethnisch gemeint war wie religiös, als das erwählte Volk Gottes. Und hier wird die Bedeutung umgreifend, denn zu »Israel« gehören der Alte Bund und gemäß der Überzeugung Edith Steins der Neue Bund, oder, zu den im Neuen Bund Aufgewachsenen sei es nicht minder eindringlich umgekehrt gesagt, zum erwählten Volk Gottes gehören Christen und Juden. Und das Kirchengebet während der Papstmesse 1987 im Kölner Stadion, lange nicht mehr so ausgesprochen und trotz der Spröde des Mediums Fernsehen mit einem unglaublichen Ruck die gemeinsamen Wurzeln bloßlegend, begann: »O Gott unserer Väter« – deren Kette bis auf Abraham, Isaak und Jakob zurückführt. In dieser neu bewußt gewordenen Kette liegt der erste Anstoß, im Sinne des Impulses für zukünftiges Denken, aber auch im Sinne des noch nicht Verdauten, noch nicht Begriffenen. Edith Stein könnte tatsächlich eine Brücke zwischen Christentum und Judentum werden. Ihr Leben scheint sie zu dieser Aufgabe fast erzwungen vorzubereiten.
Das Mädchen hatte im Alter von etwa dreizehn Jahren, typischerweise also in der Pubertät, ihre kindlichen Gebete aufgegeben. Hieran schloß sich die bekannte Phase religiösen Desin-

teresses, das bei der damaligen Generation noch verstärkt wurde durch den selbstverständlichen, fast »aromatischen« Atheismus oder Agnostizismus an den Universitäten. Für die Kontur Edith Steins ist unbedingt zu unterscheiden: Nicht die religiöse Jüdin, sondern die Atheistin wird Christin, und erst als Christin wird sie sich überhaupt bewußt mit dem religiösen Judentum auseinandersetzen – erstmals im Vorfeld ihrer Taufe beginnt sie, das Alte Testament durchzuarbeiten. Die deutsche Sprache verunklart hier notwendige Unterscheidungen, da das Wort »Judentum« Abstammung und religiösen Glauben zusammenwirft, während zum Beispiel im Englischen »Judentum« (*jewry* – ethnische Abstammung) und »Judaismus« (*judaism* – Glaubenshaltung) unterschieden werden. Edith Stein war Jüdin, aber nicht »Judaistin« im erläuterten Sinn. Es ist daher strenggenommen unrichtig, von ihrer Konversion zu sprechen, eher von radikaler Bekehrung im umfassenden Sinn des deutschen Wortes. Die Einunddreißigjährige wechselt nicht von einem Glauben zum anderen, sie kommt aus einem bewußt gewählten, anfangs befreiend empfundenen Vacuum, das freilich je länger je mehr wirklich zur Leere wurde. Als die reife Frau, nach den Verstörungen des Ersten Weltkriegs, die Zustimmung zum christlichen Bekenntnis vollzieht, schließt sie darin ausdrücklich ihre jüdische Herkunft ein, nicht aus. Am klarsten läßt sich das Geschehene mit ihren eigenen Worten ausdrücken: »Es ist zweifellos, daß die Seele bei der Wiedergeburt aus dem Geiste eine Wandlung erfährt. Das Leben, in dem sie ihre Eigenart sonst auslebte, wird ihr abgeschnitten. Es schwindet die Bindung an die natürliche Vernunft und die Reaktionsweise, die diese vorschreibt. Und dennoch wird das Eigenste der Seele nicht ausgelöscht; es ist unantastbar.«[3]

So fällt auf, daß sich Edith Stein gerade in den Kölner Karmel-Jahren ab 1933 der besonderen Auszeichnung ihrer jüdischen Abstammung bewußt wurde. Dies von den zwei Seiten her, die an sich getrennt waren, die sie aber wieder zur Deckung bringen sollte: ethnisch und religiös. Früh und schmerzend scharf empfand sie schon 1933 ihre besondere Aufgabe: »Ich sprach mit dem Heiland und sagte ihm, ich wüßte, daß es sein Kreuz sei, das jetzt auf das jüdische Volk gelegt würde. Die meisten verstünden es nicht, aber die es verstünden, müßten im Namen aller bereitwillig es auf sich nehmen. Ich wollte das tun...«[4] Den Rassenterror der Nationalsozialisten kommentierte sie hellsichtig, er richte sich gegen die menschliche Natur des Herrn. Kraft dieser menschlichen Natur wußte sie sich »blutsverwandt«: »Sie glauben nicht, was es für mich bedeutet, Tochter des auserwählten Volkes zu sein, nicht nur geistig, sondern auch blutsmäßig zu Christus zu gehören.«[5] Bekanntlich suchte sie um eine Enzyklika des Papstes gegen die Judenverfolgung nach und empfand deren Ausbleiben mit Schmerz. Mit welcher Freude hätte sie wohl auf das Konzil und seinen Impuls zum Dialog mit den »älteren Brüdern« reagiert, auf den überfälligen Gesprächswillen! Statt dessen lebte sie sich mehr oder minder allein in diese wenig vorgebahnte Gedankenwelt hinein, arbeitete sich durch das Alte Testament, ja fand zu einem Vergleich ihrer selbst mit der Königin Esther.

In einem Brief vom 31. Oktober 1938, der die Leiden der Geschwister anspricht, steht vielsagend, gleichsam über dem ungeheuren Resonanzboden der Geschichte: »Ich muß immer wieder an die Königin Esther denken, die gerade darum aus ihrem Volk herausgenommen wurde, um für das Volk vor dem König zu stehen. Ich bin eine sehr arme und ohnmächtige Esther; aber der König, der mich erwählt hat, ist unendlich groß und barmherzig. Das ist ein so großer Trost.«[6]

Diese Gestalt begleitet Edith Stein zeichenhaft bis zum Ende. Wenn in der Beuroner Sakramentskapelle, wo sie an den Ostern Ende der 20er Jahre bewegungslos zu knien pflegte, Miriam, Esther, Sulamith, Judith als Vorläuferinnen Marias abgebildet sind, so hat ihr diese Denkwelt zutiefst entsprochen. In einem Dialog aus den Echter Jahren erscheint Königin Esther in nächtlicher Vision einer Oberin und bittet den ganzen Karmel um Gebet für ihr »zertret'nes Volk«. Edith Steins zerstörtes Leben geht letztlich in eine kaum auszuleuchtende Stellvertretung für das alte und neue Israel über. An ihrem vermuteten Todestag, dem 9. August, jetzt ihrem Gedenktag, heißt es in der ersten Lesung: »In jenen Tagen wurde die Königin Esther von Todesangst ergriffen und suchte Zuflucht beim Herrn, und sie betete zum Herrn, dem Gott Israels: Herr, unser König, Du bist der Einzige. Hilf mir! Denn ich bin allein und habe keinen Helfer außer Dir; greifbar steht die Gefahr vor mir.«

Zeiten, Personen und Not über ungeheure Entfernungen hin aufeinander durchsichtig machend – das ist Edith Stein. Oder anders: Altes und Neues Testament in einer einzigen Gestalt neu zur Deckung gebracht.

*

Das vorliegende Buch ist eine wunderbare und befruchtende Herausforderung, in dem scheinbar so vertrauten Bild der Philosophin und Karmelitin auch eine geliebte Tante, eine Schwester, eine Tochter im Netzwerk der Familie Stein wahrzunehmen. Sie wird geerdet, menschlich nahe, ohne ihr »Verschlossensein« aufzugeben. Wenn Heiligsprechung eine »Begegnung von Himmel und Erde« meint und im Bewußtsein vieler damit eine Art Entrückung bedeutet, so wird hier der mütterliche Ursprung sichtbar, das »Material« im Ursprungssinn des Wortes, aus dem diese Frau kommt. Fühlbar wird auch die schmerzende Wunde, die ihr Weggang in die Kirche und den Karmel bedeutete, aber ebenso die Liebe zwischen den Geschwistern, die die Wunde zuzudecken suchte, letztlich die gemeinsam erlittene furchtbare äußere Bedrängnis und die Zerschlagung und teilweise Ermordung der Familie. Insgesamt vier Geschwister Stein verschwanden in den Konzentrationslagern, dazu eine Nichte, eine Schwägerin, andere Angehörige ...

Daß Susanne Batzdorff als Tochter von Erna Stein und Hans Biberstein den Lesern Anteil gibt an ihrer bleibenden Auseinandersetzung mit der in manchen Zügen fernen Tante, an der unter Schmerzen erfolgten Rekonstruktion einer zersprengten und in Teilen zerstörten Familie, ja daß sie letztlich ihr in Englisch verfaßtes Buch nun selbst in das muttersprachliche Deutsch übersetzt hat, ist ihr aufrichtig zu danken. Das durch die großen Ehrungen und die hohe internationale Aufmerksamkeit ein wenig stilisierte Bild ihrer Tante wird dadurch wieder mit den kraftvollen Farben der nahen Kenntnis aufgefrischt – ein unerwartbares, kostbares Geschenk.

Prolog

An einem Septembernachmittag im Jahr 1933 hatte ich in Breslau einen Termin bei meiner Zahnärztin, Frau Dr. Pietsch-Pietrulla, in deren Wartezimmer ich manche Zeit verweilen mußte und wo ich mir dann die Zeit mit der Lektüre von Witzen aus ihrer biederen katholischen Zeitschrift zu vertreiben pflegte.
Zum Zahnarzt zu gehen gehörte nicht zu meinen Lieblingsbeschäftigungen – trotz der Witze. Aber diesmal kam es anders. Im Wartezimmer traf ich nämlich Tante Edith, die auch einen Termin hatte. Ich war froh, sie hier zu sehen, denn ich hoffte nun, daß ich die seltene Gelegenheit haben würde, gemeinsam mit ihr nach Hause gehen zu können und sie für ein Weilchen ganz für mich allein zu haben. Weil es ihre letzten Ferien in Breslau waren, bevor sie für immer Abschied nehmen würde, hatte sie viel Besuch und war für uns Kinder nur selten zu sprechen.
Ich war gerade 12 Jahre alt geworden, und wir waren gerade dabei, in eine neue Wohnung umzuziehen. Es war eine traurige Zeit für unsere Großmutter und für uns, denn wir würden nun nicht mehr unter demselben Dach in ihrem geräumigen Haus in der Michaelisstraße wohnen, wo mein Bruder und ich geboren waren. Unsere Großmutter würde uns nicht mehr täglich sehen. Doch was ihr weit größeren Kummer bereitete, war, daß Tante Edith, meine geliebte Tante, die jüngere Schwester meiner Mutter und Großmutters jüngstes Kind, ihr gerade mitgeteilt hatte, daß sie in einen religiösen Orden, den Karmel, eintreten würde. Elf Jahre zuvor hatte Tante Edith ihre jüdische Familie mit ihrer Entscheidung erschüttert, katholisch zu werden. Und nun das!
Es hätte zu keinem schlimmeren Zeitpunkt geschehen können. Hitler war Reichskanzler von Deutschland geworden und hatte sofort begonnen, sein antisemitisches Programm in die Tat umzusetzen. Ein Boykott jüdischer Geschäfte, eine Reihe von Gesetzen, die die Juden vieler Rechte beraubten, die ihnen früher selbstverständlich zustanden, die Legitimierung von Gewalttaten gegen einzelne Juden und eine anhaltende wüste Propaganda in der Presse und im Radio machten unser Leben zur Hölle auf Erden. Selbst diejenigen Juden, die sich früher ihres Judentums kaum bewußt gewesen waren, klammerten sich nun aneinander, um Stärke und Trost im Zusammenhalt mit ihren Leidensgefährten zu finden; und das war der Augenblick, den meine

gute, geliebte Tante Edith gewählt hatte, um die Bande zu ihrer jüdischen Familie zu lösen. Sie würde Karmelitin werden, Mitglied eines streng kontemplativen Ordens, den sie nie würde verlassen dürfen, nicht einmal, um ihre Mutter zu besuchen; ihre Korrespondenz würde eingeschränkt sein und durch ihre Oberen überwacht werden; zwischen ihr und ihrer schwer bedrohten und bedrängten Familie würde eine Barriere entstehen. Nun gingen wir also zusammen nach Hause. Die Zukunft meiner Tante lag mir schwer auf der Seele. Zu Hause hatte ich meine Eltern darüber sprechen hören. Ich wußte, wie besorgt sie darüber waren, wie es unsere Großmutter aufregen würde, was es für die Familie bedeutete, ob Tante Ediths Entschluß wirklich endgültig sei oder ob man sie von ihrem Plan noch abbringen könne. Ich spürte zwar den Ernst ihres Schrittes, doch ich verstand nur, wie tief er alle schmerzte und wie wir alle hofften, sie könnte ihren Entschluß doch noch ändern. Und nun gingen wir beide, Tante und Nichte, schweigend nebeneinander her in der stillen Nachmittagsluft. Schließlich nahm ich meinen ganzen Mut zusammen und stellte meine mir auf der Zunge brennende Frage: »Tante Edith, warum tust du das – jetzt?« Meine Tante – mit ihrem sanften Lächeln, ihrer strengen Haartracht, dem Grübchen am Kinn – neigte sich etwas nach vorne, um ihrer kleinen Nichte näherzukommen und eine Antwort auf diese schwierige Frage zu finden. »Warum? Und warum jetzt?« Sie muß sofort begriffen haben, was hinter meinem kurzen, angsterfüllten Ausbruch verborgen lag: mitgehörte elterliche Gespräche, Großmutters stummes Weinen, das Geflüster von Verwandten, meine eigenen fürchterlichen Erfahrungen mit dem neuen antisemitischen Sturm, der uns tosend umbrauste.
Es ist alles so lange her. Ich kann mich nicht mehr an den Wortlaut von Tante Ediths Antwort erinnern, noch gab sie ihn in ihrer eigenen Beschreibung dieses Gesprächs wörtlich wieder. Er muß ungefähr so gelautet haben: »Hör zu, Susel. Ich werde Karmelitin, weil ich meinem Gewissen folgen muß. Aber das bedeutet nicht, daß ich euch verlasse. Ich werde immer zu dieser Familie gehören. Ich werde dich immer lieb haben und Interesse haben für das, was dich bewegt. Ich werde dir schreiben, und ich möchte auch von dir hören.« Ich hörte ihre Worte, und doch fühlte ich, daß unser Verhältnis zueinander nicht mehr so sein konnte wie vorher. Mir fehlten die Worte, meine Traurigkeit, meine Zweifel, meine Hoffnungslosigkeit auszudrücken. Und was wird aus Großmuttel?[1] Tante Ediths Gedanken müssen denselben Weg gegangen sein, denn im gleichen Augenblick

griff sie nach meiner Hand und hielt sie fest. »Vergiß nicht, Großmuttel oft zu besuchen. Sie wird einsam sein, wenn ihr wegzieht.« Und wenn *du* auch wegziehst! dachte ich, aber ich sprach es nicht aus. »Versprich's mir!« sagte meine Tante. »Ja, ich verspreche es.«
In ihrer Erinnerung an dieses Gespräch schrieb meine Tante: »Sie hörte nachdenklich zu und verstand.«[2] Doch heute, 65 Jahre später, versuche ich immer noch zu verstehen.

Tante Edith

Ein fester Händedruck,
Eine Stimme wolkenweich,
Ein sanftes Lächeln,
Doch kühl, etwas fern.

Deine Neffen verbeugen sich,
Die Nichten knicksen,
Etwas ehrfürchtig
Und sehr manierlich.

Diese besondere Tante
Erscheint nur selten,
Nie mehr als ein, zweimal
Im Jahr.

Tante Edith hat Grübchen
Im Kinn.
Ihr weiches, braunes Haar
Ist glatt zurückgekämmt,
Etwas zu streng.
Hast Du Angst,
Ein paar Haare
Oder gar Löckchen
Aus der strengen Ordnung
Entschlüpfen zu lassen?

In jener längst vergangenen Zeit
Hieltst Du uns in Abstand.
Deine Zeit war kostbar.
Du hattest immer zu schreiben
Oder Besucher zu empfangen.
Wir blieben außerhalb
Der schweren Türen, welche

Eure Stimmen dämpften,
Streng vertraulich.

Oh, Tante Edith,
Wir kannten Dich kaum.
Wer bist Du eigentlich?
Eine Mischung von Theologie
Und Phänomenologie?
Von jüdischen Ahnen
Und priesterlichen Mentoren?

Ein Mensch, der
Fremden Göttern folgt?
Wie kamst Du dazu,
Den gekreuzigten Juden anzubeten?

Großmutters Liebling,
Spielgefährtin meiner Mutter,
Wie paßt denn Du
In meine Familie?
Wo gehörst Du denn hin?

Deine Brüder und Schwestern
Verstanden es nicht,
Als Du den Schleier
Des Karmel nahmst.

Großmutter schüttelte
Leise weinend den Kopf.
Ihr ganzer Körper bebte
Von lautloscm Weinen,
Am Tage, da Du fortgingst,
Um Nonne zu werden.

Vor vier Jahrzehnten haben sie Dich
In Auschwitz ermordet.
Du hast Bücher hinterlassen
Über Heilige
Und Philosophen,
Kollegnotizen, Briefe,
Aber keine Erklärungen
Über das Wie und Warum
Deines Lebens.

Die Kirche will Dich
Nun selig sprechen.

Was mag das bedeuten
Für Deine jüdische Familie?

Großmutter hätte so etwas
Niemals verstehen können.
Vielleicht würde sie
In den abgegriffenen,
Vergilbten Seiten
Ihres Gebetbuches
Einen Psalm suchen,
Als Gegengewicht, zum Troste.
Doch jetzt braucht sie's nicht mehr.
Sie lebt nicht mehr, Du lebst nicht mehr.
Niemand ist übrig geblieben,
Um uns Überlebenden zu helfen,
Es zu ergründen.

Juli 1986.

1. Kapitel

Die Geschichte Breslaus

Eine persönliche Perspektive

Breslau, die viertgrößte Stadt Polens, heißt heute unter ihrem polnischen Namen Wroclaw. Möglicherweise ist er von dem Namen ihres böhmischen Gründers, Vratislav I., der im Jahre 921 starb, abgeleitet. Ihr latinisierter Name, Wratislavia, datiert von ihrer Erhöhung zum Bistum um das Jahr 1000. Der deutsche Name Breslau erscheint erstmalig 1266.

Die Stadt hatte ihren Ursprung im 9. Jahrhundert als slawischer Marktflecken, in dem sich im Laufe der Zeit auch deutsche Siedler niederließen. Der Streit um die Vorherrschaft zwischen den verschiedenen Volksgruppen währte Jahrhunderte, während der die Oberhoheit von polnischen Königen auf die Kaiser des Heiligen Römischen Reiches Deutscher Nation überging. Die gemischte Bevölkerung Schlesiens lebte im allgemeinen recht friedlich miteinander. Unter den österreichischen Habsburgern wurde der deutsche Charakter Breslaus zusehends ausgeprägter und Deutsch die Landessprache. 1740 eroberte Preußen unter Friedrich dem Großen Schlesien mit seiner Hauptstadt Breslau. Seitdem und bis zum Ende des Zweiten Weltkriegs blieb Breslau eine deutsche Stadt und ein kultureller und wirtschaftlicher Mittelpunkt.

Als sich die Russen im Januar 1945 der Stadt, die bis dahin vom Kriegsgeschehen wenig betroffen worden war, näherten, wurde sie von den Deutschen zur Festung erklärt und bis zum bitteren Ende verteidigt. Infolge dieser letzten Kämpfe und des russischen Luftangriffs Ostern 1945 wurde die Stadt fast völlig zerstört. Die Kapitulation der deutschen Truppen vor den Sowjets erfolgte nur etwa einen Block von dem Haus entfernt, in dem wir vor unserer Auswanderung aus Deutschland wohnten. Das war in der damaligen Straße der SA, früher Kaiser-Wilhelm-Straße (jetzt ul. Powstancow Slaskich), nahe der Viktoriastraße (jetzt ul. Lwowska). Das Haus, in dem wir lebten, und die gesamte Nachbarschaft sind infolge der Kämpfe zerstört worden. Verschwunden ist auch die Allee stattlicher Kastanienbäume im großen Garten hinter unserem Haus, die »Bühne« für unsere kindlichen Ballspiele, und vieles mehr. Als wir 1995 dort waren,

versperrten hohe Bauzäune die Sicht, und als wir im Juni 1997 noch einmal zurückkehrten, standen auf unserem ehemaligen Spielplatz riesige Wohnkasernen.
Nachdem Schlesien nach den Bestimmungen des Waffenstillstandes 1945 unter polnische Verwaltung gestellt war, wurde die Umwandlung seiner Hauptstadt Breslau in eine polnische Stadt durch die Änderung des Namens und einen beinahe vollständigen Bevölkerungsaustausch beschleunigt. Fast alle deutschen Einwohner wurden vertrieben, während Polen aus den von der Sowjetunion annektierten Gebieten, meist aus der Stadt Lwow (Lemberg), nach Wroclaw umgesiedelt wurden. Der plötzliche Wechsel von der deutschen zur polnischen Sprache und Kultur hatte natürlich große Auswirkungen. Wer nach Jahrzehnten an diesen Ort zurückkehrt, fühlt sich völlig fremd, und nur die erhalten gebliebenen Brücken und die inzwischen wieder aufgebauten Kirchen, die alten historischen Wahrzeichen, können das Fremde für Augenblicke in etwas Vertrautes zurückverwandeln. Man ist verwirrt und kommt sich wie ein Schlafwandler vor.
Inzwischen hat die Stadt ihre Bedeutung als Handels- und Industriezentrum wiedererlangt. Die Bevölkerung übersteigt jetzt mit 600.000 die Einwohnerzahl von vor dem Krieg. Vieles von dem, was der Krieg zerstört hatte, ist nun wieder aufgebaut oder wird gerade aufgebaut. Bei unserem letzten Besuch zeigte man uns die Anfänge des Wiederaufbaus der »Storchsynagoge« sowie die Renovierung des Hauses meiner Großmutter in der Michaelisstraße (heute ul. Nawowiejska), beides mit Hilfe des Fonds für Deutsch-Polnische Zusammenarbeit.
Wie sah diese Stadt Ende des 19. und Anfang des 20. Jahrhunderts aus, als Edith Stein dort aufwuchs? Edith war die einzige in der Familie, die in Breslau geboren war. Ihre eigenen Beschreibungen belegen, welchen Eindruck diese Stadt während ihrer Jugendjahre auf sie machte. Um 1900 hatte Breslau fast 400.000 Einwohner, von denen 57% protestantisch, 37,5 % katholisch und etwa 5% jüdisch waren. Breslau war ein bedeutendes Wirtschafts- und Kulturzentrum, ein Eisenbahnknotenpunkt, Bankenzentrum und mit seiner weltberühmten Friedrich-Wilhelms-Universität ein Ort, der in den Wissenschaften hohes Ansehen genoß. Mit ihren glitzernden Flüssen, malerischen Inseln, grünen Parks und schönen Vorstädten war Breslau eine Stadt, in der man herrliche Spaziergänge machen konnte; ebenso Wanderungen in der nahen Umgebung; man brauchte nur irgendeine Straßenbahn bis zur Endstation zu nehmen und

konnte dann von dort aus zu Fuß weitergehen. Ein ebener Waldweg entlang der Oder war ein Lieblingsausflugsziel an den Wochenenden. Dort wanderten Familien mit kleinen Kindern und erfreuten sich an der friedlichen Stille unweit vom Trubel der Stadt; manchmal beendeten sie ihren Spaziergang im Oderschlößchen, wo sie eine kleine Stärkung zu sich nahmen.
Im Sommer 1997 gingen auch wir diesen Weg und erinnerten uns an die Zeit, als wir dort mit den Eltern unsere sonntäglichen Spaziergänge machten. Auch Edith Stein erinnerte sich an solche Ausflüge. So erzählt sie von der jährlichen Sedansfeier am 2. September, »wenn die ganze Schule die Oder entlang auf einem großen Dampfer bis zum *Schaffgottschgarten* fuhr.«[1]
Der Winter ist lang in Breslau und kann recht streng sein. Ich kann mich an einen Winter erinnern, als unsere Schule wegen Kälte und Mangel an Heizmaterial geschlossen war. Die Oder war wochenlang zugefroren, und die Schneehaufen, die die Straße auf beiden Seiten säumten, schmolzen bis März oder April nicht. Zuerst glänzend weiß, verwandelte sich der Schnee in einen unansehnlichen, graubraunen Matsch. Glatteis auf dem Bürgersteig bedeutete für uns Kinder, auf dem Weg zur Schule schlittern zu können. Auf Schlesisch hieß das »kascheln«, ein Ausdruck, den man heute sicher nicht mehr kennt. Auf jeden Fall machte es einen Heidenspaß. Wintersport war sehr beliebt. Mit unseren Klassenkameradinnen und unseren Cousins und Cousinen liefen wir Schlittschuh auf dem Waschteich, einem Teich in einem nahegelegenen Park. Der ehemalige Stadtgraben war eine etwas modernere Schlittschuhbahn, aber dorthin gingen wir nur selten. Wenn wir von so einem Nachmittag mit Schlittschuhfahren heimkamen, waren unsere Zehen oft gefroren und schmerzten sehr. Ich erinnere mich noch lebhaft daran, wie Mutter meine erstarrten Füße so lange rieb, bis das Gefühl darin wiederkehrte. Auch Schlittenfahren war sehr beliebt, obwohl wir es ziemlich weit hatten, bis wir einen Park erreichten, dessen Abhänge hoch genug waren, daß man wirklich hinuntersausen konnte. Später nahmen wir Ski-Unterricht, aber zum richtigen Skilaufen taugten unsere niedrigen Hügel nicht. Da mußte man schon entweder ins Riesengebirge oder in den Altvater gehen. In Edith Steins autobiographischen Schriften finde ich keinerlei Erwähnung von Wintersport. Vielleicht spielte so etwas in ihrer Jugend keine so große Rolle.
Die Breslauer Universität war ursprünglich vom Jesuitenorden als Academia Leopoldina gegründet worden. Sie entwickelte sich gut, bis sie mit dem Ausbruch des Preußisch-Österreichischen

Krieges im Jahr 1741 einen schweren Rückschlag erlitt. Die theologische Fakultät wurde in ein Lazarett, später in ein Gefängnis und schließlich in ein Lebensmittellager umgewandelt. 1758 knüpfte die Akademie wieder an ihre frühere Identität als katholische Hochschule an, 1810 wurde sie zur Schlesischen Friedrich-Wilhelms-Universität.[2] Sie übernahm die philosophische und katholisch-theologische Fakultät von der ehemaligen Academia Leopoldina und führte sie mit drei Fakultäten der aufgelösten Viadrina-Universität in Frankfurt/Oder zusammen, nämlich der Evangelischen Theologie, den Rechtswissenschaften und der Medizin. Die Universität wuchs und zählte viele berühmte Gelehrte zu ihren Lehrkräften, darunter den Philosophen Wilhelm Dilthey, den Ökonomen Werner Sombart, den Historiker Theodor Mommsen, den Chemiker Robert Bunsen, sowie die Chirurgen J. Mikulicz-Radecki und Rudolf Foerster. Die Studenten kamen nicht nur aus ganz Schlesien, sondern auch aus Polen, Böhmen und Mähren.[3] Am 4. Januar 1881 dirigierte Johannes Brahms seine akademische Festouvertüre bei einer Feier in der Aula Leopoldina, der berühmten Barock-Aula in der Breslauer Universität.[4] Edith Stein erinnert sich voller Freude an ihre Liebe zu ihrer Alma Mater.

> Das alte graue Gebäude an der Oder (vor einigen Jahren hat man es »im Stil der Zeit« gelb angestrichen) war mir schnell eine liebe Heimat geworden. In freien Stunden setzte ich mich gern in einen leeren Hörsaal auf eins der breiten Fensterbretter, die die tiefen Mauernischen ausfüllten, und arbeitete dort. Von diesem Hochsitz konnte ich auf den Fluß und auf die Universitätsbrücke hinaussehen und kam mir vor wie ein Burgfräulein.[5]

Im Juni 1995 hielt ich im Philosophischen Seminar der Universität einen Vortrag über Edith Stein; dabei erzählte man mir, daß dies derselbe Raum sei, in dem Edith während ihrer ersten Semester studiert hatte.

Die Stadt rühmt sich mehrerer Theater und einer Oper sowie einer Anzahl von Museen. Ihre herrlichen Kirchen, die nach den Zerstörungen während des Krieges erst kürzlich wieder restauriert worden sind, tragen zum Stolz dieser Stadt bei. Ihr gotisches Rathaus ist wohl ihr bekanntestes Wahrzeichen. Es bildet einen Anziehungspunkt für Touristen aus aller Welt. Besucher des im Rathaus befindlichen Historischen Museums von Breslau können heute unter den Büsten berühmter Söhne und Töchter der Stadt auch eine von Edith Stein sehen.

In ihrer Autobiographie spricht Edith von ihrer Liebe zu Bühne und Oper:

Wenn in jenen Jahren die Aufführung eines klassischen Dramas angekündigt wurde, so war mir das immer wie eine persönliche Einladung. Ein bevorstehender Theaterabend war mir ein leuchtender Stern, der allmählich näher kam. Ich zählte die Tage und Stunden, die mich noch davon trennten. Es war schon beglückend, im Theaterraum zu sitzen und zu warten, bis der schwere eiserne Vorhang langsam in die Höhe ging – das Klingelzeichen ertönte –, endlich die neue, fremde Welt sich öffnete. Dann lebte ich ganz in dem Geschehen auf der Bühne, und der Alltag versank. Nicht weniger als die großen Tragödien liebte ich die klassischen Opern. Die erste, die ich hörte, war die »Zauberflöte«. Wir kauften uns den Klavierauszug und konnten sie bald auswendig. Ebenso den »Fidelio«, der mir immer das Höchste blieb. Ich hörte auch Wagner und konnte mich während einer Aufführung dem Zauber nicht ganz entziehen. Aber ich lehnte diese Musik ab. Nur mit den »Meistersingern« machte ich eine Ausnahme. Eine besondere Liebe hatte ich für Bach. Diese Welt der Reinheit und strengen Gesetzmäßigkeit zog mich im Innersten an. Als ich später den gregorianischen Choral kennenlernte, fühlte ich mich erst recht heimisch, und von hier aus verstand ich dann, was mich an Bach so bewegt hatte.[6]

Mir, die ich meine Jugendjahre dort während der Nazizeit verbrachte, waren solche Kunstgenüsse verwehrt. Obwohl wir während unserer Gymnasialjahre Schauspiele und Opern hätten besuchen können, boykottierten wir solche Aufführungen, nachdem alle jüdischen Künstler von Bühne und Konzertsälen verbannt worden waren. Wir besuchten nur die, die vom jüdischen Kulturbund veranstaltet wurden.

Breslau ist auch stolz auf seine Parks, wie z.B. den Scheitniger Park, den größten und ältesten, der vom Ende des 18. Jahrhunderts stammt.[7] Edith Stein erinnert sich an Spaziergänge mit ihren Kommilitonen an Sommerabenden, »um die Nachtigallen schlagen zu hören«[8].

Etwas weiter entfernt liegt der Zoo und ihm gegenüber die Jahrhunderthalle, welche als eine der ersten Betonbauten der Welt für ihren revolutionären Zuschnitt berühmt war. Sie hatte die größte Orgel der Welt und kann 10.000 Menschen fassen. Dieser Bau dient immer noch als Ausstellungsraum für Messen und andere Großereignisse. Ich erinnere mich noch daran, wie 1928 das Stadion mit seinem Schwimmbad von olympischen Ausmaßen erbaut wurde. Als Teenager radelten mein Bruder und ich oft die lange Strecke von unserem Haus dorthin, um einen Nachmittag mit Schwimmen und Sonnenbaden zu verbringen. Unser letzter Ausflug dorthin ist mir noch heute klar in Erinnerung, mit einer Bitterkeit, die niemals verblassen wird. Wir

radelten hinaus und fanden am Eingang ein Schild, auf dem es hieß: »Juden unerwünscht«. Wir drehten sofort um, radelten nach Hause zurück und kamen niemals wieder.
Nachdem Breslau 1945 polnisch geworden war, erschienen viele Bildbände, die Breslaus malerische Ansichten zeigten. Sie wurden von heimwehkranken Lesern, die nun fern von ihrer Heimatstadt im Exil lebten, begierig aufgegriffen. So blieb ihnen das einstige Breslau im Gedächtnis erhalten.

2. Kapitel

Jüdisches Leben in Breslau

Die jüdische Geschichte Breslaus reicht viele Jahrhunderte zurück. Das älteste jüdische Grabmal im heutigen Polen wurde 1917 in Breslau entdeckt; es datiert aus dem Jahr 1203.[1] Dies ist der früheste Beweis für die Existenz von Juden in Breslau. Die mittelalterliche jüdische Gemeinde Breslaus besaß Synagogen, ein rituelles Badehaus (Mikwe) und Friedhöfe.

Im 14. Jahrhundert wurden die Juden wiederholt aus Breslau vertrieben. Im Jahre 1453 wurden 41 Juden auf dem Scheiterhaufen verbrannt, nachdem sie von dem Franziskanermönch Johannes von Capistrano der Hostienschändung beschuldigt worden waren; die übrigen Juden wurden aus der Stadt vertrieben. Mein Vater pflegte zu sagen, daß er, wann immer er den Blücherplatz (jetzt Solny pl.) überquerte, den Gestank vom brennenden Fleisch seiner jüdischen Glaubensgenossen früherer Jahrhunderte in der Nase hatte. In der Tat war dies eines seiner Argumente, die er ins Feld führte, als er in seinem letzten langen Gespräch mit seiner Schwägerin diese von ihrem Plan, in den Karmel einzutreten, abzubringen versuchte.

Im Jahr 1455 wies ein kaiserlicher Erlaß alle Juden aus Breslau aus – die einzige Ausnahme war der Besuch des Marktes. Obwohl diese Verordnung bis 1744 galt, konnten seit Anfang des 16. Jahrhunderts Juden, die die Stadt besuchten, um auf dem Markt ihren Geschäften nachzugehen, ihren Aufenthalt manchmal etwas verlängern.[2] Und als die Juden allmählich zurückkehrten und sich auch für die wirtschaftliche Entwicklung der Gegend unerläßlich zeigten, begann der Stadtrat, Juden auch zu anderen als den Marktzeiten Besuchserlaubnisse zu erteilen. Im späten 17. Jahrhundert erhielten einzelne Juden begrenzte Ansiedlerrechte in Breslau, und sie begannen, eine Gemeinde zu organisieren. Eine der ältesten jüdischen Institutionen in Breslau war die Chewra Kadischa, das 1726 gegründete Beerdigungsinstitut.

Die Juden wurden abwechselnd geduldet oder vertrieben; ihre Anerkennung als Einwohner einer Stadt hing ganz von der Laune der städtischen Behörden ab. Hatten sie Glück und wurden sie als für das Wohl der Gemeinschaft notwendig erachtet, wurde ihnen manchmal ein Schutzbrief ausgestellt. Ein solcher

Brief konnte nur für eine Person gelten, sich aber auch auf die ganze Familie erstrecken. Doch trotz solcher amtlicher Dokumente blieb das Leben für Juden unsicher. Nachdem Breslau 1741 preußisch geworden war, durften die Juden eine Gemeinde von zwölf Familien gründen. Die Gemeinde stellte einen Rabbiner ein und legte einen Friedhof an. Als die Behörden die Bedeutung der Juden für den Handel mit Polen erkannten, ließen sie eine größere Anzahl von Juden in der Stadt zu, und so lebten um 1776 fast 2.000 Juden in Breslau.[3]
Während in Frankreich die Nationalversammlung 1791 die Juden zu freien und gleichberechtigten Bürgern der neuen Republik erklärte, mußten die preußischen Juden bis zum Sieg von Napoleons Truppen über Preußen im Jahre 1806 darauf warten. Ein Passus im Code Napoleon, welcher in den besiegten deutschen Staaten eingeführt wurde, verschaffte den Juden volle Gleichberechtigung. So wurde Napoleon zum Helden der deutschen Juden.[4] Allerdings erwuchs aus der schmachvollen Niederlage Preußens ein schriller Nationalismus, der im Volk weitgehend Aufnahme fand und unter anderem zu einer Bewegung zur Förderung der körperlichen Ertüchtigung des preußischen Mannes führte. Leider propagierte Friedrich Ludwig Jahn, auch »Turnvater Jahn« genannt, außer Sport- und Turnübungen auch leidenschaftlich nationalistische und fremdenfeindliche Positionen und setzte sich für die Reinheit der deutschen Rasse ein, was bei den entmutigten und enttäuschten Menschen auf große Zustimmung stieß.[5] Bald nach dem Ende der französischen Besatzung wurden die von den französischen Siegern auferlegten Gesetze wieder rückgängig gemacht.
Gleichzeitig bemühten sich jedoch andere Kräfte unter der Leitung von Karl von Hardenberg, den Staat zu modernisieren und Maßnahmen einzuleiten, um die Herrschaft der Großgrundbesitzer aufzubrechen und die gesellschaftlichen Strukturen zu lockern. Teil dieser Bemühungen war das Emanzipationsedikt vom 11. März 1812, das den Juden das Bürgerrecht verlieh. Es gab ihnen außerdem das Recht, ihren Wohnsitz nach Belieben zu wählen, Land zu erwerben, im Militär zu dienen und frei eine Ehe einzugehen; auch hob es alle diskriminierenden Steuern auf.[6]
Dies war ein Teil der Preußischen Reformgesetzgebung, eine Reaktion auf die verheerende Niederlage Preußens durch Napoleon.[7] Unter den Vorfahren von Edith Steins Eltern, Siegfried und Auguste Stein, geb. Courant (meinen Großeltern mütterlicherseits) erhielt Samuel Joseph Stein, Siegfried Steins Groß-

vater, am 24. März 1812 das preußische Bürgerrecht; ebenfalls 1812 wurde auch Jakob Courant, Augustes Großvater, preußischer Staatsbürger. Joseph Jehuda Burchard, Augustes Großvater mütterlicherseits, erhielt erst am 9. März 1837 sein Bürgerrecht, meines Vaters Großvater, Hirsch Biberstein, am 22. September 1834. Die Juden waren nun nicht mehr vom Handel ausgeschlossen. Sie durften nach Belieben auf dem Lande oder in der Stadt wohnen und in Schulen oder städtischen Behörden arbeiten. Von Staatsämtern und dem Offiziersdienst waren sie allerdings weiterhin ausgeschlossen.

Die jüdische Gemeinschaft reagierte mit Begeisterung auf ihre Gleichstellung. Eine Folge davon war, daß die Juden glaubten, zum Ausgleich für ihre neuen Rechte und Privilegien einige Änderungen in ihrer eigenen Einstellung vornehmen zu müssen. Von nun an wollten sie sich als eine Religionsgemeinschaft betrachten, ihre jüdisch-ethnische Einheit und kulturelle Eigenart dagegen nicht mehr betonen. David Friedländer, ein Mitglied des Vorstands der jüdischen Gemeinde Berlin, gehörte zu denen, die noch weiter gehen wollten. So schlug er vor, den Gottesdienst auf deutsch anstatt auf hebräisch zu halten und alle Hinweise auf die Sehnsucht nach dem Lande Israel aus der Liturgie zu streichen. In den Schulen, die den jüdischen Gemeinden unterstanden, sollte deutsche Kultur anstelle jüdisch-traditioneller Werte vermittelt werden. Im Jahr 1819 wurde der Verein für Kultur und Wissenschaft der Juden gegründet, mit dem ausdrücklichen Ziel einer »gänzlichen Revision der jüdischen Erziehung und Lebensweise«[8].

Die Gründer dieser Organisation sahen die Rechtfertigung für das Weiterbestehen des Judentums in dessen Beitrag zur europäischen Kultur. Ihr Motto hieß: »Aufgehen ist nicht untergehen«. Verständlicherweise waren diese Ideen für viele Juden nicht akzeptabel. Es kam zu einer Spaltung zwischen der Orthodoxie und der Reformrichtung. Auch wenn der Verein für Kultur und Wissenschaft der Juden fünf Jahre später aufgelöst wurde, sind viele seiner Ideen von dem 1854 in Breslau gegründeten Jüdisch-Theologischen Seminar sowie von der 1872 gegründeten Berliner Hochschule für die Wissenschaft des Judentums übernommen worden.

Obwohl das Edikt von 1812 die Hoffnung der Juden auf Gleichberechtigung als preußische Staatsbürger geweckt hatte, wurde bald klar, daß diese Rechte, die ihnen gesetzlich garantiert worden waren, nicht als gesichert angesehen werden konnten. Die Reformen waren von oben auferlegt worden, und das Volk war nicht unbedingt mit ihnen einverstanden. Die Opposition war groß und heftig, und viele setzten sich dafür ein, das Edikt wieder rückgängig zu machen. Außerdem war trotz des Emanzipationsediktes der Zutritt zur Regierungs- und Militärlaufbahn für Juden noch immer stark eingeschränkt. Viele Juden ließen sich daher taufen, um die Möglichkeit dazu zu erhalten. Antisemitismus war in der Gesellschaft noch immer die Regel, nicht die Ausnahme. Es waren noch viele Kämpfe zu führen, um sicherzustellen, daß die Bestimmungen von 1812 nicht rückgängig gemacht oder ignoriert würden.

Nach dem Erlaß des Emanzipationsediktes drängte die Regierung die jüdische Gemeinde Breslaus dazu, eine große Synagoge für die gemeinsamen Gottesdienste zu bauen und die kleinen Bethäuser, welche im Verlauf der Jahrhunderte entstanden waren, zu schließen. Vielleicht hoffte man dadurch eine bessere Kontrolle über eine zentralgeleitete jüdische Gemeinschaft zu bekommen. Auf jeden Fall wurde zwischen 1827 und 1829 unter der Leitung des berühmten Architekten Karl Ferdinand Langhans die Synagoge *Zum weißen Storch* gebaut. Dieses Gebäude in der Wallstraße 7–9 (jetzt ul. Pawla Wlodkowica) wurde am 10. April 1829 eingeweiht. Mit der Eröffnung der Storch-Synagoge verschwanden die kleinen »Schuls« allerdings nicht; die meisten blieben bis 1938 geöffnet.

Die Storch-Synagoge war die liberale Synagoge, bis 1872 die sogenannte *Neue Synagoge* erbaut wurde. Dieses vom Architekten Edwin Oppler entworfene Gebäude galt als die schönste Synagoge neben der Berliner Synagoge in der Oranienburger Straße. Mit ihrer prachtvollen Erscheinung schien sie Ehrerbietung und Respekt geradezu zu fordern. Sie war sicher ein Mittelpunkt jüdischen Lebens und ein Treffpunkt für die Gemeinschaft. Ihre Gottesdienste wurden nach dem sogenannten liberalen Ritus gehalten. Der Gottesdienst war hauptsächlich auf hebräisch, nur wenige Gebete wurden auf deutsch gesprochen, und der Rabbiner hielt eine deutsche Predigt. Ich glaube, es war Ende der 1920er Jahre, daß eine berühmte Orgel eingebaut wurde; von nun an wurde der Gottesdienst durch viel Orgelmusik und Chorgesang begleitet. Kantor Borins herrliche Stimme war berühmt, und Rabbiner Vogelstein, der aus einer bekannten Rabbinerfamilie stammte, war nicht nur unter den Juden, sondern auch in der übrigen Bevölkerung hoch angesehen. Seine Predigten waren lang und während des »Dritten Reiches« mutig und direkt. Die Synagoge *Zum weißen Storch,* meist Storch-Synagoge genannt, die später der orthodoxen Gemeinde als Gotteshaus diente, steht noch heute und wird jetzt gänzlich renoviert. Während die *Neue Synagoge* in der *Kristallnacht* am 9. November 1938 niedergebrannt wurde, wurde der »Storch« nur innen verwüstet; denn hätte man dieses Gebäude angezündet, wären die angrenzenden Häuser gefährdet gewesen.[9] Die brutale Zerstörung der *Neuen Synagoge* während des infamen Pogroms vom 9. auf den 10. November 1938 wirkte sich auf die jüdische Gemeinschaft, selbst auf diejenigen, die dieses Gebäude niemals betreten hatten, äußerst demoralisierend aus. Wenn man diesen soliden, ehrwürdigen Bau bis auf die Grundmauern niedergebrannt und das, was noch stehengeblieben war, verwüstet sah, konnte man etwas von dem Schrecklichen vorausahnen, das kommen würde. Es war eine Zukunft, die sich bis dahin nur die größten Pessimisten unter uns vorstellen konnten.

Entgegen vielen Veröffentlichungen besuchte meine Großmutter Auguste Stein, Edith Steins Mutter, nicht die Storch-Synagoge; sie hatte ihren Stammplatz in der *Neuen Synagoge,* hoch auf der Frauenempore und ganz weit hinten. Dies ist auch die Synagoge, in die Edith ihre Mutter begleitete, wenn sie an einem Festtag in Breslau zu Besuch war. Als Jugendliche saß ich während der hohen Feiertage neben meiner Großmutter und fragte mich, weshalb sie einen Platz gewählt hatte, von dem man nicht einmal den kleinsten Blick auf die Vorgänge auf dem Almemor erhaschen konnte.

Mit der Gründung der Fraenckelschen Stiftung durch die testamentarische Verfügung von Jonas Fraenckel im Jahr 1846 wurde die jüdische Gemeinde Breslaus zu einem Zentrum von Kultur und Wissenschaft. Dieses großzügige Vermächtnis half, das Jüdische Krankenhaus, ein Obdachlosenheim, ein Waisenhaus, ein Heim für mittellose Familien und andere Sozialeinrichtungen zu gründen. Seine angesehenste Einrichtung war jedoch das schon erwähnte Jüdisch-Theologische Seminar, welches Breslau zu einem der ersten Zentren jüdischer Gelehrsamkeit in Europa machte. Bis 1870 war dies das einzige Rabbinerseminar in Deutschland.[10] Das Jüdisch-Theologische Seminar bestand bis 1938. Es bildete 723 Studenten aus, von denen 300 aus dem Ausland kamen. Der Kurs für das Rabbinerstudium dauerte sieben Jahre, der für das Lehrerstudium drei. Der erste Direktor war Zacharias Fränkel (1801–1875).[11] Später gegründete Rabbinerseminare übernahmen den Lehrplan dieses Institutes als Modell für ihre eigenen Anstalten. Übrigens war es das kleine Gotteshaus des Seminars, in dem die Mutter Auguste Stein mit Edith am Schemini Azeret (dem auf Sukkot folgenden Feiertag) am 12. Oktober 1933 betete. Edith berichtet darüber in ihrem Essay »Wie ich in den Kölner Karmel kam«[12].

Die Revolution von 1848 war eine weitere Stufe auf dem Weg zur Emanzipation der Juden. Viele Juden beteiligten sich am Kampf für die Ziele dieser Revolution, denn sie waren überzeugt davon, daß mit der politischen Einigung und Demokratisierung Deutschlands auch die Gleichberechtigung der Juden erfolgen werde. Die Juden fühlten sich als Deutsche und sahen ihr Geschick mit dem des Landes verknüpft, in dem sie lebten und welches ihnen – wie Preußen – schon im Jahre 1812 das Bürgerrecht verliehen hatte. Trotz dieses Erfolges auf der Ebene des Gesetzes hatte sich ihre tatsächliche Lage nicht gleicherweise verbessert und waren ihre Wunschträume unerfüllt geblieben. Entsprechend der Verfassung, die nach der Revolution von 1848 geplant war und die die Grundlage für die neue deutsche Nation bilden sollte, sollte »der Genuß von Bürger- und Staatsrechten weder vorbehaltlich noch aus Gründen religiöser Zugehörigkeit begrenzt sein dürfen«. Der König von Preußen weigerte sich jedoch, die Krone als deutscher Kaiser von der Volksdelegation anzunehmen, und so blieb der Traum von einem vereinigten Deutschland unerfüllt.

Damit hing das Geschick der Juden weiterhin von den jeweiligen Gesetzen der einzelnen Staaten ab. In Preußen mit der größten jüdischen Einwohnerzahl Deutschlands – im Jahr 1848 betrug sie 200.000 – »erwarben die Juden die Gleichberechtigung in der Verfassung von 1850, was jedoch zugleich relativiert wurde durch die Erklärung, Preußen sei ein christlicher Staat, wodurch Juden automatisch von Staatsämtern, Universitätsprofessuren und der Offizierskarriere beim Militär ausgeschlossen waren. Es dauerte weitere zwei Jahrzehnte zähen Kampfes, bis der ersehnte Traum von der Emanzipation Wirklichkeit wurde.«[13]

Nach dem Deutsch-Französischen Krieg von 1870/71 entstand das Deutsche Reich. Mit dem Edikt vom 16. April 1871 wurde die Gleichberechtigung der Juden vor dem Gesetz ausgesprochen und die letzten Hürden gegen die Zulassung von Juden zu Staatsämtern aus dem Weg geräumt. Und doch sah die Wirklichkeit anders aus. Während der knapp fünfzig Jahre der Monarchie konnten Juden nicht Offiziere werden und wurden auch nur selten in höhere staatliche (Lehr-) Ämter berufen. Die Juden waren gesellschaftlich weiterhin ausgeschlossen. An den Universitäten wurden sie in keine Verbindung aufgenommen, weswegen am 23. Oktober 1886 in Breslau die erste jüdische Studentenverbindung »Viadrina« gegründet wurde.[14] Ihr Hauptziel war die Verteidigung jüdischer Studenten gegen antisemitische Beleidigungen und demütigende Angriffe. Sie lernten Fechten und forderten ihre Angreifer zum Duell heraus. Weitere Verbindungen folgten, und im Jahre 1896 wurde eine Dachorganisation für jüdische Studentenverbindungen ins Leben gerufen. Zwischen 1890 und 1910 wurden 24 jüdische Organisationen für gesellige, karitative, politische, wissenschaftliche und literarische Zwecke gegründet, außerdem zahlreiche Jugendgruppen sowie Frauenbünde und Sportvereine.

Gesetzlich verankerte Emanzipation und Wunschdenken jüdischerseits ließen auf Aufnahme in die Wirtschaft, das Beamtentum und das deutsche Kulturleben hoffen. Im Rückblick und besonders nach den Naziverfolgungen erwiesen sich solche Hoffnungen als trügerisch, doch aus der damaligen Perspektive erschienen der jüdische Optimismus und die Hoffnung berechtigt und begründet. Gershom Scholem, Professor an der Hebrew University in Jerusalem und eine herausragende Autorität in Sachen jüdischer Mystik, bemerkt in seiner Autobiographie:

... die breite Schicht ... und ihre geistigen und politischen Repräsentanten *wollten* glauben, an die Assimilation, an die Verschmelzung mit einer Umgebung, die ihnen im großen und ganzen gleichmütig bis wenig wohwollend gegenüberstand.[15]

Scholem ist 1897 geboren, also ein Zeitgenosse Edith Steins. Seine Beschreibung der Hauptrichtung des deutschen Judentums mag ein Licht auf die Gesellschaft werfen, in der auch sie aufwuchs:

Hier möchte ich ein Wort über das Phänomen der Assimilation sagen, das in meiner Jugend eine so große Rolle im Leben der deutschen Juden gespielt hat. Dabei waren sehr verschiedene Faktoren im Spiel. Ein junger Jude am Anfang dieses Jahrhunderts stand, wenn er nicht aus der streng gesetzestreuen Minorität stammte, einem Prozeß fortschreitender geistiger Zerfaserung des Judentums gegenüber. Es gab da ... etwas von bewußtem Bruch mit der jüdischen Tradition, von der verschiedenartigste und oft seltsame Stücke atomisiert noch herumlagen, und von nicht immer bewußtem Hineinschlendern in eine Welt, die an deren Stelle kommen sollte. ... Die Hoffnung auf gesellschaftliche Emanzipation, die der 1867–1870 beendeten politischen folgen sollte, teilweise auch geradezu Hoffnung auf Verschwinden im deutschen Volk – eine Hoffnung, die von den nichtjüdischen Kämpfern für diese Emanzipation weitgehend geteilt und ermuntert wurde – lag in verschieden stark bewußtem Widerstreit mit der allgemeinen Erfahrung des wachsenden Antisemitismus.[16]

Gershom Scholem schockierte seine Freunde und Verwandten, als er 1923 nach Palästina auswanderte. Der Zionismus war in Deutschland längst nicht so verbreitet wie in Osteuropa, doch allmählich wuchs auch in Deutschland aufgrund der Erfahrung andauernder gesellschaftlicher Isolation trotz gesetzlich garantierter Gleichberechtigung die Zahl seiner Anhänger. Die Fremdenfeindlichkeit und den Chauvinismus, die Turnvater Jahn und seine Anhänger propagierten, haben wir bereits erwähnt. In der zweiten Hälfte des 19. Jahrhunderts hatte der auf pseudowissenschaftlichen Traktaten und (wegen der jüdischen Erfolge auf den Gebieten der Wirtschaft, Kunst und der freien Berufe) auf Neid basierende Rassenantisemitismus den vormals religiösen Antijudaismus ersetzt. Einige angesehene Historiker, vor allem Heinrich von Treitschke, wetterten gegen die Juden. Er war es, der das Motto prägte: »Die Juden sind unser Unglück.« Dieser Ausspruch wurde bekanntlich von den Nazi-Propagandisten übernommen und bis zum Erbrechen benutzt. Voller Ungeduld darüber, daß zwischen der vielversprechenden Gesetzeslage und den weiter bestehenden Verfolgungen und Ausschließungen ein großer Graben bestand, fingen die deutschen Juden an, auf die ersten Anzeichen des Zionismus zu hören. Theodor Herzls Traum von einer jüdischen Heimat erwuchs nicht aus Religionseifer (er hatte zum traditionellen Judentum keine Beziehung), sondern aus Empörung über den grimmigen Antisemitismus, wie er in der Dreyfus-Affäre in Frankreich[17] zutage trat. In Deutschland konnte es keine Dreyfus-Affäre geben, weil die Juden vom Offizierskorps ausgeschlossen waren. Doch allen, die die Situation in Deutschland kannten, war klar, daß die vorherrschenden Ansichten die gleichen waren wie in Frankreich. Der erste zionistische Kongreß fand 1897 in Basel statt. Im selben Jahr gründeten junge Intellektuelle die *Zionistische Vereinigung für Deutschland.* So liegen die Anfänge des deutschen Zionismus in den Universitäten, besonders in Berlin.[18] Doch seine Anhänger kamen vorwiegend aus Osteuropa. Dieses wachsende Interesse am Zionismus markierte das erste Aufflackern des Verdachtes, der feste Glaube an die Möglichkeit einer Integration der Juden und ihrer Akkulturation ohne Aufgabe der jüdischen Identität könnte eine Illusion, ein trügerischer Traum sein. Vielleicht lag ja die einzige Lösung der »Judenfrage« in der Forderung nach einer jüdischen Heimat. Der Nationalismus war unter den europäischen Völkern im Wachsen. Warum konnten die Juden nicht einen ähnlichen Weg verfolgen? Als jedoch im Jahr 1914 der Erste Weltkrieg ausbrach, waren die Juden in Deutschland von einem großen patriotischen Gefühl bewegt. Sie meldeten sich mit derselben Begeisterung wie die nichtjüdischen Männer freiwillig und marschierten in den Krieg. Auch Edith Stein ging als Freiwillige in ein Lazarett, weil sie bei der Verteidigung des Vaterlandes mithelfen wollte. Die meisten ihrer Kommilitonen meldeten sich voller Eifer zum Militärdienst, und Edith wollte nicht abseits stehen. Trotz dieser weitverbreiteten patriotischen Stimmung gingen Gerüchte um, daß die Juden Kriegsgewinnler und Drückeberger seien. Diese Verleumdungen erreichten ihren Höhepunkt in der beleidigenden und beschämenden *Judenzählung*, wodurch der Grad jüdischer Beteiligung am Kriegsdienst festgestellt werden sollte. Das Ergebnis dieser Zählung ist niemals veröffentlicht worden, weil es eine zu hohe Beteiligung aufgezeigt und deshalb die Initiatoren dieser Zählung in Verlegenheit gebracht hätte. Trotzdem war die Tatsache, daß so eine Maßnahme überhaupt durchgeführt werden konnte, ein erster größerer Durchbruch für die antisemitischen Agitatoren, was einen verheerenden Einfluß auf die Stimmung in der jüdischen Bevölkerung hatte. Deren allgemeiner Eindruck war der, daß hier gezielt vorgegangen worden war und daß man sie hatte erniedrigen wollen.[19] Nach dem Krieg veröffentlichten mehrere jüdische Organisationen Beweise dafür, daß die deutschen Juden in demselben, wenn nicht in größerem Maße als die sonstige Bevölkerung am Krieg teilgenommen hatten.

Als Folge ihrer Kriegsteilnahme und Opferbereitschaft hatten die Juden gehofft, endlich völlige Gleichberechtigung zu erlangen, aber das Gegenteil trat ein. Der Antisemitismus wurde noch viel schlimmer. Die Juden wurden beschuldigt, sich auf Kosten des deutschen Volkes bereichert zu haben und Teil einer internationalen Verschwörung gewesen zu sein, mit dem Ziel, die Niederlage der deutschen Armee herbeizuführen. Daraufhin wurde der *Reichsbund jüdischer Frontsoldaten* gegründet, um gegen antisemitische Drohungen vorzugehen und Anschuldigungen bezüglich jüdischer Drückeberger zu widerlegen.

Die Weimarer Republik brachte einige Verbesserungen mit sich. Sie gab den Juden Arbeitsmöglichkeiten in staatlichen Positionen.

Die Geschichte der deutschen Juden seit der Aufklärung ist die Geschichte des allmählichen Hineinwachsens in eine nichtjüdische Gesellschaft, die selbst einem langandauernden Wandlungs- und Modernisierungsprozeß unterworfen war. Die Forderung aus der Emanzipationszeit, die Juden sollten für die Aufnahme in die deutsche Gesellschaft ihre jüdische Identität aufgeben, war am Ende der Weimarer Zeit weitgehend erfüllt worden. Die Mehrheit der jüdischen

Staatsbürger betrachtete ihre Religion als Privatsache und lebte als Deutsche in Deutschland, das für sie ihre Heimat war.
Die Fremdheit jedenfalls zwischen jüdischen und nichtjüdischen Deutschen war geschwunden. Juden und Nichtjuden waren ununterscheidbar geworden. Erst die Nationalsozialisten stellten durch Sondergesetze für die deutschen Juden und ihre allmähliche gesellschaftliche Ausgrenzung erneut die Fremdheit her und kennzeichneten die jüdischen Bürger mit dem gelben Stern.[20]

Es ist typisch für die vorherrschende Stimmung in den zwanziger und dreißiger Jahren, daß sich die jüdische Dachorganisation *Centralverein deutscher Staatsbürger jüdischen Glaubens* nannte. Als die Juden nach dem Holocaust langsam wieder eine Gemeinschaft in Deutschland aufzubauen begannen, gaben sie ihrer Organisation den Namen *Zentralrat der Juden in Deutschland*, ein deutliches Zeichen dafür, daß sich ihre Auffassung von ihrer Stellung gegenüber dem Staat geändert hatte.
Die Juden, die heute in Deutschland und Polen leben, sind in der Mehrzahl keine Rückwanderer, die bereits vor der *Shoah* dort lebten. Ein großer Teil stammt aus der ehemaligen Sowjetunion und ist daher unbeschwert von der Last, die auf denen liegt, die den Holocaust überlebt haben, die vertrieben oder deportiert worden waren und sich nun mit der Vergangenheit auseinandersetzen müssen, um im Land ihres ehemaligen Erzfeindes eine Zukunft aufbauen zu können. Unabhängig von ihrer Herkunft sind die Juden im heutigen Breslau nur eine kleine Minderheit mit geringen Mitteln. Sie müssen ihre Identität und Stellung finden, neue Institutionen gründen, um die zerstörten zu ersetzen, und die großen Unterschiede innerhalb ihrer eigenen Gemeinschaft überbrücken. Die ältere Generation stirbt aus, und die jüngere Generation ist zumeist ohne großes Wissen um das, was das Judentum betrifft; aber sie ist sehr interessiert. Es braucht dringend eine gute und gründlich ausgebildete Leitung, um für diese in sich so unterschiedliche Gemeinschaft eine gemeinsame Grundlage zu finden und darauf neue Gemeinden aufzubauen. Bei unserem letzten Besuch in Breslau und in Gesprächen mit den Mitgliedern der dortigen jüdischen Gemeinde sprachen wir die Möglichkeit an, junge amerikanische Rabbinatsstudenten oder Rabbiner dafür zu gewinnen, ein oder zwei Jahre dazu zu verwenden, diesen neuen Gemeinschaften bei ihrer Suche nach Identität und Ausrichtung beizustehen, ihnen die Grundlagen zu vermitteln und sie in dem Selbstvertrauen zu stärken, um auf dem blutgetränkten Boden der Vergangenheit eine jüdische Zukunft aufzubauen.

3. Kapitel

Vorfahren

In ihrer Autobiographie schildert Edith Stein die Lebensgeschichte ihrer Mutter Auguste, geb. Courant, mit vielen Details und führt uns auch in das Leben der beiden vorhergehenden Generationen der Familie Courant ein. Über ihren Vater Siegfried hat sie fast nichts zu erzählen. Das liegt daran, daß Edith, als ihr Vater starb, noch ein kleines Kind war und deshalb keine persönlichen Erinnerungen an ihn hat. Auch meine Mutter, Ediths Schwester Erna, die zur Zeit seines Todes 3 1/2 Jahre alt war, hat mir erzählt, daß sie keine Erinnerungen an ihren Vater hatte. Deshalb müssen wir versuchen, soviel wie möglich über die väterliche Verwandtschaft zu ergänzen.

In den dreißiger Jahren begann mein Vater, sich für Ahnenforschung zu interessieren, und im Laufe seiner Untersuchungen machte er folgende Entdeckungen: Von Siegfrieds Urgroßvater wissen wir nur, daß er Joseph Stein hieß. Josephs Sohn Samuel Joseph wurde 1776 in Danzig geboren und erhielt die preußische Staatsbürgerschaft am 24. März 1812. Samuel Joseph Steins Sohn Simon wurde 1812 in Langendorf[1] geboren. Wir wissen, daß er dreimal verheiratet war und daß seine dritte Frau Johanna, geb. Cohn, sieben Kinder gebar, von denen mein Großvater Siegfried das älteste war. Als Kinder waren wir erstaunt zu erfahren, daß Simon, Großvater Siegfrieds Vater, dreimal verheiratet war und insgesamt 23 Kinder gezeugt hatte. Vielleicht lag es daran, daß meine Tante Edith überhaupt nicht versucht hat, die Geschichte dieser riesigen Anzahl von Onkeln und Tanten väterlicherseits zu erzählen, sondern sich stattdessen damit begnügte, die fünfzehn Geschwister ihrer Mutter zu kennen.

Daneben besitzen wir einen Schatz in dem 27 Seiten langen maschinengeschriebenen Aufsatz, welchen eine jüngere Schwester meines Großvaters, Julie Buchen, im Jahr 1920 schrieb und an ihre Neffen und Nichten verteilte. Darin gedenkt sie ihrer Kinderzeit in Woiska – »es lag in der Nähe der alten Judengemeinde Langendorf«[2]. Sie erzählt, daß ihr Vater ein Gut hatte, daß er außerdem ein Holzgeschäft besaß und viel zu reisen hatte, um Holz zu kaufen und auch um Holz an Kohlengruben zu liefern. Anfang der 1850er Jahre erwarb ihr Vater ein großes Grundstück mit einem Haus in Gleiwitz. Es lag nahe am Bahnhof, und er

eröffnete dort ein Holzgeschäft mit einer Dampfsägemühle. Mit Wehmut und voller Liebe schildert Julie den Blumengarten, der das Haus umgab, in dem sie geboren war, und die kleine Laube, die zum Versteckspielen ideal geeignet war.
Zur Zeit von Julies Geburt hatte ihr Vater sein Augenlicht verloren, und obwohl die Familie alles versuchte, um ihm ärztliche und chirurgische Hilfe zukommen zu lassen, waren alle Versuche erfolglos. Jeden Freitag spielte sich eine rührende Szene ab:

Vor dem Abendessen, wenn unser Vater aus der Synagoge zurückgekommen war, zogen wir in einer Reihe nach dem Alter an ihm vorüber, er legte seine Hand auf den Kopf und segnete uns, ohne uns sehen zu können. Das hatte, so klein ich auch noch war, einen tiefen Eindruck auf mich gemacht. Papa war sehr fromm, und es ging in unserem Hause streng religiös zu.[3]

Julie erzählt auch, wie die religiösen Feste in der Familie gefeiert wurden. Am ersten Sederabend, so schildert sie, verlas Bruder Siegfried, Ediths Vater und mein Großvater, die Gebete in der Haggadah[4], als sein Vater dazu nicht mehr in der Lage war. Selbst nach seiner Erblindung konnte Simon noch immer den Wert von Bäumen schätzen, indem er die Baumstämme abtastete. Er starb an einem Schlaganfall im Alter von 72 Jahren. Seine Witwe Johanna war die Tochter eines Lehrers, der auf dem Lande lebte und unterrichtete, und einer österreichischen Mutter, die früh verstorben war. Julie erinnert sich, daß ihre Mutter schön war und ihre Schönheit auch bis ins Alter behielt. Über die Heirat ihres Bruders Siegfried berichtet sie:

Anfang August 1871[5] heiratete Bruder Siegfried die uns schon früher lieb gewordene Gustel, die als Nichte Onkel Heinrichs und Freundin von Emma und Tina oft in unserem Hause gewesen war und als Schwägerin freudig von uns begrüßt wurde. Wir unternahmen auch diesmal wieder die Reise zur Hochzeit in unserem Wagen, da die Bahnverbindungen nach dem Städtchen Lublinitz ungünstig waren. Da in der Familie der Braut sowie bei unseren Angehörigen viele junge Leute und Mädchen waren, ging es bei der Hochzeit sehr lebhaft und lustig zu. Alex war damals schon in einer Bank angestellt und war bei den jungen Mädchen sehr beliebt; auch ich unterhielt mich sehr gut. Da ich nie Bälle besuchte – Mama war als Ballmutter durch die älteren Schwestern schon müde geworden, es war angeblich auch nicht mehr so gemütlich wie früher – waren Hochzeiten die einzigen Vergnügungen, die ich besuchte.[6]

Siegfried sah seine zukünftige Frau zum ersten Mal, als sie neun Jahre alt war. Zur Zeit der Trauung war er 28 und Auguste 21 Jahre alt. Die ersten zehn Jahre ihrer Ehe verbrachten sie in Gleiwitz, wo Siegfried mit seiner Mutter in der Holzbranche arbeitete.

In ihrem Buch widmet Edith Stein nur wenige Seiten der Beschreibung ihrer Großmutter väterlicherseits. »Sie war eine ebenso strenge wie zärtliche Mutter. Keines ihrer Kinder wagte ihr zu widersprechen, selbst wenn sie offenkundig irrte.«[7] »Sie verließ sich auf einen Geschäftsführer, der sie betrog, und ließ sich durch niemanden überzeugen, daß er ihr Vertrauen nicht verdiente. Das bewog meine Eltern schließlich, die geschäftliche Verbindung zu lösen und Gleiwitz zu verlassen.«[8]

In Gleiwitz wurden ihre ersten sechs Kinder geboren, Paul, Else, Arno, und drei weitere Kinder, die das Erwachsenenalter nicht erreichten. Im Jahre 1881 zog die Familie nach Lublinitz, dem Wohnsitz von Augustes Eltern, wo Siegfried mit Hilfe der Familie Courant ein eigenes Geschäft eröffnete. Er handelte mit Holz und Kohle. Frieda, Rosa, Richard und Erna, meine Mutter, wurden in Lublinitz geboren, doch Richard starb kurz nach seiner Geburt. Als die Familie im Frühjahr 1890 nach Breslau zog, war Erna sechs Wochen alt. Edith, die Jüngste, ist die einzige, die in Breslau geboren wurde.

Das Leben der Familie in Breslau wird in Edith Steins Autobiographie *Aus dem Leben einer jüdischen Familie* ausführlich geschildert. Die Steins siedelten um, weil sie sich bessere wirtschaftliche Möglichkeiten in der Großstadt erhofften, aber auch weil es in Breslau bessere Schulen für die Kinder gab.[9]

Im ersten Kapitel ihrer Autobiographie zeichnet Edith ein liebevolles Bild von ihren Großeltern und Urgroßeltern mütterlicherseits in Lublinitz, die auf Unterhaltungen mit ihrer 83jährigen Mutter Auguste im Jahre 1933 und ihren eigenen Erinnerungen basieren. Ihre Urgroßmutter Ernestine Burchard, geb. Prager, betrachtete Wohltätigkeit als ein religiöses Gebot. Selbst in Armut konnte sie immer etwas Eßbares, ein paar Kaffeebohnen, ein abgelegtes Kleidungsstück für noch ärmere Menschen erübrigen. Ihr Urgroßvater Joseph Burchard war Kantor und Vorbeter und später Wattefabrikant. Er pflegte alle männlichen Hausbewohner um sich zu versammeln und Gottesdienst in seinem Haus zu halten und lehrte seine Enkelsöhne die hebräischen Gebete. »Er schalt viel, schlug aber nie. Und nie ging ein Kind ohne ein Geschenk aus dem Hause.«[10] Er wurde 89 Jahre alt, aber leider wurde er in seinen letzten Jahren verwirrt und argwöhnisch, so daß seine Frau nach 58jähriger Ehe nicht mehr mit ihm unter demselben Dach wohnen konnte und in das Haus ihrer Tochter Adelheid und deren Mann Salomon Courant umsiedeln mußte. Sie wurde 93 Jahre alt und blieb ihrer Enkeltochter Auguste Stein, Ediths Mutter, als eine wahrhaft fromme Frau in Erinnerung, die in der Synagoge wie auf dem Friedhof mit größter Konzentration und Intensität betete, ebenso jeden Freitagabend, wenn sie die Sabbathkerzen anzündete, während sie die Segensworte sprach. Sie pflegte ihre Gebete mit den Worten zu beenden: »Herr, schicke uns nicht soviel, wie wir ertragen können.«[11]

Obwohl meine Ururgroßmutter Ernestine Burchard 30 Jahre vor meiner Geburt starb, fühle ich mich ihr besonders verbunden, denn ich besitze ein Andenken an sie, ein hebräisch-deutsches Gebetbuch mit Goldschnitt und in violetten Samt gebunden. Laut Widmung war das Buch ein Geschenk vom jüdischen Frauenbund in Lublinitz anläßlich ihrer goldenen Hochzeit am 6. Dezember 1866. Manchmal stelle ich mir vor, daß sie dieses kostbare Buch eben nur beiseitegelegt habe und daß sie es wieder zur Hand nehmen werde, wenn es Zeit zum Beten ist.

Ediths Großvater Salomon Courant lernte seine zukünftige Frau Adelheid Burchard kennen, als sie zwölf Jahre alt war, und er gewann sie sogleich lieb. Fünf Jahre später verlobten sie sich und heirateten im folgenden Jahr 1842. Sie eröffneten ein bescheidenes Kolonialwarengeschäft mit einem kleinen Warenbestand und einem Anfangskapital von 25 Pfennigen. Doch mit fleißiger Arbeit bauten sie ihr Geschäft auf und stellten Adelheids jüngere Geschwister zur Mithilfe im Laden ein. Sie hatten 16 Kinder, von denen eines starb. Auguste oder »Gustel«, wie sie allgemein gerufen wurde, war das vierte Kind. Alle Mädchen wurden im Alter von vier Jahren zur Arbeit im Geschäft herangezogen, bekamen aber auch eine Volksschulausbildung. Gustel wurde im Alter von 12 Jahren aus der Schule genommen, doch erhielt sie Privatstunden in Deutsch und Französisch. Die Jungen wurden in einer anderen Stadt auf das Gymnasium geschickt, und zwei studierten an der Universität; der eine wurde Apotheker, der andere Chemiker.

Edith, die, als ihr Großvater starb, fünf Jahre alt war, erinnert sich, daß er ein kleiner, lebhafter Mann war, der jedem Kind eine Tafel Schokolade in die Hand drückte. Er erzählte gern Witze und unterhielt die Kinder in der Familie, aber er war auch ein tüchtiger Kaufmann, der wegen seiner Ehrlichkeit und Anständigkeit sehr geachtet wurde.

Nach dem Ersten Weltkrieg gab es eine Abstimmung darüber, ob die Gegend deutsch bleiben oder polnisch werden sollte. Alle Familienmitglieder fühlten sich als deutsche Patrioten und stimmten dafür, daß das Gebiet deutsch bleiben sollte, doch die Mehrzahl entschied sich anders. Bitter enttäuscht verließen sie die Stadt Lublinitz (jetzt Lubliniec) und siedelten sich in den Teilen Oberschlesiens an, die deutsch geblieben waren; andere zogen nach Breslau.

Wegen der deutschfreundlichen Haltung der Familie Courant bei der Abstimmung war der Name Courant in Lublinitz viele Jahre lang unbeliebt. Mit Hitlers Aufstieg wurden die Juden, die dort geblieben waren, nach Osten deportiert, und später, während des kommunistischen Regimes, war keiner besonders daran interessiert, die Spuren dieser jüdischen Familie, die sich als patriotische Deutsche verstanden hatten, wieder aufzudecken. Erst vor kurzer Zeit erinnerte sich die Stadt daran, daß Edith Stein ein Abkömmling eines ehemaligen führenden Kaufmanns und einer einstigen Stütze der Gesellschaft war. Die Neugier war geweckt, und als man an der Mauer des Geschäftsgebäudes unter mehreren Anstrichschichten den Schriftzug »S. Courant« entdeckt hatte, stellte man eine Verbindung zwischen diesem Schriftzug und der Familie Stein her und begann damit, das Gebäude instandzusetzen. Im Sommer 1995 besuchten mein Mann und ich die Lublinitzer Edith-Stein-Gesellschaft und erhielten eine Führung durch das restaurierte Haus, in dem die Courants gelebt und ihr Geschäft getätigt hatten. Es war ein ansehnliches Museum geworden, das dem Andenken Edith Steins und ihrer Familie gewidmet ist. Auf dem großen Tisch lagen Alben und Zeichnungen von Schulkindern zum Thema Edith Stein, die sich auf eine angebliche Bemerkung Edith Steins bezogen, daß Lublinitz ihre Lieblingsstadt gewesen sei. Im angrenzenden Raum zeigte man uns ein Sofa, einen Schrank und ein etwas ramponiertes Klavier, welche nach der Überlieferung den Courants gehört hatten. Wir setzten uns für eine Aufnahme auf Urgroßmutter Adelheids Sofa, und obwohl es die Last von 8 bis 10 Menschen tragen mußte, die alle mit mir photographiert werden wollten, brach dieses uralte Möbelstück nicht auseinander.

Edith und ihre Schwester Erna verbrachten in ihrer Kindheit die Ferien oft in Lublinitz.

Für uns Kinder war es die größte Ferienfreude, wenn wir zu den Verwandten nach Lublinitz fahren durften. Der Direktor, der den Geographieunterricht in unserer Schule gab, erkundigte sich jedesmal nach den großen Ferien, was für Reisen man gemacht hätte, und quittierte mit ironischem Lächeln, wenn man nicht weiter als bis Lublinitz gekommen war. Aber das störte uns nicht. In dem kleinen Städt-

chen hatten wir die größte Freiheit. Wir wurden nicht viel beaufsichtigt, wir sollten es nur gut haben und vergnügt sein. Schon in dem großen Haus konnte man sich ganz anders bewegen als in der engen Mietwohnung, die wir in unseren Kinderjahren in Breslau hatten. Jeder Winkel war einem schon vertraut und mit jedem feierte man Wiedersehen. Da war der große Laden mit den verlockenden Bonbonkrausen, den Schokoladenvorräten und den Schubladen, in denen Mandeln und Rosinen zu finden waren. Es stand uns alles offen; wir waren aber von zu Hause Strenge gewöhnt, und es bedurfte erst wiederholten Zuredens, bis wir uns trauten, selbst etwas zu nehmen. Daneben war das Eisengeschäft, das hauptsächlich das Reich meines Onkels war. Auch da gab es verlockende Dinge, von denen wir gewöhnlich etwas zum Abschied geschenkt bekamen: Taschenmesser, Scheren und dergleichen. Am Wochenmarkt, wenn die Bauern hereinströmten und gar nicht genug Hände da sein konnten, durften wir später auch etwas helfen. Wie stolz war man, wenn man ein paar Brocken Wasserpolnisch aufgeschnappt hatte, um sich mit den Bauern zu verständigen, oder gar, wenn einem die Bedienung der Kasse anvertraut wurde! Abends saß man plaudernd auf den Stufen der Ladentür oder ging um den »Ring« spazieren: dort saßen auf den Bänken vor den Häusern alte Bekannte, und in der Mitte stand zwischen hohen Bäumen der hl. Johannes. Am Sonnabend wurden wir manchmal in die Synagoge mitgenommen.
Mitunter wurde ein Spaziergang in den Wald gemacht und ein Besuch auf dem schönen Friedhof am Walde, wo unsere Großeltern begraben liegen und in kleinen Kindergräbern Geschwister, die lange vor unserer Geburt gestorben sind. Den Höhepunkt der Ferienfreuden bedeutete eine Wagenfahrt zu Verwandten in einer anderen oberschlesischen Kleinstadt. Am meisten zog uns aber doch in die Heimat unserer Mutter die Liebe zu ihren Geschwistern.[12]

Die Stadt Lublinitz, die heute polnisch ist, ist stolz auf Edith Stein. Allerdings würde sie sich, wenn sie noch am Leben wäre, mit den Einwohnern nur mit Hilfe eines Dolmetschers verständigen können. Trotzdem wird ihr Andenken in Ehren gehalten und durch sie auch das Andenken ihrer Vorfahren Salomon und Adelheid. Wie wir selbst erfahren konnten, werden alle Angehörigen Edith Steins aufs wärmste empfangen.
Die Edith-Stein-Gesellschaft von Lublinitz hat sich unter anderem zum Ziel gesetzt, die Familiengeschichte zu erforschen; eine Reihe von Dokumenten, die die geschäftlichen Aktivitäten von Ediths Vater Siegfried Stein beleuchten, sind schon aufgefunden worden.[13]
Ich habe schon erwähnt, daß die Familie Stein im Herbst 1881 aus Gleiwitz nach Lublinitz umzog. Eine Anzeige des königlichen Kreisgerichts besagt, daß die Firma Siegfried Stein am

23. März 1882 in das Register der Geschäftsfirmen eingetragen wurde. Ein Inserat bietet unter der Adresse »Altes Posthaus«, wo die Familie wohnte, Holz, Baumaterialien und Kohle zum Verkauf an. Die Ware war auf einem gemieteten Grundstück neben diesem Gebäude gelagert. Zwei Jahre später zog die Familie in die »Villa Nova«, ein kleines Haus mit Garten, welches Augustes Eltern gehörte und welches sie anscheinend der jungen, wachsenden Familie zur Verfügung gestellt hatten. Im Jahr 1884 war dies bereits die Adresse für die Firma Siegfried Stein. Die »Villa Nova« war früher ein Restaurant mit Festräumen, einer Kegelbahn und einem Billardzimmer gewesen. Dort fanden Gesellschaften und Aufführungen statt. Später wurden die Räume in Wohnungen und Läden umgebaut und vermietet. Trotz vieler Versuche, das Geschäft zu vergrößern und neue Absatzgebiete zu finden, kam die Firma Siegfried Stein nicht zu Wohlstand, so daß im Jahre 1890 das Geschäft verkauft wurde und die Familie nach Breslau zog. Leider erfüllte sich die Hoffnung auf bessere Gelegenheiten in der Hauptstadt Schlesiens zu Vater Siegfrieds Lebzeiten nicht. Das sollte noch viel harte Arbeit und lange Jahre erfordern. Erst um 1910 konnte seine Witwe das große, bequeme Haus in der Michaelisstraße kaufen, welches heute noch steht, und es zum Heim für die große Familie machen.[14]

4. Kapitel

Das Nesthäkchen der Familie

»Ich bin keine Schriftstellerin«, pflegte meine Mutter zu antworten, wenn wir, ihre Kinder, oder andere ihr zuzureden versuchten, sie solle doch etwas über ihr Leben schreiben. Oder sie sagte: »Warum soll ich über die Vergangenheit schreiben? Das hat doch Edith schon in ihrem Buch getan.« Wer Erna Biberstein kannte, würde lächeln und sagen: »Wie typisch!« Sie neigte immer dazu, sich selbst den Bedürfnissen und Ansichten derer, die ihr nahestanden, zu unterwerfen, sei es denen ihres Mannes, ihrer selbstbewußteren Geschwister oder später ihrer Kinder. Wir wissen natürlich, daß alle Erinnerungen persönliche Gefühle wiedergeben und nicht immer objektiv sind und daß deshalb Ernas Erinnerungen sich von denen ihrer Schwester unterscheiden würden, obwohl beide im selben Haus aufgewachsen waren und nur wenige Monate auseinanderlagen. Doch obwohl das »Leben einer jüdischen Familie« in der Version meiner Mutter niemals niedergeschrieben wurde, sickerte doch viel davon in mündlicher Überlieferung durch. Beide Eltern erzählten uns Geschichten aus der Familie, und ich möchte versuchen, in dem, was ich hier schreibe, ihre Sicht der Dinge bezüglich ihres Verhältnisses zu ihrer jetzt so berühmten Schwester und zu anderen Familienmitgliedern zumindest in Teilen zu bewahren. Meine Mutter schrieb zwar kein Buch, aber bis zu ihrem Tode im Alter von fast 88 Jahren unterhielt sie eine emsige und gewissenhafte Korrespondenz mit jedem, der sie zum Thema ihrer Schwester Edith befragte. Sie glaubte auch, daß es ihre Pflicht sei, auf alle Verfälschungen oder Fehler in Artikeln oder Biographien über Edith Stein aufmerksam zu machen. Noch zwei Wochen vor ihrem Tode sagte meine Mutter in einem Interview mit einer Journalistin, die Material für eine Biographie Edith Steins sammelte: »Ich habe oft an die verschiedenen Biographen geschrieben, um falsche Angaben zu korrigieren, aber niemand ist darauf eingegangen, und die Fehler werden immer wieder zitiert.«[1]
In meiner Erzählung werde ich hin und wieder auf solche Beispiele verweisen, denn Edith war immer darauf bedacht, nach der Wahrheit zu streben, und mein Respekt vor ihr wie vor meiner Mutter gebietet mir, die Tatsachen so wahrheitsgetreu wie möglich darzustellen.

Edith Stein wurde am 12. Oktober 1891 geboren. Dieser Tag fiel in jenem Jahr mit dem Jom Kippur, dem Versöhnungstag, zusammen. Ihre Mutter sah darin eine besondere Bedeutung, weil Jom Kippur der höchste Feiertag im jüdischen Kalender ist. Zuerst lebte die Familie in einer kleinen Wohnung und kämpfte mit Schulden und den Anfangsschwierigkeiten einer Geschäftsgründung. Die Familie Stein war von Lublinitz nach Breslau gezogen, um ihre Lage zu verbessern, aber der plötzliche Tod von Vater Siegfried, als das jüngste Kind noch nicht zwei Jahre alt war, zwang sie dazu, ihre Pläne zu ändern.

Mein Vater starb auf einer Geschäftsreise am Hitzschlag. Er hatte an einem heißen Julitage einen Wald zu besichtigen und mußte eine größere Strecke zu Fuß gehen. Ein Briefträger, der über Land ging, sah ihn von weitem liegen, nahm aber an, daß er sich zum Ausruhen hingelegt habe, und kümmerte sich nicht weiter darum. Erst als er ihn nach Stunden auf dem Rückweg noch an derselben Stelle sah, ging er hin und fand ihn tot.[2]

Noch nicht ganz 44 Jahre alt, sah sich die junge Witwe plötzlich als Familienoberhaupt und verantwortlich für das Holzgeschäft, welches sie aus einem Verlustunternehmen in ein profitables Geschäft umzuwandeln hoffte.[3] Sie mußte dabei die Versorgung ihrer jüngsten Kinder den älteren Mädchen überlassen.

Meine Schwester Else hätte die Stütze meiner Mutter sein und ihr den Haushalt abnehmen sollen. Sie war aber sehr gut begabt und hatte beschlossen, Lehrerin zu werden (der einzige höhere Bildungsweg, der damals für Mädchen offen stand). Meine Mutter gab ihr schließlich die Erlaubnis, das Seminar zu besuchen. Trotzdem mußte sie sich um die Wirtschaft und die kleinen Geschwister kümmern, bis die jüngeren Schwestern so weit waren, diese Pflichten zu übernehmen. Sie führte das häusliche Regiment mit großer Strenge und äußerster Sparsamkeit, so daß alle etwas unter diesem Joch seufzten. Nur ich machte eine Ausnahme, weil ich, als ein kleines Kind, noch mit Kosenamen und Zärtlichkeiten verwöhnt wurde; auf diese Auszeichnung war ich sehr stolz und hing mit großer Liebe an meiner schönen Schwester.[4]

Mit ihren eigenen Worten zeichnet Edith ein höchst lebendiges und genaues Bild ihrer ersten Lebensjahre. Sie erinnert sich dabei so genau, daß sich ihre ältere Schwester Erna viele Jahre später (in einem Interview vom 10. Dezember 1977) fragte, ob manche dieser Erinnerungen nicht auf Erzählungen älterer Familienmitglieder beruhten.

Zuerst lebte die Familie in einer kleinen Wohnung in der Kohlenstraße 13 (jetzt ul. Dubois), während sich das Holzgeschäft auf einem nahegelegenen Grundstück befand. Das Haus in der Kohlenstraße existiert nicht mehr; Edith hat nur eine einzige Erinnerung daran: eine große weiße Tür zum Zimmer ihrer großen Schwester Else und daß sie wütend mit den Fäusten gegen die Tür getrommelt hat, weil sie nicht zu ihr konnte.[5] Die Familie bewohnte eine Mietwohnung nach der anderen; nur eine davon existiert noch, die in der Jägerstraße 5 (jetzt ul. Mysliwska).[6] Als das Nesthäkchen der Familie wurde Edith ziemlich verwöhnt. Mit den Worten meiner Mutter:

Paul, mein ältester Bruder, trug Edith auf dem Arme im Zimmer herum und sang ihr Studentenlieder vor oder zeigte ihr die Bilder in der Literaturgeschichte und hielt dazu Vorträge über Schiller, Goethe, etc. Sie hatte ein ungeheuer gutes Gedächtnis und behielt sich alles.[7]

Sie war aufgeweckt und frühreif, aber vielleicht noch nicht ganz so weit, als daß sie alles verstanden hätte, was ihr großer Bruder ihr zuliebe vortrug.
Jedenfalls war Edith ein sehr sensibles Kind, das unter Angstträumen und sogar unerklärlichen Fieberanfällen litt, wenn sie etwas besonders Aufregendes erlebt hatte. Sie gewöhnte sich daran, ihre Sorgen und Ängste für sich zu behalten. Ihre Mutter arbeitete den ganzen Tag und kam abends todmüde nach Hause. Auch Ediths Geschwister wurden nicht zu ihren Vertrauten, nicht einmal ihre Schwester Erna, die nur ein Jahr und acht Monate älter war als sie. Hinsichtlich der Kinder sprach man von drei Pärchen: »die Jungen« (Paul und Arno), »die Mädels« (Frieda und Rosa), »die Kleinen« (Erna und Edith). Nur Else, die älteste Tochter, bildete eine Kategorie für sich. Wahrscheinlich war sie für die beiden Jüngsten so etwas wie eine Ersatzmutter, denn sie wuchsen ja in einem Haushalt auf, in dem ihre Mutter sehr stark belastet war mit ihrer Verantwortung für das Geschäft.[8] Edith und Erna waren eng miteinander verbunden, obwohl sie in Aussehen und Temperament grundverschieden waren.

Die älteren Schwestern sagten von ihr [Erna] gelegentlich, sie sei durchsichtig wie klares Wasser, während sie mich ein Buch mit sieben Siegeln nannten.[9]

Paul, der große Bruder, der allen Geschwistern Spitznamen gab, nannte Edith »die Miezekatze« und Erna »die Krähe«.[10] Edith war geschmeidig und konnte sich im Streit mit den älteren Kindern behaupten. Edith meinte, daß Ernas Spitzname mit ihrer Neigung zu tun hatte, leicht böse zu werden und aufzubrausen, doch waren ihre Ausbrüche schnell vorbei und der Friede wiederhergestellt. Ediths Meinung nach war Erna gewissenhaft, aber nicht besonders ehrgeizig. Edith beschreibt sie als »schön, offen und mitteilsam, von großer Herzensreinheit und -güte, überaus bescheiden und ihrer eigenen Vorzüge unbewußt, gut begabt, geschickt und anpassungsfähig.«[11] Aber sie kritisiert Erna dafür, zu passiv zu sein. Ich verweile bei diesen Beschreibungen absichtlich etwas länger, weil es ja meine Mutter ist, die Edith hier schildert.[12]

Die lernbegierige kleine Edith war beleidigt, als sie im Frühjahr 1896 in den Kindergarten gehen sollte, während ihre ältere Schwester Erna mit der Schule anfing. Sie war so daran gewöhnt, immer zusammen mit Erna gesehen zu werden, daß ihr der Gedanke, nicht gemeinsam mit ihrer Schwester die Schulbank drücken zu dürfen, unerträglich war. Sie wurde rebellisch und mußte jeden Morgen unter Protest und Gezeter in den Kindergarten geschleppt werden. Da sie im Oktober Geburtstag hatte, hätte Edith bis zum nächsten April mit der Einschulung warten müssen; aber das paßte ihr gar nicht. Das entschlossene kleine Mädchen wünschte sich nur eins zum Geburtstag: in die Schule aufgenommen zu werden, wenn sie im Oktober 1897 6 Jahre alt würde. Obwohl Edith wegen ihres außergewöhnlich guten Gedächtnisses lange Balladen auswendig und ohne Schwierigkeiten Dichterquartett (ein Kartenspiel) spielen konnte, konnte sie doch nicht lesen oder schreiben und wäre sechs Monate hinter ihren Mitschülerinnen zurückgelegen. Nur durch die Fürsprache ihrer großen Schwester Else nahm sie der skeptische Direktor auf, und auch das nur auf Probe. Doch wurde

»ich (darauffolgendes Ostern) mit den anderen versetzt, und von da an behauptete ich immer einen der ersten Plätze.«[13]

Von nun an war Edith eine der besten Schülerinnen; dem, der ihre Erinnerungen liest, werden ihr außerordentlicher Ehrgeiz und die unmißverständlichen Anzeichen von Stolz auf ihre Leistungen, die an Einbildung grenzen, auffallen. Edith lernte gern, doch liebte sie es auch, mit ihren Kenntnissen zu prahlen. Sie wurde von den Lehrern gelobt, erntete Preise für ihre Leistungen, aber auch manchmal Neid von seiten ihrer Mitschülerinnen, besonders ihrer gleichaltrigen Cousine Leni, mit der sie oft verglichen wurde. Die beiden kleinen Mädchen waren sehr verschieden, doch waren sie gute Freundinnen. Nur stritt Leni gern, fand sich jedoch dann meist im Unrecht. Edith erzählte uns: »Ich erinnere mich, daß sie einmal ganz erregt sagte: ›Laß mich doch auch einmal Recht haben!‹«[14]

Weil sie zu einer großen Familie mit vielen Geschwistern, Cousins und Cousinen gehörte, fehlte es Edith niemals an Spielgefährten. Und der Holzplatz war natürlich ein beliebter Spielplatz.

Es war ein Paradies für Kinder, in den schulfreien Stunden waren nicht nur wir alle dort, sondern auch die Spielgefährten aus dem kinderreichen Haus, aus der Schule und aus der Verwandtschaft. Platz war für alle da. Meine Mutter gab die Parole aus: »Aufs Wort folgen und nicht stören! Sonst könnt ihr machen, was ihr wollt.« Das einfachste Vergnügen war, eine Wippe zu bauen. Es wurde ein Brett über einen Holzblock gelegt; je ein Kind setzte sich rittlings auf ein Ende, und dann schnellte man abwechselnd in die Höhe. Das konnte man stundenlang fortsetzen, ohne es satt zu bekommen. Herrlich konnte man Versteck spielen. Es gab viele Holzstöße, hohe und niedrige. Was unter der Witterung leiden konnte, war in Schuppen untergebracht. Manche waren mehrstöckig; es führten Treppen hinauf, und drinnen war es dämmerig, man konnte sich in einen heimlichen Winkel zurückziehen, träumen und Geschichten erzählen.[15]

Was meine Tante von dem Holzspielplatz erzählt, findet seine Entsprechung in den Erinnerungen von Tante Julie Buchen über die Freuden ihrer eigenen Generation im Umfeld des Holzplatzes in Gleiwitz.

Bei allen unseren Freunden hieß es: Nirgends kann man so schön spielen wie bei Steins, und sie versammelten sich auch in allen freien Nachmittagen bei uns. Im Winter spielten wir im großen Hinterzimmer, da wurden die Gäste immer bewirtet, es gab Kaffee und guten Barches, aber wenn sie später kamen, feine selbst marinierte Heringe. Die schmeckten immer köstlich. – (Nach vielen, vielen Jahren, als mein Mann und ich nach Kroatien übersiedelten, begegneten wir auf unserer Durchreise in Wien der dort verheirateten Tochter unseres verstorbenen Rabbiners Dr. K. mit ihrer Mutter, und sie erwähnte, wie oft und gern sie sich der schönen Stunden erinnert, die sie in unserem Hause verlebt hat). Sehr interessant fanden wir auch den Aufenthalt in der Sägemühle. Dort waren in der Mitte des großen Raumes die beiden Bangatter [sic!] aufgestellt, die durch die Maschine getrieben wurden. Die Holzstämme bewegten sich mechanisch vorwärts und wurden durch die in die Gatter eingespannten Ägen [sic!][16] in dünne oder stärkere Bretter und Pfosten zerschnitten. Es machte uns Kindern besonderes Vergnügen, uns auf das Ende der Stämme zu setzen und mitzufahren, da konnte man sich einbilden, irgendwohin zu reisen. Das durch die Sägen verursachte Geräusch tönt mir noch in den Ohren, und der charakteristische Geruch der Sägespäne ist mir unvergesslich, daß ich [mich] jedesmal, wenn ich an einem Sägewerk vorbeikomme, in Erinnerung an die verlorene Heimat in wehmütige Stimmung versetzt fühle.[17]

Auch ich kenne ähnliche Gefühle aus meiner eigenen Erinnerung. Wir, die Nichten und Neffen Edith Steins, sowie unsere Mitschüler hatten viel Spaß auf Großmutters Holzplatz, der ein Spielparadies für uns darstellte. Die Regeln hatten sich nicht geändert, der Duft von Holz und Sägespänen ist mir immer noch in der Nase, und die Erinnerung daran, wie wir als Kinder zwischen den Holzschobern herumtobten, läßt sich leicht wieder aufrufen. Und wenn ich an den Holzplatz denke, sehe ich meine Großmutter vor mir. Sie hatte einen Gemüsegarten auf einem Teil des Grundstücks. Dort konnte man sie, über das Gemüsebeet gebeugt, antreffen, wie sie etwa eine Mohrrübe herauszog, unter der Wasserpumpe säuberte und mir – was für ein Genuß – überreichte. Ein andermal konnte es passieren, daß uns Tante Frieda, Großmutters Prokuristin, zur Erdbeerernte einteilte. Im Sommer 1997 suchten mein Mann und ich das Grundstück auf, auf dem der Holzplatz einst gelegen hatte. Es war nunmehr ein etwas heruntergekommenes Stück Land mit einem Schuppen und einigen Gerätschaften, die darauf hindeuteten, daß man dem Unkraut und den Mohnblumen, blassen Überresten von Großmutters einstigem Garten, zu Leibe rücken wollte. Der Ort schien für irgendein Geschäft ausgesucht zu sein. Niemand war in der Nähe, den man darüber hätte befragen können, und es hätte uns auch nicht weiter interessiert, denn die Vergangenheit ist nun ein für allemal versunken, die einstigen »*dramatis personae*« längst verschwunden. Nicht einmal der Duft der Sägespäne ist geblieben, und die Geister von gestern waren nur für mich sichtbar.

5. Kapitel

Jugend und höhere Schule

Einige Jahre nach meiner Heirat überreichte mir meine Mutter eine Art Erbstück, ein handgesticktes Tischtuch – nicht ein gewöhnliches Tischtuch, sondern ein Tischtuch mit einer Vorgeschichte. Mutter erzählte mir, wie sie und ihre Schwestern gemeinsam daran für die Aussteuer ihrer ältesten Schwester Else gearbeitet hatten.[1] Auch Edith beschreibt, mit welchem Eifer die Familie an der Vorbereitung für Elses Hochzeit arbeitete. Im September 1903 hatte Max Gordon seine Verlobung mit Else, Ediths ältester Schwester, in einem Eilbrief mitgeteilt. Da die Hochzeit schon zwei Monate später stattfinden sollte und da Else selbst in Hamburg blieb, wo sie an einer Privatschule unterrichtete, arbeitete die Familie in Breslau mit fieberhafter Aktivität und außerordentlicher Freude an Elses Aussteuer.

Es wurden Kataloge durchgesehen, manches wurde fertig gekauft, mehr aber im Hause genäht. Es kam eine Weißnäherin ins Haus, unter deren geschickten Händen aus Leinwand, Damast und Schweizer Stickereien die erstaunlichsten Kunstwerke entstanden. Meine Schwester Frieda half fleißig mit. In unserer schulfreien Zeit durften auch wir mitwirken. Manchmal kamen sogar noch unsere Cousinen dazu. Dann saßen wir in großem Kreis zusammen, nähten und stickten, und eine las etwas Lustiges vor.[2]

Wenn ich das Tischtuch betrachtete, konnte ich mir diese Szene lebhaft vorstellen. Die Nachricht von der bevorstehenden Heirat war mit großer Freude aufgenommen worden. Else war ein anmutiges junges Mädchen mit vielen Verehrern, aber sie war auch ein unruhiger Geist. Max war ein Cousin meiner Großmutter, ein Dermatologe, der in Hamburg praktizierte. Er war neun Jahre älter als Else, sehr humorvoll, und er kam gut mit Freunden und Verwandten aus. Da Max ungern reiste, fand die Hochzeit in Hamburg statt, und die Familie konnte nicht dabei sein. So fuhr Großmutter allein nach Hamburg, allerdings ohne große Freude, da weder Braut noch Bräutigam zu einer religiösen Trauung zu bewegen gewesen waren. Nach einiger Zeit verspürte die junge Frau großes Heimweh nach »den Kindern«, was ihren Mann einigermaßen verwirrte, denn sie war zu der Zeit schwanger mit ihrem ersten Kind. Als er jedoch erfuhr, daß sie damit ihre jüngsten Geschwister meinte, war er sofort bereit, diese für die nächsten Sommerferien einzuladen.

Die Reise nach Hamburg war für uns ein großes Ereignis. Wir waren bisher noch nie so weit gekommen; außerdem kannten wir ja unsern Schwager noch nicht. Wir hatten allen Grund, von ihm entzückt zu sein. Er empfing uns mit brüderlicher Herzlichkeit und überhäufte uns mit Aufmerksamkeiten.[3]

Hamburg bot den beiden Mädchen vielerlei Abenteuer – Ausflüge, ungewohnte Vergnügungen sowie die Aufmerksamkeiten ihres geistreichen und wohlmeinenden neuen Verwandten. Möglicherweise waren es die Erinnerungen an diese Zeit, die Edith dazu veranlaßten, ein paar Jahre später, im Frühjahr 1906, darum zu bitten, die Schule unterbrechen zu dürfen. Nach neun Jahren Schule ließ sie zu jedermanns Erstaunen verlauten, daß sie die Schule verlassen wolle. Ihre Mutter versuchte nicht, sie davon abzubringen:

»Ich werde Dich nicht zwingen«, sagte sie, »ich habe Dich in die Schule eintreten lassen, als Du es wolltest; Du magst auch fortgehen, wenn Du es jetzt willst.«[4]

Eine Zeitlang bei der großen Schwester und deren Familie in Hamburg zu verbringen, schien eine gute Idee zu sein. Else liebte ihre »kleine Schwester« von ganzem Herzen und konnte zu der Zeit in ihrem Haushalt mit einem Kleinkind und einem neugeborenen Sohn ein wenig Hilfe gut gebrauchen. Aus den anfangs geplanten sechs Wochen Aufenthalt wurden zehn Monate. Edith hatte eine Menge Arbeit, doch sie freute sich über die neue kameradschaftliche Beziehung zu ihrer so viel älteren Schwester und über die Abwechslung von dem streng geregelten Schulleben, an das sie gewöhnt gewesen war. »Ich glaube fast, daß die Zeit, die ich dort war, die beste im Eheleben meiner Schwester war«, schrieb Edith.[5]
Ihr Schwager Max Gordon war in seinem beruflichen Leben ein Sonderling. Seine zunehmende Opposition gegenüber den Krankenversicherungen und verschiedenen neuen Behandlungsmethoden, z. B. der Anwendung von Salvarsan gegen Syphilis, isolierte ihn im Laufe der Jahre immer mehr von seinen Fachkollegen und führte zu Feindseligkeiten und unangenehmen Auseinandersetzungen. Allmählich ging es mit seiner Praxis bergab. Weit weg von zu Hause, kamen Edith Zweifel hinsichtlich einiger Traditionen, in welchen sie bisher aufgewachsen war. So begann das heranwachsende junge Mädchen in diesen Monaten langsam seine eigene Individualität zu entfalten:

Die Zeit in Hamburg kommt mir, wenn ich jetzt darauf zurückblicke, wie eine Art Puppenstadium vor. Ich war auf einen sehr engen Kreis eingeschränkt und lebte noch viel ausschließlicher in meiner inneren Welt als zu Hause. Soviel die häusliche Arbeit es erlaubte, las ich. Ich hörte und las auch manches, was mir nicht guttat. Durch das Spezialfach meines Schwagers kamen manche Bücher ins Haus, die nicht gerade für ein Mädchen von 15 Jahren berechnet waren. Außerdem waren Max und Else völlig ungläubig. Religion gab es in diesem Hause überhaupt nicht.[6]

In einem Brief an Waltraud Herbstrith OCD bemerkt Ilse Gordon, die älteste Tochter von Max und Else:

Richtig ist, daß meine Eltern nicht in die Synagoge gingen und auch zu Haus keine der hergebrachten Formen der jüdischen Religion hielten oder uns Kinder darin aufzogen. Doch habe ich selbst eine andere Auffassung von Religion, die weit über diese Formen hinausgeht und welche ich wohl von meinen Eltern übernommen habe.[7]

Edith führt ihre obigen Überlegungen fort, indem sie schreibt: »Hier habe ich mir auch das Beten ganz bewußt und aus freiem Entschluß abgewöhnt.«[8] Aus diesem einfachen Satz haben mehrere Biographen und Interpreten den Schluß gezogen, daß Edith Stein im Alter von fünfzehn Jahren Atheistin geworden sei. Meiner Meinung nach wird damit dieser kurzen Bemerkung viel zuviel Gewicht beigemessen. Zum einen sagt Edith nur, sie habe aufgehört zu beten. Wir wissen nicht, was für Gebete damit gemeint sind. Waren dies kindliche Gebete, welche nun plötzlich an Bedeutung verloren hatten oder für eine Jugendliche, die zum ersten Mal fern von zu Hause war, nicht mehr paßten? Zum anderen ist es ganz natürlich, daß ein junges Mädchen, das nach Wahrheit sucht, so wie es Edith ihr Leben lang getan hat, zwangsläufig mit Zweifeln und Ungewißheiten zu kämpfen hat. Während sie heranwuchs, mußte Edith zahlreiche Umbrüche in ihrer Gedankenwelt erleben. Daß eine Fünfzehnjährige nicht betet, kommt wahrscheinlich sehr viel häufiger vor, als daß sie diese Tatsache in sich selbst wahrnimmt und kommentiert.
Jedenfalls gab ihr die Abwesenheit von zu Hause Gelegenheit, aus einer eher nüchternen Sicht die Traditionen zu betrachten, in denen sie aufgewachsen war, sowie die Möglichkeit, einen unvoreingenommeneren Blick auf die Welt der Gedanken und des Geistes zu werfen. Diese Neigung sollte sich immer stärker entwickeln, bis sie als Studentin der Philosophie alle bisher als selbstverständlich angenommenen Begriffe unter der scharfen Lupe der Phänomenologie untersuchen sollte, indem sie sie der

strengen Prüfung der Beobachtung und des kritischen Urteils unterzog.
Eine Familienkrise veranlaßte Edith nach Breslau zurückzukehren, die tödliche Krankheit von Harald, dem zweijährigen Sohn ihres Bruders Paul. Er war an Scharlach erkrankt, und die ganze Familie hoffte, daß Edith den kleinen Patienten gesundpflegen könne. Leider starb er wenige Tage später.
Als Edith nach zehn Monaten Abwesenheit nach Breslau zurückkehrte, lernte sie wieder außerordentlich zielstrebig und bestand im April 1907 mit Hilfe von Privatstunden in Mathematik und Latein die Aufnahmeprüfung zur Oberstufe des Gymnasiums. In diesen Monaten entdeckte Edith so richtig ihre Leidenschaft fürs Lernen. Mit scharfem Blick und ihrem Humor erkannte sie die Stärken und Schwächen ihrer Privatlehrer und zog daraus wohl auch einige wertvolle Lehren für ihre eigene spätere Tätigkeit als Lehrerin.
Im April wurde sie also in die Obersekunda zugelassen und »so begann«, wie sie sagte, »das Schulleben von neuem.« Es ist klar, daß sie sich als Schülerin in ihrem Element fühlte.[9] Bald war sie wieder eine der besten. Ihr Eifer und Ehrgeiz und ihre zeitweise sehr offenkundige Freude an ihren herausragenden Leistungen scheinen sie ihren Klassenkameradinnen nicht entfremdet zu haben. Sie konnte sogar einige neue Freundschaften schließen. Jahre zuvor hatte ihre Tante Cilla sie eine Streberin genannt.[10] Sie hatte es als Kompliment gemeint, aber Edith ärgerte sich darüber, weil sie immer glaubte, es sei besser, gut zu sein als klug. Ich denke, daß dieser Konflikt ihr ganzes Leben lang bestand. Einerseits freute sich Edith über ihre intellektuellen Leistungen, andererseits strebte sie von Kindheit an bis zum Leben in der Karmelgemeinschaft nach Demut und Bescheidenheit. Man könnte hier ihr oft zitiertes Wort anwenden: »Was nicht in meinem Plan lag, das hat in Gottes Plan gelegen.« Eine weniger ergebene, weniger gläubige Sicht der Dinge könnte lauten, daß Edith Steins Streben nach einer Universitätskarriere deswegen zunichte wurde, weil zu ihrer Zeit die Vorurteile gegen Frauen und Juden wie eine unbewegliche, feste Mauer zwischen ihr und einem Vorankommen im akademischen Bereich standen. Ihre Promotion »*summa cum laude*«, ihre frühen Erfolge auf dem Gebiet der Philosophie, ihre Beliebtheit als Dozentin, ihr Fleiß als Übersetzerin und Autorin konnten nicht verhindern, daß ihre Zukunftspläne auf all diesen Gebieten im Keim erstickt wurden. Auch ihre Hoffnung auf eine glückliche Ehe wurde zunichte, obwohl ihre Zurückhaltung uns wenig Informationen

über ihr Privatleben hinterlassen hat. War also der Weg zum Karmel ein Teil von »Gottes Plan«? Und noch problematischer: War ihr Tod in der Gaskammer von Auschwitz ein Teil von »Gottes Plan«?
Jeder mag selbst darüber nachdenken und seine eigenen Schlüsse daraus ziehen.

6. Kapitel

Meine Großmutter, die Matriarchin

Weiter oben habe ich schon von meiner Großmutter gesprochen, der »großen Frau«, von der in den Schriften von Tante Edith, ihrer jüngsten Tochter, so viel die Rede ist. Auguste Stein war von ihrer Statur her klein und ein wenig rundlich. Wie die meisten Witwen jener Zeit ging sie immer schwarz gekleidet und trug im Hause stets eine Schürze. Ich kann mich gut daran erinnern, wie sie, wenn sie sich ausruhte, am Fenster saß und zusah, wie die Welt an ihr vorüberzog: die Straßenbahn, Autos und Menschen. Sie hatte immer einen Strickstrumpf in der Hand, ob sie sich mit uns unterhielt oder las. Aber das war nicht typisch für sie. Meist war Großmutter, selbst als über Achtzigjährige, beschäftigt; sie ging zu Fuß zur Arbeit und nach Hause zurück, sah auf dem Holzplatz nach dem Rechten, arbeitete im Gemüsegarten oder verhandelte mit Kunden.

Frühmorgens kämmte sie mich oft und flocht mein Haar. Ich saß still und sang alle möglichen Lieder, während sie damit beschäftigt war, Kamm und Bürste durch mein dickes schwarzes Haar zu ziehen, um es zu bändigen und auf Hochglanz zu bürsten, bevor sie es in zwei lange Zöpfe flocht, welche über meine Schultern beinahe bis zur Taille herunterhingen.

Wenn ich mein völliges Ungeschick, was das Stricken von Socken angeht, zeigte, eine Tätigkeit, die mir zuwider war, pflegte sie mir den ganzen Kram aus der Hand zu nehmen und ein bißchen verächtlich zu sagen: »Hier, laß mich das nur fertig machen!« Die langen Strümpfe, die sie ihren Enkelkindern strickte, meist aus grober, grauer Wolle, mochten wir überhaupt nicht, weil sie kratzten und juckten; doch um des lieben Friedens willen mußten wir sie tragen, wenn Großmutter sie erst einmal fertig gestrickt hatte.

Als wir noch klein waren, half Großmutter oft bei unserem wöchentlichen Bad. Mein Bruder hat dies so beschrieben:

Wenn sie uns Kinder badete, was oft geschah, als wir noch ganz klein waren, so unterhielt sie uns dabei mit Liedern aus Offenbachoperetten (»Kam einst ein reicher Brasilianer zur kleinen Handschuhmacherin«) und anderen Bühnenschlagern aus ihrer Jugendzeit. War das Bad beendet, so wickelte sie uns von Kopf bis Fuß in Riesenbadetücher und tat beim Abtrocknen so, als seien wir Berge von Teig, die zu Broten zu kneten seien, was mit vielem Gekitzel und Gekneife vor sich ging, bis wir ganz atemlos vor Lachen waren, sie nicht viel weniger als wir.[1]

Ja, Großmuttel war voll echter Lebensfreude und hatte einen unverwüstlichen Humor, der ihr sicherlich geholfen hat, so manche Schwierigkeiten im Leben zu überwinden. Als Kind hatte sie Klavierstunden genommen; Jahrzehnte später konnte sie noch ein paar Takte aus dem Strauß-Walzer »*Wein, Weib und Gesang*« auswendig. An ihrem 70. Geburtstag tanzte sie einen Walzer mit ihrem ältesten Enkel Gerhard Stein, und auf der Hochzeit meiner Eltern tanzte sie mit ihrem neuen Schwiegersohn Hans Biberstein.[2] Sie hatte keine höhere Schulbildung, aber sie besaß einen gesunden Menschenverstand und großen Geschäftssinn. Sie war 1849 geboren, Tochter von Salomon und Adelheid Courant, das vierte Kind in einer Familie von fünfzehn Kindern. Edith erzählt uns in ihrer Autobiographie:

Alle Töchter wurden vom Alter von 4 Jahren an zur Arbeit angehalten, zur Hilfe im Geschäft, das sich von Jahr zu Jahr vergrößerte, zum Haushalt, den sie später abwechselnd führten, und zu Handarbeiten. Den Anfangsunterricht erhielten die älteren Geschwister in der öffentlichen Schule (meine Mutter von 5 Jahren an in einer katholischen Volksschule). Später begründete mein Großvater für seine vier Ältesten und die Kinder von noch drei anderen jüdischen Familien eine Privatschule.
Meine Mutter wurde schon mit 12 Jahren aus der Schule genommen, um zu Hause zu helfen. Sie bekam aber einige Privatstunden in Deutsch und Französisch. Alle Söhne wurden nach außerhalb, schließlich alle nach Breslau, aufs Gymnasium geschickt; fünf wurden Kaufleute, zwei Akademiker (Apotheker und Chemiker). Der Religionsunterricht wurde von dem jüdischen Lehrer in der Schule erteilt. Es wurde etwas Hebräisch gelernt, aber zu wenig, um später selbständig übersetzen und mit Verständnis beten zu können. Die Gebote wurden gelernt, Teile aus der Hl. Schrift gelesen, manche Psalmen (deutsch) auswendig gelernt. Meine Mutter sagt, daß sie mit der größten Begeisterung diesem Unterricht beigewohnt habe. Es sei ihnen immer eingeprägt worden, daß sie jede Religion achten, niemals gegen eine fremde etwas sagen sollten.[3]

Im Alter von acht Jahren war Großmutter tüchtig genug, um in einer Notlage bei Verwandten auszuhelfen. Ihr Onkel schätzte sie außerordentlich und nahm sie gern als Kassiererin zum Markt mit, wenn er dort seine Waren verkaufte. Für ihre Hilfe belohnte er sie mit großzügigen Geschenken. Doch als sie einmal hörte, wie er verächtlich über ihre Eltern sprach,

verließ sie augenblicklich den Markt und kehrte nach Hause zurück.
Schon als kleines Mädchen scheute sie harte Arbeit nicht. Am Waschtag bestand sie darauf, den Hausangestellten zu helfen. Als sie zehn Jahre alt war, stand sie gemeinsam mit ihnen schon vor Sonnenaufgang auf und rieb sich ohne Klagen die Hände mit der starken Waschseife wund.
Großmutters Heimat war Lublinitz, eine Stadt in Oberschlesien, nicht weit von der Grenze entfernt. Auch nachdem sie nach ihrer Heirat im Alter von 21 Jahren das Elternhaus verlassen hatte und nach Gleiwitz gegangen war, blieb dieser Ort bis an ihr Lebensende ihr »Zuhause«. Wie schon weiter oben erwähnt, lernte meine Großmutter ihren zukünftigen Mann Siegfried Stein im Alter von neun Jahren kennen. Anscheinend war Großvaters Mutter Johanna Stein eine herrische Natur, und ihre Kinder hatten Angst, ihr zu widersprechen. Sie mochte jedoch »Gustel« und lernte ihr abgewogenes Urteil schätzen; sie hatte Respekt vor ihrer Meinung und ihren Anschauungen.[4] So mischte sich Auguste zum Beispiel einmal wegen ihres Schwagers Leo in Steinsche Familienangelegenheiten ein. Für seine Mutter war es nämlich eine Schande für die Familie, daß er Schauspieler werden wollte. Als sie ihn tatsächlich hinauswarf, nahm seine Schwägerin ihn zu sich. Sie glaubte an sein Talent, trat deshalb für ihn ein und versuchte zwischen ihm und seiner Mutter zu vermitteln. Später wurde er als »Lustspieldichter« und »Bühnenleiter« berühmt.[5]
Das Holzgeschäft in Gleiwitz, welches Johanna Stein besaß und in dem ihr Sohn Siegfried angestellt war, war nicht erfolgreich. Notgedrungen beschlossen Siegfried und Auguste, aus Gleiwitz wegzuziehen, und so zogen sie mit ihrer schon zahlreichen Familie nach Lublinitz, wo Augustes Eltern lebten, mit deren Hilfe die jungen Leute ihre eigene Firma gründeten. Es wurde ein schwieriges Unterfangen mit vielen Rückschlägen, bei dem Augustes Eltern mehrfach einspringen mußten. Außer den vielen geschäftlichen Rückschlägen war ihr Leben von dem tragischen Verlust von vier Kindern überschattet. Großmutter gebar insgesamt elf Kinder, von denen nur sieben das Erwachsenenalter erreichten. Das Haus, in dem sie lebten, gehörte den Courants, Augustes Eltern. Es war klein, aber hübsch, und hatte einen großen Garten. Wahrscheinlich rührt Großmutters Liebe zur Gartenarbeit aus jener Zeit. Sie liebte es, Obst und Gemüse anzubauen und einen Teil ihrer Ernte an Freunde und Bekannte zu verteilen. Sie pflanzte auch eine Reihe von Apfelbäumen,

doch als diese Früchte trugen, war die Familie schon fortgezogen. In ihren Erinnerungen schreibt Edith, daß sie und ihre Geschwister später, wenn sie in den Ferien nach Lublinitz kamen, im Obstgarten spielen und so viele Äpfel pflücken durften, wie sie wollten. Die Familie Stein zog im Jahre 1890 nach Breslau. Doch in einer neuen Umgebung von neuem anzufangen, war schwer.

Schwere Nahrungssorgen kamen hinzu; das neue Geschäft war mit Schulden belastet und richtete sich nicht so schnell ein. Daß meine Mutter auch in ihrem Eheleben Schweres zu ertragen hatte, darüber hat sie nie ein Wort gesagt. Sie hat immer nur im Ton herzlicher Liebe von meinem Vater gesprochen, und wenn sie heute, nach so vielen Jahrzehnten, an seinem Grab steht, sieht man, daß der Schmerz um ihn nicht erloschen ist. Sie hat nach seinem Tode immer schwarze Kleider getragen.[6]

Beim Lesen dieser Zeilen bin ich mir nicht sicher: Deuten sie an, daß meine Großmutter in ihrer Ehe Schwierigkeiten hatte, aber nie davon sprach? Oder daß keine existierten? Ich kann nur ebenso wie meine Tante sagen, daß ich meine Großmutter niemals über ihren Mann klagen hörte, auch nicht daß sie irgendwelche Fehler von ihm erwähnt hätte. Andererseits habe ich manchmal gestaunt, wie selten dieser Großvater überhaupt erwähnt wurde. Im Gegensatz dazu tauchte der Name meines Großvaters väterlicherseits häufig im Gespräch auf, und obwohl mein Vater noch ein Säugling war, als sein Vater starb, und keine Erinnerung an ihn hatte, wurde ihm durch seine Mutter ein lebendiges Bild von seinem Vater vermittelt. Sie sprach oft und liebevoll von ihm, und ein großes Portrait von ihm hing in ihrem Wohnzimmer. Natürlich beweist das nichts bezüglich der Ehe meiner Großeltern mütterlicherseits. Was wir aber mit Sicherheit annehmen können, ist, daß Großvater Siegfrieds Geschäftssinn dem meiner Großmutter Auguste nicht gleichkam und daß sie in späteren Jahren, als sie nach dem plötzlichem Tod ihres Mannes das Holzgeschäft übernahm, erkannte, wieviel besser sie es führen konnte. Und dadurch mag ihr dann auch die Erkenntnis gekommen sein, daß die früheren Jahre mit ihren Schwierigkeiten und der Armut hätten vermieden werden können, wenn ihr Mann ein tüchtigerer Geschäftsmann gewesen wäre.

Ich habe schon von dem tragischen Tod Siegfried Steins am 10. Juli 1893 gesprochen und davon, was dieses Ereignis in der großen Familie verursachte. Nach dem Begräbnis gaben alle Verwandten gute Ratschläge. Sie rieten meiner Großmutter, das

verschuldete Geschäft zu verkaufen und eine größere Wohnung zu mieten, in der sie mit ihren Kindern wohnen und Zimmer vermieten könnte, um ein kleines Einkommen zu haben. Notfalls würden ihre Brüder aushelfen. Großmutter war davon keineswegs entzückt. Sie hatte ihre eigenen Pläne: Sie wollte alles daransetzen, um das Holzgeschäft auf die Beine zu bringen und in ein profitables Unternehmen umzuwandeln. Trotz des schweren Verlustes war sie zuversichtlich, es zu schaffen und mit Hilfe der älteren Kinder erfolgreich zu sein. Ihre Aufgabe war nicht einfach. Sie hatte ihre Familie zu ernähren, den Kindern eine Schulausbildung zu ermöglichen und alle Schulden zu bezahlen. Ihre Geschäftsmoral war dieselbe, die sie von ihren Eltern gelernt hatte, und diese verlangte, zuerst einmal alle Verpflichtungen zu tilgen. Deshalb konnte sie ihrem ältesten Sohn Paul, der gerade 21 Jahre alt war, keine Universitätsausbildung finanzieren. Er hatte das Gymnasium abgeschlossen und mußte nun, obwohl ein Lesewurm mit einem großen Lerneifer, seinen Unterhalt selbst verdienen. Die älteste Tochter Else hatte die jüngeren Kinder zu betreuen; außerdem besuchte sie ein Lehrerinnenseminar. Arno war zum Zeitpunkt, als sein Vater starb, noch nicht ganz 14 Jahre alt und noch ein Schuljunge. Seine Mutter entschied, er solle eine Ausbildung in der Holzbranche beginnen, um in das Familiengeschäft eintreten zu können. Nach seiner Lehre in einer Holzfirma und dem Erwerb kaufmännischer Grundkenntnisse trat er in die Firma seiner Mutter ein, lernte das Geschäft von Grund auf und arbeitete sich Schritt für Schritt nach oben, bis er in den dreißiger Jahren Chef der Firma wurde. Obwohl seine Neigung zu Wutausbrüchen zwischen ihm und seiner Mutter manchmal zu Spannungen führte, arbeitete er jahrelang an ihrer Seite, immer in Liebe und voller Respekt für sie.
Wenn ich die Tugenden meiner Großmutter beschreibe, muß ich um der Wahrheit willen jedoch auch eine weniger positive Eigenschaft erwähnen, die alle, die sie kannten, eingestehen müssen: Irgendwie kam sie mit allen ihren Schwiegersöhnen und -töchtern in Konflikt. Nach Edith lag die Schuld bei ihren Brüdern beziehungsweise der unglücklichen Wahl ihrer Ehefrauen:

Mein Bruder Paul war sehr jung, als er sich heimlich verlobte. Er hat den Verkehr mit seiner Braut jahrelang gegen den Willen meiner Mutter fortgesetzt, und schließlich, weil er ihre Einwilligung zur Verlobung nicht erlangen konnte, heimlich das Haus verlassen. Meine Schwester Erna und ich waren damals noch Kinder. Wir wachten eines Abends auf und sahen unsere Mutter weinen. Wir liefen zu ihr hin, kletterten auf ihren Schoß und suchten sie zu trösten. Erst nach Jahren haben wir erfahren, daß an jenem Abend unser ältester Bruder vermißt wurde und daß unsere andern Geschwister ihn suchten. Er war seiner Braut nach Berlin nachgereist und meldete sich erst schriftlich von dort. Die Ehe wurde geschlossen, die Hochzeit als Familienfest von uns gefeiert, das junge Paar in allen Notfällen selbstverständlich unterstützt, das älteste Enkelkind mit der zärtlichsten Liebe umgeben – aber ein herzliches Verhältnis zur Schwiegertochter hat sich niemals hergestellt, obgleich meine Schwägerin Trude sich immer wieder darum bemühte.[7]

Die folgenden Zeilen, von Paul und Trudes Sohn Gerhard im Oktober 1984 geschrieben, zeigen dieses Verhältnis in einem ganz anderem Licht:

Als mein Vater schon einige Zeit mit meiner Mutter »gegangen war«, faßte sie sich ein Herz und schrieb ihm, daß sie sich als seine Braut betrachte. Wegen ihrer verschiedenen Begabungen und Interessen konnte zwischen meiner Großmutter Auguste Stein und meiner Mutter leider kein harmonisches Verhältnis bestehen. Meine Großmutter war hauptsächlich eine Geschäftsfrau und bestand außerdem sehr auf Ordnung im Haushalt. Die starke Seite meiner Mutter lag auf dem Gebiet der Kunst und des Sports, und der Haushalt war ihr weniger wichtig. Einer ihrer Zeitvertreibe war es, Kanarienvögel in der Küche zu ziehen.
Großmutters Aversion gegen meine Mutter war so stark, daß sie sie persönlich bat, meinen Vater nicht zu heiraten.[8]

Der Grund für Großmutters heftige Einwände gegen diese Ehe bleibt durch diese Zitate unklar. Offensichtlich waren die Temperamente und Vorlieben beider Frauen grundverschieden, doch sollte das ein Grund dafür sein, diese Ehe zu mißbilligen? Ich erinnere mich daran, daß meine Großmutter die Art, wie Trude ihren Haushalt führte, scharf kritisierte; sie mochte ihren Kaffee nicht, und wenn sie zu einer Geburtstagsfeier in Trudes Haus eingeladen war, sorgte Großmutter dafür, daß ihre Tochter Rosa ihre Spezialität, einen Streuselkuchen, mitbrachte, damit Großmutter nicht den von Tante Trude gebackenen Kuchen zu essen brauchte. Großmutter machte sich ganz unbarmherzig über ihre Schwiegertochter lustig. Im Gegensatz dazu habe ich Tante Trude nie anders als mit großem Respekt und sogar Zuneigung über meine Großmutter sprechen hören. Im großen und ganzen muß ich ihrem Sohn Gerhard zustimmen, wenn er sagt: »Meine Mutter hatte ein Herz von Gold.«
Als nächstes erzählt Edith die Geschichte von Arnos Braut:

Bruder Arno hat seine Braut im Einverständnis mit meiner Mutter und uns allen gewählt. Sie war eine alte Freundin unserer Familie, eine Klassengefährtin meiner Schwester Else vom Seminar her. Sie war sehr jung mit ihren Angehörigen nach Amerika gegangen, hatte dort geheiratet, aber die Ehe später wieder gelöst. Sie verdiente sich selbst ihren Unterhalt und verwandte ihre Ersparnisse zu Reisen nach Deutschland, um meine Schwester in Hamburg und uns in Breslau zu besuchen. Sie war sehr lustig, laut und lebhaft und brachte immer viel Leben in unser ruhiges Haus. Sie hatte wohl längst die Heirat mit meinem Bruder ins Auge gefaßt, ehe er selbst auf den Gedanken kam. Sie war überglücklich, als ihr Wunsch in Erfüllung ging, und wurde mit Freuden in die Familie aufgenommen. Das junge Ehepaar zog sogar in unser eigenes Haus, das wir kurz zuvor gekauft hatten; ja, anfangs versuchte man sogar einen gemeinsamen Haushalt zu führen. Aber auch hier war kein harmonisches Zusammenleben möglich. Was meine Mutter an meinen beiden Schwägerinnen beständig kränkt, ist, daß sie beide nicht gelernt haben, einen geordneten Haushalt zu führen. Die eine ist musikalisch begabt und hat immer viel Zeit zum Stundennehmen und Stundengeben gebraucht. Die andere liebt es, Einkäufe und Besuche zu machen und immer neue Anregungen außerhalb des Hauses zu suchen. Und beide sind meiner Mutter durchaus wesensfremd. So gütig und hilfsbereit meine Mutter sonst allen Menschen gegenüber ist, gegen gewisse Charakterfehler ist sie durchaus unduldsam: das sind vor allem Unwahrhaftigkeit, Unpünktlichkeit und ein übersteigertes Selbstbewußtsein.[9]

Wenn ihre eigenen Töchter ihr halb im Spaß, halb im Ernst sagten, daß sie eine schlechte Schwiegermutter sei, betrübte sie das sehr. Edith beobachtete jedoch, daß ihre Familie einen so individuellen Charakter hatte, daß es dieser schwerfiel, Außenstehende in ihren Familienkreis aufzunehmen. Sie zitiert dazu einen beliebten Ausspruch ihrer Mutter und ihrer beiden Schwestern Frieda und Rosa: »Die sind ganz anders als wir.« Solch ein Ausdruck bedeutete einen entschiedenen Trennungsstrich. Die kleinen Ärgernisse, die von den unterschiedlichen Temperamenten und Charakteren herrührten, führten offenbar zu einem andauernden Klima von Gereiztheit und Konflikten, was dem häuslichen Frieden (*Schalom Bajit*), einem sehr wichtigen jüdischen Begriff, sehr abträglich war.
Meine Cousine Lotte Sachs, die jüngste Tochter von Onkel Arno und Tante Martha, schrieb mir erst vor kurzem:

... Ich habe eben noch einmal ›Aus dem Leben einer jüdischen Familie‹ (in englischer Übersetzung) gelesen. Meine Reaktion zu einigen der Abschnitte war eigentlich stärker als früher, als ich das Buch vor Jahren auf deutsch las ... und etwas später in englischer Übersetzung. Heute ist es mir unverständlich, daß Tante Edith so ausführlich über alle Schandflecke in der Familie berichtet. Obgleich das Buch nicht zu Lebzeiten ihrer Geschwister veröffentlicht wurde, müssen wir, die folgende Generation, darunter leiden.[10]

Wir fühlten uns Onkel Arno, Tante Martha und deren vier Kindern besonders eng verbunden. Trotz unseres Altersunterschieds spielten wir mit diesen zusammen im Hinterhof und wurden oft in ihren Garten am Stadtrand eingeladen. Dieser Garten war ein einzigartiges Paradies für Kinder. Obwohl wir immer zum Jäten, Gießen und Gemüseernten eingespannt wurden, blieb doch reichlich Zeit zum Spielen, und wenn wir an heißen Tagen einen Spaziergang an die naheliegende Oder machten, hatten wir oft Gelegenheit, in dem (schlammigen und wahrscheinlich unsauberen) Fluß zu baden und uns abzukühlen. Die Ausstattung in der klapprigen Laube war sehr bescheiden, was uns Kindern aber gut gefiel. Ein primitiver Kochherd, ein Etagenbett, ein paar mit Stroh gefüllte Matratzen und ein zerfleddertes Exemplar von James Fenimore Coopers *Lederstrumpf* luden zur Übernachtung ein, auch wenn das nicht gerade ein luxuriöses Erlebnis war. Wir verbrachten die Nacht nur selten dort, sondern gingen meist abends wieder heim – müde, schmutzig und mit Spargel, Erdbeeren und Gartenblumen beladen, welche wir voller Stolz unseren Eltern mitbrachten.

Onkel Arno war der Chef des Holzplatzes. Dort konnten wir ihn in grober Kleidung, seine Tweed-Hosen in lange Gamaschen gestopft, bei der Arbeit sehen. Wenn er so zwischen den Holzstößen herumkletterte oder seinen Angestellten Anweisungen zurief, machte er auf uns Kinder einen sehr imposanten Eindruck, viel mehr als Tante Frieda, die an einem Schreibtisch im dunklen Kontor saß, oder als die kleine weißhaarige Frau, meine Großmutter, die der eigentliche Chef war.

Ich kann nicht umhin, Onkel Arnos selbstbewußtes Auftreten in seinem Reich mit seinem Leben in New York nach seiner Auswanderung aus Deutschland 1938 zu vergleichen. Sowohl Arno wie Martha blieben uns weiter verbunden, und es war eine große Freude für meinen Onkel, uns nach unserer Ankunft im Februar 1939 New York zu zeigen. Er, der vier Monate vor uns angekommen war, fühlte sich bereits wie ein Einheimischer und führte uns überall herum, um uns die Sehenswürdigkeiten zu zeigen. Onkel Arno fiel es aber nicht leicht, sich an das Leben in Amerika zu gewöhnen. Er war harte Arbeit und sinnvolle Betätigung gewohnt, doch jetzt fühlte er sich in der großen Stadt verloren und konnte keinen richtigen Halt mehr finden, noch war er imstande, sich in der Neuen Welt eine befriedigende Existenz aufzubauen. Er erwarb einen Kiosk in einem Bürogebäude am Union Square, wo er Zeitungen, Zeitschriften, Bonbons und Zigaretten verkaufte. Seine Frau Martha nahm eine Stellung als Haushälterin und Gouvernante bei einer begüterten Bankiersfamilie an; so konnte das Ehepaar Stein nicht zusammenleben und ein neues Heim gründen. Die Kinder waren erwachsen und verstreut, ihre Tochter Eva hatte in Nazideutschland zurückbleiben müssen. Später zog das Ehepaar nach San Francisco, wo ihr Sohn Helmut mit seiner Familie lebte und wo sie, inzwischen pensioniert, wieder zusammenleben konnten; doch da beide krank waren, ging es langsam bergab für sie. Sie konnten sich an ihren Enkelkindern in San Francisco erfreuen und hin und wieder nach Atlanta, Georgia, reisen, wo ihre Tochter Lotte, eine gelernte Krankenschwester, mit ihrem Mann und zwei Söhnen lebte. Wolfgang, der älteste Sohn, und seine Frau hatten es schwer als Farmer auf einem unfruchtbaren Stück Land in North-Carolina; sie zogen später nach Utica, New York, wo mein Cousin eine Stellung in einer Fabrik mit regelmäßigen Arbeitsstunden und gesichertem Wochenlohn annahm. Wolf und seine Frau Ilse sowie Lotte und ihr Sohn Harvey waren unter den Verwandten, die der Seligsprechung Tante Ediths am 1. Mai 1987 beiwohnten.

Die älteste Schwester Ediths, Else, hatte Max Gordon geheiratet, der ein entfernter Verwandter meiner Großmutter war. Da sie in Hamburg lebten, blieben sie von den täglichen Irritationen in Breslau verschont. Tante Elses Mann war einige Jahre älter als sie, und sie hatten drei Kinder. Edith Stein gibt in ihrem Buch *Aus dem Leben einer jüdischen Familie* eine ausführliche Beschreibung von Elses Problemen in den ersten Jahren ihrer Ehe. Zur Zeit, da dieses Buch veröffentlicht wurde, waren Max und Else schon gestorben, und es war sehr betrüblich für ihre Kinder, daß in aller Öffentlichkeit »schmutzige Wäsche« gewaschen wurde. In einem Brief vom 5. März 1988 schrieb mir meine Cousine Anni:

> Es steht ... zu viel drin, was die Öffentlichkeit nichts angeht und einseitig gesehen wird. In meinem englischen Exemplar habe ich für meine Nachkommen Zettel mit dem, woran ich mich selbst erinnern kann, und mit Berichtigungen eingelegt.[11]

Mein Bruder und ich haben schöne Erinnerungen an einen Besuch bei Onkel Max und Tante Else in Hamburg. Unsere Tante konnte nicht genug daran tun, um uns alle Sehenswürdigkeiten der Stadt und der Umgebung zu zeigen. Mein Onkel, der sehr humorvoll war, gab alle Parodien, Geschichten und Lieder, die er aus seiner Erinnerung schöpfen konnte, zum Besten. Er nahm uns auch in das Gebäude mit, wo seine Praxis war und wo er meinem Bruder zu dessen großen Vergnügen erlaubte, in einem Paternoster hinauf- und hinunterzufahren. Die Abenteuer dieses Besuchs sind uns in froher Erinnerung geblieben. Unser einziger weiterer Besuch fand im Februar 1939 statt, unmittelbar bevor wir in Bremerhaven das Schiff nach Amerika bestiegen. Damals befand sich Onkel Max in einer sehr viel gedrückteren Stimmung. Er lernte gerade Spanisch als Vorbereitung für die geplante Auswanderung nach Kolumbien zu seinem Sohn Werner, der zehn Jahre vorher dorthin gegangen war und ein gutgehendes Geschäft und eine wachsende Familie gegründet hatte. Es war ein Glück für die Gordons, einen Sohn in Kolumbien zu haben, denn Werner rettete die ganze Familie, seine Eltern und seine zwei Schwestern, aus Nazideutschland nach Südamerika. Tante Else besuchte Breslau natürlich oft, besonders solange Großmutter noch lebte. Sie hing mit inniger Liebe an ihrer ganzen Familie, doch besonders an ihrer Mutter. Else war eine warmherzige und liebevolle Tante, aber ein nervöser Typ. Sie konnte nie lange mit einer Situation zufrieden sein. Meine Mutter pflegte zu sagen, daß sich Else nach Hamburg sehnte, wenn sie in Breslau war, es aber in Hamburg nicht erwarten konnte, wieder nach Breslau zu fahren. Ihre Lebensweise war bis zu einem fast erschreckenden Ausmaß übertrieben einfach. Zu Hause saß sie abends meist im Dunkeln, um keinen Strom zu vergeuden. Sie war äußerst sparsam und brachte es nicht über sich, auch nur das einfachste Geschenk anzunehmen. Als ich ihr einmal ein ganz kleines Geburtstagsgeschenk kaufte, gab sie es mir zurück, darauf beharrend, daß sie es nicht brauche. Alles Drängen oder Zureden half nicht, sie von ihrer Meinung abzubringen. Mit dem Cousin und den Cousinen Gordon hatten wir, weil sie viel älter waren als wir und ziemlich weit weg von uns wohnten, wenig Kontakt. Später jedoch nahm Anni, die Jüngste, eine Stelle als Kindergärtnerin in der Nähe von Breslau an und besuchte uns öfter. Sie brachte ihre Gitarre mit und unterhielt uns Kinder mit Singen und Gesellschaftsspielen. Werner kam, nachdem er nach Kolumbien ausgewandert war, nicht mehr nach Deutschland zurück, schickte aber einmal seine kolumbianische Frau und zwei Kinder auf Besuch zu seinen Eltern und der weiteren Familie. Sehr viel später, als wir in Brooklyn wohnten, besuchte uns Werner. Er war damals schon Vater von vier Söhnen, doch seine erste Ehe war gescheitert. Er heiratete noch einmal und hatte mit seiner zweiten Frau zwei Söhne und eine Tochter. Im Jahr 1987 nahm er mit seiner Frau Maria und den Söhnen Heinz und Paul an der Seligsprechung seiner Tante Edith in Köln teil. Zu dieser Zeit war er schon ein schwerkranker Mann, und bald darauf starb er. Werner war seiner Tante Edith sehr nahe gestanden; sie schrieben einander mehrere Briefe, und Edith verfolgte die Vorgänge im Leben ihres Neffen mit echter, liebevoller Anteilnahme.

Was meine Eltern anbelangt, so lebten sie bis September 1933 in Großmutters Haus. Wir Kinder hatten damals keine Ahnung von irgendwelchen Schwierigkeiten, doch bekamen wir einen Hauch von Spannungen zu spüren, als Großmutter 1936 an Magenkrebs erkrankte. Sie war 86 Jahre alt, und in Anbetracht ihres Alters und des damaligen Standards der Medizin kam ein chirurgischer Eingriff wohl nicht in Betracht. Großmutter blieb zu Hause, umgeben von ihrer anhänglichen Familie, die sie pflegte und verwöhnte und alles tat, um ihr die letzten Monate erträglich zu gestalten. Ich glaube, daß die Diagnose Anfang des Jahres gestellt worden war, und als die Zeit heranrückte, da wir uns auf die gewohnte Ferienreise in die Berge aufmachen wollten, hatte meine Mutter Bedenken, Großmutter zu verlassen. Vater, der sehr beharrlich, um nicht zu sagen hartnäckig sein konnte, bestand darauf zu fahren, und so willigte meine Mutter ein, mit meinem Vater, meinem Bruder und mir ins Altvatergebirge zu gehen. Am Tag, bevor wir abreisen sollten, verschlechterte sich Großmutters Zustand, und Mutter entschloß sich, in Breslau zu bleiben. Diese Begebenheit führte zu ernsten Spannungen zwischen unseren Eltern, und so waren unsere ersten Tage in den Bergen überschattet von Vaters griesgrämiger Laune. Nach einem stürmischen Briefwechsel erschien Mutter auf der Bildfläche, aber es war selbst für uns Kinder offensichtlich, daß sie unfreiwillig gekommen war. Die ganze Ferienzeit war uns allen verdorben durch die düstere Atmosphäre, den Kummer um unsere kranke Großmutter und dazu unseren schmollenden, übellaunigen Vater. Das volle Ausmaß seines Ärgers der Schwiegermutter gegenüber offenbarte sich aber erst im Jahre 1963, als er zum ersten Mal Edith Steins Buch *Aus dem Leben einer jüdischen Familie* las und jeden Konflikt, jede Auseinandersetzung, die je zwischen ihm und seiner Schwiegermutter stattgefunden hatte von dem Tage an, als meine Eltern 1918 ihre Verlobung angezeigt hatten, wiedererlebte.

Nachdem er Ediths Darstellung gelesen hatte, schrieb er für meinen Bruder und mich eine lange Abhandlung, in der er seine

Version zu diesem Thema darlegte. Darin betont er, daß zwischen ihm und Auguste Stein ein herzliches Verhältnis bestanden habe, von ihrer ersten Bekanntschaft im Jahre 1909 an bis zu dem Augenblick, als er zehn Jahre später nicht länger ein Freund von Erna war, sondern deren Verlobter wurde. Von da an erlebte er seine zukünftige Schwiegermutter als feindselig, kritisch und hinterhältig. Ich fürchte, daß aus diesem Grund auch meine Mutter die Lektüre des Buches, das ihre verstorbene Schwester geschrieben hatte, deprimierte und den Schmerz und Ärger über die längst vergangenen Konflikte wieder zum Aufflammen brachte.
Auguste Steins Verzweiflung über den Übertritt ihrer Tochter zum Katholizismus ist oft beschrieben worden. Zu diesen Geschehnissen kann ich nur das wiedergeben, was meine Mutter mir erzählt hat, denn als Tante Edith sich taufen ließ, war ich gerade geboren worden. Meine Mutter, Ediths Lieblingsschwester, war nicht nur in deren Geheimnis eingeweiht worden, sondern auch mit der wenig beneidenswerten Aufgabe betraut worden, Großmutter so sanft wie möglich davon in Kenntnis zu setzen. Die Szene, wie sie in der ersten, von Sr. Teresia Renata [Posselt] verfaßten Biographie dargestellt wird, wonach Edith ihrer Mutter zu Füßen fällt und ausruft: »Mutter, ich bin katholisch!« ist so melodramatisch und gänzlich im Widerspruch zu Ediths Charakter, daß sie sicherlich nicht authentisch ist. Ich weiß genau, daß meine Großmutter schon vorher von meiner Mutter informiert worden war. Als meine Tante dann im Jahr 1933 in den Karmel eintrat, war ich alt genug, um dieses Ereignis bewußt mitzuerleben. Ich erinnere mich daran, daß ich meine Großmutter lautlos weinen sah. Ihre Schultern zitterten, aber sie brachte keinen Laut hervor. Für mich, ein Kind von 11 Jahren, war es ein erschütternder Anblick. Die bloße Idee, daß ein erwachsener Mensch nicht Herr einer Situation sein konnte, war erschreckend für mich. Und daß unsere geliebte Großmuttel so verzweifelt war, war nahezu unerträglich. Es muß wohl eine Mischung von Scham, Trauer und Schuldgefühl gewesen sein, die sie so überwältigten. Gewiß hatte sie der Übertritt ihrer Tochter zum katholischen Glauben 1922 schwer getroffen, und sie hatte sich gefragt, wie das geschehen konnte und inwieweit sie, ihre Mutter, schuld daran sein könnte. Aber im Jahr 1933 kam zu dieser seelischen Verfassung noch ein anderer Faktor hinzu: der Aufstieg des »Dritten Reiches«. Juden wurden brutal angegriffen, und ihre gewaltsame Vertreibung aus ihrem Heimatland wurde energisch betrieben. Unter diesen Bedrohun-

gen bemühte sich die jüdische Gemeinschaft, fester denn je zusammenzuhalten. Und gerade in diesem Augenblick und in ihrer eigenen Familie hatte ihr geliebtes Kind sich entschlossen, in ein Kloster zu gehen. Und es war nicht irgendein Kloster, sondern ein Karmelitinnenkloster, eines der strengsten, die es gab. Sie würde wahrscheinlich ihre Tochter nie wiedersehen. Ob Großmutter sich auch fragte: Was habe ich falsch gemacht? Hätte ich das vermeiden können? Ich weiß es nicht. Doch aus meiner Erfahrung als Mutter weiß ich, daß wenn immer ein Kind, selbst ein erwachsenes »Kind«, etwas tut, was in den Augen der Mutter falsch oder fehl am Platze erscheint, sie den Grund, zumindest teilweise, bei sich selbst suchen wird. Es scheint mir mehr als wahrscheinlich, daß Ediths Mutter sich selbst dafür die Schuld zuschrieb, daß sie ihrer Tochter die Bedeutung und den Wert ihres jüdischen Erbes nicht so hatte vermitteln können, als daß Edith von diesem Schritt Abstand genommen hätte.

Was die Aussicht betraf, Edith nie mehr wiederzusehen, keimte etwas Hoffnung auf, da in einer der Vorstädte von Breslau ein Karmelitinnenkloster gegründet werden sollte, wodurch die Möglichkeit bestand, Edith könnte nach einer kurzen, in Köln verbrachten Zeit dorthin versetzt werden und so nahe genug wäre, um von ihrer Mutter gelegentlich besucht zu werden. Es war natürlich durchaus nicht gesagt, daß Auguste Stein ihre tiefe Abneigung, einen solchen Ort zu betreten, überwunden und tatsächlich dem Karmelitinnenkloster einen Besuch abgestattet hätte. Im weiteren Verlauf ergab es sich aber schließlich, daß meine Tante nicht in das Kloster in Pawelwitz (später Wendelborn) versetzt wurde, sondern in Köln blieb.

Sr. Amata Neyer eröffnet hierzu eine wichtige, wenn auch beunruhigende Sicht der Dinge:

Als der geplante Zeitpunkt für Edith Steins Übersiedlung nach Wendelborn herannahte, erhob Sr. Elisabeth schwere Bedenken gegen die Übernahme Edith Steins in den schlesischen Karmel und lehnte schließlich diesen Plan entschieden ab. Ihre Zweifel an der Zweckmäßigkeit der Übersiedlung beruhten gerade auf jenem Umstand, der Edith Stein diese Übersiedlung hatte erbitten lassen: auf der räumlichen Nähe zu ihrer Familie in Breslau. Nun war Sr. Elisabeth weit von antisemitischen Vorurteilen entfernt. Sie sah jedoch Schwierigkeiten für die junge Gründung voraus, wenn man durch häufigen Besuchsverkehr von seiten der jüdischen Familie das Mißtrauen aggressiv-nationalsozialistisch gesinnter Nachbarn und durch diese des gefürchteten »Gauleiters« heraufbeschwöre. Sie versicherte immer wieder, wieviel leichter der Familie Stein vom Karmel aus Hilfe geleistet werden könne, wenn keine »nichtarische« Mitschwester im Hause weile. Tatsächlich hat Sr. Elisabeth für den Neubau in Wendelborn große Holzvorräte der Firma Stein aufgekauft; das war eine wirkliche Hilfe für das völlig daniederliegende Geschäft.[12]

Nach dem Eintritt Ediths in den Karmel im Oktober 1933 und bis zum Tod meiner Großmutter im September 1936 sahen sich Mutter und Tochter nie mehr wieder. So tief war Auguste Steins Verstimmung, daß sie viele Monate brauchte, bevor sie sich dazu durchringen konnte, wenigstens einen kurzen Gruß an einen Brief anzufügen, den Ediths Schwestern ihr schrieben.

Mit dem Eintritt meiner Tante in den Karmel gab es noch eine Veränderung, die meine Großmutter sehr hart traf: Wir – meine Eltern, mein Bruder und ich sowie meine Großmutter väterlicherseits – zogen aus Großmutter Steins Haus in den südlichen Teil der Stadt fort. Obwohl wir nur eine Straßenbahnfahrt entfernt von ihr wohnten, mußte ihr der alltägliche Kontakt mit uns fehlen. Dies machte Großmutter traurig, doch war dieser Schritt unvermeidlich. Mutter sollte die gynäkologische Praxis einer ihrer besten Freundinnen, Lilli Berg-Platau, übernehmen, die mit ihrer Familie nach Palästina auswanderte. Dadurch konnte meine Mutter in eine gutgehende Praxis mit jüdischen Patientinnen in einer vorwiegend wohlhabenden Gegend eintreten, und dies zu einer Zeit, da sie viele nichtjüdische Patientinnen verloren hatte, die in ihrer alten Praxis den Hauptteil ausmachten.[13]

Großmutter lebte nach unserem Umzug noch drei Jahre. Wir besuchten sie oft, da wir täglich mit dem Fahrrad in unsere Schulen fuhren, die nicht weit von ihrem Haus entfernt lagen. Außerdem hatten wir jeden Freitag noch einen ganz besonderen Grund, einen Abstecher zu ihr zu machen: um den Striezel, das geflochtene Sabbathbrot, welches Tante Rosa für die gesamte Familie backte, abzuholen. Wir besuchten uns häufig, auch wenn Großmutter inzwischen ungern lange Straßenbahnfahrten auf sich nahm. Wenn sie zu uns kam, trug sie ihr schwarzes Kapotthütchen, das mit Satinschleifen unterm Kinn gebunden war und welches ich sie sonst nur in der Synagoge oder zu festlichen Gelegenheiten tragen sah.

Nachdem sie krank wurde, statteten wir ihr viele Krankenbesuche ab. Als ich erfuhr, daß sie an Krebs litt, ein Wort, das man damals nicht einmal laut aussprach, brach ich in Tränen aus. Ich kann mich erinnern, daß meine Mutter mich beiseite nahm und versuchte, mir mit den Worten zuzureden: »Sei doch nicht so traurig. Das bedeutet doch nicht, daß Großmuttel nicht gesund werden kann.« Es war mir aber ein schwacher Trost. Irgendwie war mir klar, daß es bergab gehen würde und daß ich mich am besten auf Großmutters Tod vorbereiten sollte.

Es war dies aber nicht der erste Verlust in unserer engsten Familie. Im Mai 1934 war die Mutter meines Vaters, die bei uns lebte, in unserer Wohnung gestorben. Sie war schon seit Jahrzehnten herzkrank und hatte viele lebensgefährliche Anfälle überlebt. Ihre Angina-Attacken waren heftig und furchtbar schmerzhaft. An jenem Tag ereilte sie wieder eine solche Attacke. Ich hörte sie vor Schmerz aufschreien und schwer atmen und ahnte zuerst nicht, daß für sie das Ende gekommen war.

Als alles vorüber war, wollte mein Vater nicht, daß wir Kinder sie noch einmal sahen. Er wollte, daß wir sie lebend in Erinnerung behalten sollten, so wie wir sie über viele Jahre gekannt hatten. Es ist bei jüdischen Trauerbräuchen üblich, daß ein *Schomer* [jemand der wacht] bei dem Toten bleibt, solange dieser im Hause ist. Diejenige, die diese wichtige Aufgabe übernahm, war Großmutter Stein; die ganze Nacht hindurch las sie Psalmen und wachte bei meiner Großmutter Dorothea Biberstein. Daran, wie Auguste Stein diesen letzten Liebesdienst für eine Frau tat, die mit ihr durch Heirat verwandt und – wie ich später herausfand – ihr nicht besonders sympathisch war, mußte ich denken, nachdem auch sie gestorben war.

Nach dem Tod von Auguste Stein, der kleinen, aber mächtigen Matriarchin einer großen Familie, gab es einige Änderungen im Familiengefüge. Obwohl meine Tanten und meine Cousine im Hause blieben, herrschte dort nun ein anderer Geist. Daneben bewirkten die dauernden Übergriffe der antisemitischen Gesetzgebung, daß wir angstvoll in die Zukunft blickten. Irgendwie war das Leben meiner Großmutter mit dem des großen Hauses, in dem sich so viel an Familiengeschichte abgespielt hatte, verknüpft: von der Hochzeit meiner Eltern bis zur Geburt meiner vier Cousins und Cousinen, meiner selbst und, im folgenden Jahr, meines Bruders. Der Zwangsverkauf im Jahr 1939 – zu der Zeit waren wir schon in Amerika – war in gewisser Weise der Tiefpunkt. In ihrem Testament hatte Großmutter das Haus an die Kinder vererbt; sie konnten es nur für kurze Zeit besitzen.

Daß dieses Haus heute dem katholisch-jüdischen Dialog und der Freundschaft zwischen Deutschen und Polen gewidmet ist, ist für mich ein Trost. In gewisser Weise ist es dazu *trotz* Holocaust und Weltkrieg, aber auch *wegen* des Holocaust und des

Weltkriegs gekommen. Ich will nicht darüber spekulieren, was Auguste Stein und ihre Tochter Edith davon halten würden, aber uns, den Überlebenden, erscheint es durchaus angemessen und gut.

7. Kapitel

Das Wohnhaus der Matriarchin

Zu dem Zeitpunkt, da Edith – sie war damals 19 Jahre alt – vor ihrem Schulabschluß stand, hatte sich die finanzielle Situation ihrer Mutter so verbessert, daß sie im Jahr 1910 ein stattliches, dreistöckiges Haus kaufen konnte, groß genug, um die am Ort lebende Familie zum größten Teil darin unterzubringen. Das Haus war ein solider Bau und fiel in einer Umgebung mit düsteren Mietshäusern, die zumeist von Familien der Arbeiter- oder Beamtenklasse bewohnt waren, als ein recht vornehmes Gebäude auf. Die Fassade war mit Stuck verziert, und vor dem Haus befand sich ein kleiner Blumengarten mit einem schmiedeeisernen Zaun und Gartentür. Edith erinnert sich, wie sie am Tag ihres Abiturs, dem 3. März 1911, eine Klassenkameradin, Julia Heimann, in einer Pause während der mündlichen Prüfung mit nach Hause nahm, um die letzten paar Minuten zu lernen und etwas auszuspannen, und wie Julia darüber erstaunt war, ein solch schönes Haus in einer so bescheidenen Umgebung anzutreffen.

Besonders die breite interne Eichentreppe und der »Saal«, in dem ich sie aufnahm, imponierten ihr.[1]

Dieses Haus war jahrzehntelang das Zuhause meiner Großmutter und der meisten ihrer Kinder. Als wir dieses Haus im Juni 1995 besuchten, hatte ich es seit unserer Auswanderung im Februar 1939 nicht mehr gesehen. Damals war ich 17 Jahre alt, und nun war ich 74. Mehrere Mitglieder der Edith-Stein-Gesellschaft in Breslau begleiteten uns bei diesem historischen Besuch. Ehrlich gesagt, hatte ich mir die Rückkehr in das Haus meiner Kindheit anders vorgestellt. Ich hatte diesem Ereignis mit gemischten Gefühlen entgegengesehen, konnte es doch traumatisch, zumindest aber schmerzlich ablaufen. Ein solches Wiedersehen, glaubte ich, sollte man allein erleben oder höchstens mit nahen Verwandten, doch sicherlich nicht mit einem Gefolge von fremden Menschen. Zuerst wollten mich die Vorstandsmitglieder der Edith-Stein-Gesellschaft dort gar nicht hineinlassen, weil sie wußten, daß sich das Haus im Verfall befand, und befürchteten, es würde einen schlimmen Eindruck auf mich machen. Nach einigem Zögern geleiteten sie mich und

meine Angehörigen jedoch zum Eingang. Jemand legte mir den großen Hausschlüssel in die Hand.
Das Schloß wollte zunächst nicht nachgeben. Dann stand ich plötzlich in dem düsteren Hausflur, den ich so klar in Erinnerung hatte, und es schien ganz selbstverständlich, daß ich nach rechts schwenken sollte, zu den Stufen, die zur Tür unserer einstigen Wohnung führten, wo ich von Geburt an bis zum Herbst 1933 lebte. Plötzlich war ich wieder ein Schulmädchen, das, den ledernen Schulranzen auf dem Rücken, die Stufen hinaufsprang und zur Wohnungstür hineinging. Erst kamen Küche und Eßzimmer meiner Großmutter, ihrer Töchter Frieda und Rosa und Friedas Tochter Erika. Ebenfalls im Erdgeschoß lagen das Sprech- und Wartezimmer meiner Mutter. Eine kunstvoll gedrechselte Wendeltreppe führte zur ersten Etage, wo sich ein eleganter Festsaal mit einem anschließenden »Herrenzimmer« befand. Beide waren von riesigen Ausmaßen und hatten eingelegte Parkettfußböden. Außerdem waren dort die verschiedenen Schlafzimmer von Großmutter und den Tanten. Wenn Tante Edith auf Ferien nach Breslau kam, wohnte auch sie in einem der Schlafzimmer im ersten Stock. Das große Badezimmer wurde von allen Hausbewohnern benutzt, weil es eine Heizung, eine Toilette und die einzige Badewanne im Hause hatte. Ich erinnere mich daran, wie wir, als wir klein waren, aus den ungeheizten Bodenräumen, wo wir wohnten, fest in große Badetücher gewickelt, zum Baden und Haarewaschen schnell ins Badezimmer getragen wurden. Danach ging es schleunigst, um uns nicht zu erkälten, in unsere eigenen Räume und ins Bett zurück.
Im linken Flügel des Hauses lag die Wohnung von Onkel Arno, Tante Martha und ihren vier lebhaften Kindern, Wolfgang, Eva, Helmut und Lotte. Sie waren unsere älteren Cousins und Cousinen und trotz des Altersunterschiedes unsere Lieblingsspielgefährten. In einem Brief vom 1. März 1993 erinnert sich Wolf Stein:

Um eine Wohnung einzurichten, mußten eine Küche und ein Badezimmer eingebaut werden ... Die Badewanne und der Warmwasserboiler wurden hinter einem Vorhang auf einer Seite der Küche installiert. Die Toilette lag nahe der Kellertreppe, mit dem Lichtschalter außen, so daß man das Licht von außen ausschalten konnte und so einen zu lange verweilenden Benutzer veranlassen konnte, herauszukommen.[2]

Ihre Wohnräume müssen recht eng gewesen sein. Ich weiß, daß die Räume, in denen meine Eltern mit uns beiden Kindern lebten, auch sehr bescheiden waren. Die malerische Beschreibung meines Bruders mag helfen, sich die Szenerie vorzustellen:

Unsere Familie hauste unter dem Dach. Die südliche Partie des Bodens war in eine Vierzimmerwohnung ausgebaut worden, als meine Eltern heirateten. Das östlichste Zimmer mit zwei Fenstern war unsere gute Stube. Nebenan war die Küche, ein ziemlich großer Raum, in dem, durch einen Vorhang abgegrenzt, eine Art Mädchenzimmer inbegriffen war. Die sich anschließende fensterlose Wand (über dem Mittelfenster) bezeichnet die Strecke, wo innen ein (für uns Kinder) langer, dunkler Korridor die östlichen von den westlichen zwei Stuben trennte. Diese letzteren waren das Schlafzimmer meiner Eltern (zwei Fenster) und schließlich unser Kinderzimmer. An der Nordseite dieses Dachgeschosses waren zwei große Bodenräume, hauptsächlich zum Wäschetrocknen bestimmt und zum Speichern von Koffern und anderem Hausrat, der nicht ständig benutzt wurde. Im westlichen dieser zwei Räume befand sich, in einem kleinen Bretterverschlag, unser Klosett. Obwohl ich mich an solche Einzelheiten nicht erinnere, scheint es mir jetzt, daß die Benutzung dieses Klosetts im Winter ein spartanisches Unternehmen gewesen sein muß; denn die Böden waren natürlich nicht geheizt. Die anderen Zimmer wurden von Kachelöfen gewärmt, während der Rest des Hauses schon zentrale Dampfheizung hatte – ziemlich außergewöhnlich in dieser recht bescheidenen Wohngegend Breslaus.[3]

Was mein Bruder nicht erwähnt: Meine Eltern hatten in den ersten Jahren in dem nur teilweise ausgebauten Dachboden mit Ratten zu kämpfen. Meine Mutter erzählte oft mit Schrecken, wie sie sich fürchtete, nachts auf die Toilette gehen zu müssen, denn der Gedanke, dabei auf ein verstohlen herumhuschendes Nagetier zu treffen, flößte ihr entsetzliches Grauen ein. Tatsächlich mußte Vater zu Hilfe geholt werden, um das verhaßte Tier mit seinem Revolver zu erlegen. Glücklicherweise hatte sich all das zugetragen, bevor mein Bruder und ich geboren wurden.

Zur Zeit der Hochzeit meiner Eltern im Dezember 1920 herrschte infolge des verlorenen Ersten Weltkriegs und der dadurch verursachten Armut große Wohnungsnot. Meine Eltern zogen daher mehr der Not gehorchend als aus Neigung in das Haus in der Michaelisstraße. Großmutter Stein war natürlich froh darüber, denn sie wünschte sich doch, daß alle ihre »Küken« oder doch mindestens so viele wie möglich unter einem Dach lebten. Wir bewohnten die Räume auf dem Dachboden bis 1928, als Onkel Arno, Tante Martha und ihre vier Kinder auszogen und die Mutter meines Vaters, Großmutter Biberstein, zu uns zog. Wir übersiedelten in die Räume im ersten

Stock, während Großmutter Stein, ihre Töchter und Enkeltochter Erika jetzt das Erdgeschoß auf der Westseite bewohnten, das Arno Stein und seine Familie aufgegeben hatten.
Als wir dort wohnten, rankten sich Weinreben die Hauswände hinauf, und ich kann mich erinnern, daß man vom Wohnzimmerfenster aus die sauren Trauben pflücken konnte. Zu meinen liebsten Erinnerungen zählen die Stunden, in denen wir mit unseren Cousins und Cousinen im Hinterhof spielten, wo verschiedene Turn- und Spielgeräte standen, ein Barren, ein Reck, eine Sandkiste und die unvermeidliche Teppichklopfstange, die damals in keinem respektablen deutschen Hinterhof fehlen durfte. In einem Winkel stand auch ein Holunderbusch, von dem wir eines Sommers Riesenmengen von Beeren aßen, mit schrecklichen, heute noch unvergessenen Folgen für unsere Verdauungsorgane.
An den Samstagnachmittagen fuhr um etwa vier Uhr ein großes schwarzes Auto, ein Horch, glaube ich, vor dem Haus vor, und aus seinem gepolsterten geräumigen Innern tauchten die Schwestern meiner Großmutter, Malchen Pick, Selma Horowitz und Clara Courant, auf. Hans Horowitz, Tante Selmas Sohn, war der Chauffeur, der die drei Schwestern zu ihrem allwöchentlichen Kaffeeklatsch fuhr. Meine Großmutter nahm in den Augen ihrer Schwestern eine besondere Position ein, nicht nur weil sie die Älteste war, sondern auch wegen des Ansehens und Respekts, die sie sich als erfolgreiche Geschäftsfrau und wegen ihrer Stellung in der Familie erworben hatte. Tante Selma war klein und rundlich und ging etwas gebückt. Sie war die Mutter von sechs Söhnen, von denen einer als Kind starb. Seit 1917 war sie verwitwet. Hans war der einzige ihrer Söhne, der am gleichen Ort lebte. Malchen, deren richtiger Name Amalie war, obwohl niemand sie so nannte, hatte fünf Töchter und zwei Söhne geboren. Ihr Mann Julius hatte sein Augenlicht verloren, bevor wir ihn kennenlernten, und er starb, als wir noch sehr jung waren. Es war unglücklicherweise der erste Todesfall in der Familie, an den ich mich erinnern kann. Tante Clara war groß und mager und hatte eine sehr krumme Nase. Sie war gutmütig, lachte gern und war bei uns Kindern sehr beliebt. Ich glaube, daß keine der Schwestern die Intelligenz meiner Großmutter besaß; sie alle hatten Respekt vor ihr und fügten sich ihren Wünschen. Alle vier Schwestern gingen immer schwarz gekleidet. Großmutter hatte vierzehn Geschwister. Diese vier Schwestern aber waren die einzigen, die in Breslau lebten, während die jüngste Schwester Emma sowie drei ihrer Brüder in Berlin wohnten.

Jahrzehnte später wurde mein Bruder Ernst Ludwig Biberstein gebeten, seine Eindrücke von dem Haus für die Edith-Stein-Gesellschaft von Breslau niederzuschreiben. Seine Beschreibung des »riesigen Wohnzimmers« mag ein weiteres Licht auf die Pracht der Innenausstattung werfen:

Auf der Südseite des ersten Stockes lagen die zwei Prunkräume des Hauses, ein elf Meter langer »Saal« mit vier Riesenfenstern und ein anschließendes kleineres, aber immer noch reichlich bemessenes »Herrenzimmer«. Manche Einzelheiten dieser Zimmer sind mir noch im Gedächtnis: der Saal hatte einen Parkettfußboden aus verschiedenfarbigem Holz in großem Rhombenmuster. An der Südostecke des Saales stand der Bechsteinflügel meiner Mutter, ein Instrument, im Rückblick, von den Ausmaßen einer Düsenpiste, für das in unserer kleinen Mansardenwohnung kein Platz war. Das einzige Möbelstück, das sich an Dimensionen und Gewicht mit diesem eventuell messen könnte, war der monumentale Eßtisch, ein Ungetüm mit spiralig gedrechselten Beinen von gewaltigem Umfang. Zu feierlichen Familienfestlichkeiten konnte sich dieser Tisch noch dazu auf fast phallische Weise zu beängstigender Länge ausdehnen durch Einlage von unzähligen Platten, bis er den Saal völlig ausfüllte. Dies geschah zum Beispiel laut Überlieferung zur Feier der Hochzeit meiner Eltern und, zu meinen Lebzeiten, des achtzigsten Geburtstags meiner Großmutter.
Ein anderes Möbelstück im Saal, an das ich mich noch recht wohl erinnere, ist der schwarz gebeizte Schreibtisch von Tante Edith mit dem dazu gehörigen, übrigens recht unbequemen Schreibtischsessel davor. Er stand etwa auf Höhe des dritten Fensters von rechts. Eine (beinahe) Mordgeschichte wurde in diesem Zusammenhang erzählt von Herrn Schmidt, dem Uhrmacher gegenüber, der eines Nachts, um einige geräuschvolle Spätbummler zum Weitergehen zu ermuntern, seine Pistole in die Luft abfeuerte. Der Schuß ging anscheinend schräg nach oben über die Straße, durch besagtes Fenster am Schreibtisch Tante Ediths und schließlich in die schöne Zimmerdecke. In unserem Hause wurde niemand verletzt und nicht einmal erschreckt, wahrscheinlich schon darum, weil bei Steins immer zeitig schlafen gegangen wurde und niemand bis zum nächsten Morgen etwas von dem Zwischenfall merkte.[4]

Was die Anlässe angeht, zu denen der große Eßtisch zu voller Länge ausgezogen wurde, dürfen wir den Sederabend, den ersten Abend des Pessachfestes, nicht vergessen, wenn die ganze Familie sich versammelte, um das üppige Festmahl zu feiern. Vater las die Geschichte des Auszugs aus Ägypten auf Hebräisch vor, und wir alle stimmten in den Gesang der vielen, uns vertrauten Lieder ein; jeder langte reichlich zu, wenn die traditionellen Speisen gereicht wurden, wie z.B. hartgekochte Eier mit

Salzwasser, eine Erinnerung an die Tränen unserer versklavten Vorfahren in Ägypten, und die ausgezeichnete Apfel- und Nußmischung, *Charoset* genannt, die man ißt, um an den Mörtel zu denken, den unsere Vorfahren zum Herstellen von Ziegeln brauchten.

Gegenüber unseren eigenen Erinnerungen sowie denen der älteren Generation, die alle irgendwann einmal in diesem Hause gewohnt haben, sind die Beschreibungen von »Außenstehenden« [die diese Räume niemals gesehen haben] phantasievoller und nicht immer wahrheitsgetreu.

Leider war es gerade die allererste Biographie Edith Steins, die irreführende Darstellungen enthielt und bis heute den Lesern ein falsches Bild von dem Leben in Großmutters Haus vermittelt. Da ich in diesem Haus gelebt habe und mich bis zu meinem zwölften Lebensjahr Tag für Tag darin umschauen konnte, kann ich versichern, daß es weder »alte Stiche, Szenen aus der Geschichte Israels darstellend«, noch »schönes Schnitzwerk an Schränken und Truhen, das nur biblische Motive aufwies« gab, und niemand, der dieses Haus betrat, hätte sich in »das Alte Testament zurückversetzt« gefühlt noch »glauben können, man befinde sich im Hause eines frommen Rabbiners.«[5] Solch eine Ausstattung wäre äußerst ungewöhnlich gewesen und überhaupt nicht vereinbar mit dem biblischen Verbot, sich von Gott ein Bild zu machen. In ihrem Eifer, das Haus meiner Großmutter als fromm jüdisch darzustellen, behauptete Sr. Teresia Renata weiterhin, daß »die Tischgebete hebräisch gesprochen und alle ...Vorschriften des Talmud genau befolgt wurden«[6].

Jedesmal, wenn meine Mutter diese Stelle las, widersprach sie energisch der Aussage, daß bei den Mahlzeiten hebräische Gebete gesprochen worden seien. Und was die Talmudvorschriften anbelangt, so kannte sie Großmutter gar nicht. Es stimmt, daß sie die jüdischen Traditionen befolgte, wie sie sie von ihren Eltern gelernt und im Elternhaus mitbekommen hatte, aber weder sie noch ihre Kinder waren mit Talmudlehren vertraut. Solange meine Mutter noch lebte, tat sie ihr Möglichstes, diese Behauptungen zu korrigieren, jedoch ohne Erfolg; auch brachten die späteren Ausgaben der Biographie keinerlei Korrekturen. Uns, den Verwandten von Edith Stein, vermittelte dies den Eindruck, daß solche Beispiele dichterischer Freiheit von der Absicht geleitet waren, die häusliche Atmosphäre als derart erdrückend orthodox darzustellen, daß sie eine solch sensible Natur wie Edith von ihrem Glauben fort und zum Christentum treiben mußte. Ich kann nicht darüber spekulieren, was die Autorin bewogen hat, sich in solchen Phantasien zu ergehen. Da ich weiß, wie groß Ediths Achtung vor der Wahrheit war, kann ich nicht glauben, daß derlei Anekdoten von ihr stammten. Ich hege eher den Verdacht, daß der Wunsch der Autorin, eine faszinierende Geschichte zu erzählen, sie dazu verführte, diese ein wenig auszuschmücken. Sie konnte wohl kaum voraussehen, daß ihre phantasiereichen Geschichten die Mutmaßungen über die Entwicklung von Edith Steins Seelenleben in ganz eigene Bahnen lenken würden.

Kehren wir zu der nüchternen Angelegenheit des Hauskaufs zurück: Keiner der jetzt lebenden Enkel weiß, was meine Großmutter für dieses Haus bezahlt hat. Das Haus lag wie die frühere Wohnung immer noch in Gehweite von Großmutters Holzplatz, und sie ging diesen Weg, auch als sie schon über achtzig Jahre alt war, bei jedem Wetter täglich hin und zurück. Dieses geräumige Haus war das Heim für Großmutter, ihre Kinder Frieda, Rosa, Erna und Edith, ihre Enkelin Erika, Friedas einziges Kind, und meinen Onkel Arno mit Frau und vier Kindern. Einige Zeit wohnte auch Großmutters jüngere Schwester Mika im Haus, die nach einem schweren Schlaganfall gelähmt und bettlägerig war und noch ungefähr zwei Jahre am Leben blieb, und ihre viel jüngere Schwester Clara, die unverheiratet war und Mika während ihrer letzten Krankheit liebevoll und geduldig pflegte.

Wie ich schon erwähnte, zog meine Großmutter väterlicherseits im Jahre 1928 zu uns. Sie war damals schwer herzkrank, und mein Vater bestand darauf, daß sie ihre Wohnung aufgab, um bei uns zu leben.

Weil dieses Haus eine bemerkenswerte Geschichte und Krieg und Zerstörung überlebt hat, möchte ich eine kurze Übersicht von dem geben, was ich davon weiß, von der Zeit an, da meine Großmutter das Haus kaufte, bis zur Gegenwart.

Das Haus war ursprünglich als eine »Villa« für einen Braumeister namens A. Sindermann auf dem Grundstück mit dem Namen »Vier Türme« erbaut worden.[7]

Nach dem Tod meiner Großmutter im September 1936 blieb es das Heim meiner Tanten Frieda und Rosa, während ein Teil des Hauses an verschiedene Parteien vermietet wurde. Aufgrund neuer einschränkender Vorschriften durften Juden von 1939 an keinen Grundbesitz mehr haben, weswegen das Haus an »Arier« verkauft werden mußte. Es ist klar, daß, da Interessenten von dem Zwang wußten, unter dem die Hausbesitzer standen, die Preise stark nach unten gedrückt wurden. Ein Bau-

unternehmer namens Oskar Jandel kaufte das Haus für 20.000 Mark.[8]
Zu dieser Zeit betrieben die übrigen Familienmitglieder eifrig ihre Auswanderung. Rosa war schon nach Belgien gegangen, wo sie in einem eben neu gegründeten katholischen Heim als Haushälterin fungieren sollte; sie brachte einen großen Teil des Haushaltsguts und der Möbel mit, um ihn zu der Ausstattung der neuen Gründung beizusteuern. Meine Cousine Erika Tworoger, Tante Friedas Tochter, war in das damalige Palästina gegangen, um im Schaarei Zedek Hospital in Jerusalem eine Krankenpflegeausbildung zu beginnen. So blieb nur noch Frieda übrig, die mit mehreren anderen Frauen in eine Wohnung umziehen mußte. Später wurden die Juden in immer engere Wohngemeinschaften zusammengepfercht und schließlich nach Osten deportiert, nach Theresienstadt, wo die meisten entweder an Hunger oder Infektionskrankheiten starben, oder weiter nach Auschwitz, wo sie vergast wurden.
Mein Bruder beendet seinen wehmütigen Aufsatz wie folgt:

Im letzten Frühling, den sie erlebte, saß meine Großmutter Stein noch oft in diesem fast gartenartigen Teil des Hofes im Liegestuhl. Mehrere Monate verbrachte sie dann in ihrem Zimmer im ersten Stock, dessen Fenster hier hinausgingen und ihr vielleicht etwas von dem Jasminduft übermittelten, als sie schon festlag und nicht mehr lange zu leben hatte. Sie starb auch in diesem Zimmer in diesem Hause, das sie fast ein Menschenalter zuvor für ihre Familie erworben hatte und das für diese eine Art Stammschloß, Sammelpunkt und Wahrzeichen darstellte, auch lange noch nachdem schon alle, die je etwas mit ihm zu tun gehabt hatten, in alle Winde zerstoben waren.[9]

In den letzten Monaten des Zweiten Weltkriegs wurden 70% der Breslauer Gebäude zerstört, das Haus in der Michaelisstraße 38 jedoch stand noch am Ende des Krieges. Unter der kommunistischen Regierung wurde das Haus verstaatlicht, doch 1951 wurde es von *Odra-Film*, einem Filmunternehmen, erworben.[10]
Die Edith-Stein-Gesellschaft von Breslau [*Towarzystwo im. Edyty Stein*] bemühte sich, das Haus zu erwerben, um dort ein Zentrum zur Verbreitung der Kenntnis von Leben und Werk Edith Steins zu schaffen, einen Ort für polnisch-deutsche und christlich-jüdische Verständigung und einen Ort, wo Gäste übernachten können. Zu diesem Zweck begann die Edith-Stein-Gesellschaft eine Spendensammlung, um das Haus zu erwerben und zu restaurieren. Sie konnte erreichen, daß es unter Denkmalschutz gestellt wurde, und brachte eine Tafel in Polnisch, Deutsch und Hebräisch an, die daran erinnert, daß Edith Stein

hier gelebt hat. Die Tafel ist an derselben Stelle befestigt — direkt neben der Nachtglocke —, wo in meiner Jugendzeit das Arztschild meiner Mutter hing. Mit Hilfe der Stadt Breslau konnte das Haus schließlich erworben werden (*Odra-Film* erhielt im Austausch ein städtisches Grundstück in einem zentral gelegenen Stadtteil). Die Finanzierung des Hauskaufs erfolgte durch die Gesellschaft für Deutsch-Polnische Zusammenarbeit, während die Spenden für die Renovierung verwendet wurden. Großmutter hatte beabsichtigt, dieses Haus ihren Kindern als Erbschaft und als Mittelpunkt für das weitere Familienleben zu hinterlassen. Als sie starb, konnte sie die Zerstreuung ihrer Lieben und die Tragödie, die manche von ihnen erleiden sollten, noch nicht in ihrem ganzen Ausmaß voraussehen. Wir, ihre Nachkommen, finden einen gewissen Trost in dem Bewußtsein, daß ihr Haus nun einer guten Sache dient, nämlich der eines besseren Verhältnisses zwischen Menschen verschiedener Religionen und Nationalitäten.

Wir besuchten das Haus im Juni 1995, als die Restaurierung noch nicht begonnen hatte, und ein zweites Mal im Juni 1997, als die Arbeit daran voranging und ein Fahrstuhlschacht installiert worden war. Der Fahrstuhl selbst lag im Hinterhof, wo wir, Auguste Steins Enkelkinder, einstmals Turnübungen an Barren und Reck gemacht oder in der Sandkiste gespielt hatten. Als Kinder rannten wir die eichene Wendeltreppe auf und ab oder rutschten das Geländer herunter, aber während unseres Besuchs 1995 stellte das bloße Betreten dieser Treppe ein Wagnis dar, und nicht alle in unserer Besuchergruppe waren gewillt, es zu versuchen.

Die Restaurierungskommission hat das Ziel, das Haus so getreu wie möglich wiederherzustellen, obwohl ein Oberstock hinzugefügt worden ist, um Platz für Büros und Gastzimmer zu gewinnen. Die blaue Plexiglas-Außenseite dieses Zusatzbaus steht in eigentümlichem Kontrast zu dem düsteren grauen Äußeren dieses historischen Baues, welchen wir einst »Zuhause« nannten.

Bei unserem Besuch 1995 waren die Vorsitzenden der Gesellschaft zuversichtlich, daß das Haus bis zu dem für Mai 1997 geplanten Internationalen Eucharistischen Kongreß einzugssfertig sein würde. Leider gelang dies nicht. Die Restaurierungs-Arbeiten erwiesen sich als sehr viel komplizierter und kostspieliger als anfänglich gedacht, und es kann noch ein paar Jahre bis zur lang ersehnten feierlichen Einweihung dauern.

Ich war auf ein schmerzliches Erlebnis beim Besuch der Stätten meiner Jugend gefaßt, doch ich war überrascht. Diese leere Schale, aus der alles einstige Leben entschwunden war, hatte mir nichts mehr zu sagen. Nach meiner Heimkehr schrieb ich ein Gedicht, das meine Reaktion auf dieses Erlebnis wiedergibt:

Zuhause – 56 Jahre später

Der Schlüssel dreht sich
Zögernd, die vertraute Tür zu öffnen.
Innen ist Leere,
Graue, rußige Wände,
Knarrende Geländer kriechen
Die Wendeltreppe entlang.

Sind hier einst flinke Füßchen
Gehüpft und gesprungen,
Die Stufen doppelt nehmend,
In längst vergangener Zeit,
In der Zeit vor der Zeit?

Familienleben,
Stimmen, Gelächter,
Gesang, Klavierakkorde,
Wo sind sie hin?
Selbst die Gespenster
Vermeiden diese bloßen Räume.—
Können diese Knochen leben?
Können diese Wände sprechen?
Zu mir sprechen sie nicht.
Erinnerungen sind entflohen,
An diesen Wänden finden sie keinen Halt.
Vielleicht folgten sie uns,
Als wir fort mußten,
In fremde Länder,
Um uns sanft wie Samt
Zu umhüllen.

Dies ist das Haus,
Das so manches erzählen könnte,
Jedoch nicht mir.
Ich muß jetzt ausschauen
Nach anderen Ufern,
Wo die Zukunft liegt,

Wo Kinder aufwachsen,
Wo flinke Füßchen
Andere Treppen hinunterhüpfen.
Muß diesen Ort verlassen,
Endgültig.
Dies Haus, so viel älter als ich,
Hat Neues zu erleben.
Und meine Erinnerungen?
Die leben in mir.

Als Tante Edith 1912 ihr erstes Studienjahr in Breslau beendet hatte, merkte sie, daß sich ihre Interessenslage geändert hatte. Sie wollte nach Göttingen gehen, um bei Edmund Husserl, dem Begründer der Phänomenologie und dem in ihren Augen damals führenden Philosophen, zu studieren. So kam es, daß Edith Stein fast gar nicht in diesem Haus gelebt hat, welches jetzt als das »Edith-Stein-Haus« bekannt geworden ist, obwohl sie es jedesmal besuchte, wenn sie in Breslau Ferien machte.
In manche Artikel späterer Autoren hat sich eine kleine Fehlinformation eingeschlichen, nämlich die Behauptung, das Haus sei im Jahre 1903 von der Familie Stein erworben worden. Daraus schloß man, daß Edith in diesem Haus aufgewachsen sei. Der Irrtum ist darauf zurückzuführen, daß die erste Ausgabe von Edith Steins Autobiographie *Aus dem Leben einer jüdischen Familie* eine gekürzte Ausgabe war; und eine dieser Kürzungen führte zu dieser Unklarheit.[11] Tatsache ist, daß Edith, obwohl dieses Haus von 1910 bis zu ihrem Eintritt in den Karmel ihr Zuhause war, zumeist woanders wohnte und nur in den Ferien oder etwa während des Ersten Weltkrieges auf längere Zeit heimkam.

8. Kapitel

Pioniere an der Breslauer Universität

Auffallend in unserer Familie war die außerordentliche Hochachtung, die man der Bildung entgegenbrachte. Ich erinnere mich noch lebhaft an einen oft wiederholten Ausspruch meines Vaters: »Geld und Besitz kann man dir wegnehmen, aber was du in deinem Kopf hast, das kann dir keiner rauben.« Dies galt auch für Großmutter Steins Familie. Deshalb muß es für sie ein großer Kummer gewesen sein, daß wirtschaftliche Not es ihr unmöglich machte, ihren älteren Kindern die Ausbildung zu bieten, die ihren Fähigkeiten entsprochen hätte. Nur die beiden Jüngsten konnten an der Universität studieren. Die andere bemerkenswerte Tatsache ist, daß in unserer Familie niemals die Idee aufkam, Mädchen bräuchten keine Ausbildung. Meine Mutter begann ihr Universitätsstudium im Jahre 1909, nur ein Jahr nachdem Frauen in Preußen erstmals zum Studium zugelassen worden waren.

Mein Vater pflegte uns immer wieder zu erzählen, wie er meine Mutter kennenlernte. Dies war am 30. April 1909, als sich beide gleichzeitig für ihr erstes Semester einschrieben. Damals war mein Vater der Meinung, ein Mann solle sich nur eine Lebensgefährtin wählen, die mindestens fünf Jahre jünger sei als er. Als er nun über Erna Steins Schulter auf ihre Eintragung blickte und darin entdeckte, daß sie nur zwei Monate jünger war als er, strich er sie für sich sogleich als Heiratskandidatin, vermerkte ihren Namen jedoch auf alle Fälle. Außerdem hatte er die törichte Vorstellung, alle Studentinnen seien häßlich und trügen Brillen. Ein Blick auf dieses hübsche junge Mädchen veranlaßte ihn allerdings, seine Vorurteile aufzugeben.

Edith Stein beschrieb ihren Schwager Hans Biberstein bei ihrer ersten Begegnung folgendermaßen:

Auf dem Tennisplatz lernte ich den kennen, der bald meinen Platz an der Seite meiner Schwester einnehmen sollte. Allerdings nicht so, daß dies eine Trennung zwischen uns bedeutet hätte. Das war schon darum nicht nötig, weil wir beide – Hans Biberstein und ich – uns recht gut verstanden. Er gefiel mir gleich sehr gut, wie er da auf dem Tennisplatz mir gegenüberstand. Der weiße Tennisanzug stand ihm ausgezeichnet zu dem braunen Gesicht und den glänzend schwarzen Haaren, gegen die sich die sehr hellen Augen eigenartig abhoben. Er war klein, schlank und sehnig und flog selbst leicht wie ein Gummiball von einem Ende des Platzes zum andern.[1]

Sie erinnert sich, daß er vor ihrem Abitur mit ihr im Fach Geschichte lernte. »Er hat meiner Schwester später einmal gestanden, daß sie damals einigen Grund gehabt hätte, auf mich eifersüchtig zu sein.«[2] Einige Stellen in ihrer Autobiographie und manche Bemerkungen unseres Vaters in späteren Jahren deuten an, daß sie einander zugetan waren. Vater war ein guter Tänzer, und Edith erinnert sich an die verschiedenen Gelegenheiten, bei denen sie miteinander tanzten, von den Tagen ihrer Studentenzeit bis zum Tag, an dem meine Eltern heirateten.

Gewöhnlich setzten wir dann Erna ans Klavier und ließen uns zum Tanz aufspielen. Hans war der beste Tänzer, den man sich wünschen konnte – ich pflegte zu sagen, wenn man mit ihm tanze, verziehe man ihm alle seine Fehler –, und wir beide hatten die größte Freude am Tanz als solchem. Meine Schwester machte sich weniger daraus, sie tanzte nur mit meinem Schwager gern und gut.[3]

Mir scheint, daß in Ediths Erinnerung an die Hochzeitsfeier meiner Eltern ein bittersüßer Ton mitschwingt:

Mir ging es damals gesundheitlich recht schlecht, wohl infolge der seelischen Kämpfe, die ich ganz verborgen und ohne jede menschliche Hilfe durchmachte. Am Morgen der standesamtlichen Trauung, während die letzten schweren Möbel die Treppen hinaufgetragen wurden, lag ich mit heftigen Schmerzen in einem unserer Schlafzimmer auf der Chaiselongue und zuckte bei jedem Geräusch zusammen. Als Erna einmal heraufkam, sagte sie, sie könne das nicht mitansehen und gab mir etwas Morphium. Abends war ich wieder ganz munter. Anfangs beteiligte ich mich nicht am Tanz. Aber als ich schon zu vorgerückter Stunde neben Hans am Flügel stand, begann plötzlich eine altbekannte, lebhafte Melodie. »Ist das nicht ein Dreher?« fragte ich. Dieser Tanz war in unserer Studentenzeit aufgekommen, und ich hatte ihn von Hans gelernt. »Ja«, sagte er, ,,hast du etwa Lust zu tanzen? Ich habe es bisher nicht gewagt, dich zu bitten, weil es dir nicht gut war«. Wir fingen an und tanzten den ganzen etwas wilden Tanz durch. Als Hans mich dann zu einem Stuhl führen wollte, ging die Musik in einen langsamen Walzer über. »So«, sagte er, »nun müssen wir doch den Leuten zeigen, daß wir auch vornehm tanzen können«, und wir tanzten noch den ganzen Walzer durch.[4]

Ihr ganzes Leben hindurch – was auch in ihrem Briefwechsel deutlich wird – teilten Hans und Edith ihr Interesse für Geschichte und Politik. Irgendwo in ihren Schriften erwähnt Edith, daß sie, obwohl sie anfangs vielleicht in diesen attraktiven jungen Mann etwas vernarrt war, dieses Gefühl nicht aufkommen ließ, weil sie sich bewußt war, wie Erna zu ihm stand. Ich glaube, daß dies stimmt; ich weiß aber auch, daß, ganz abgesehen von ihrer Beziehung als Schwägerin, Edith eine feste Freundschaft mit Hans verband.

Ich empfand es immer als Glück, in einer Familie aufgewachsen zu sein, in der die Gleichberechtigung der Geschlechter eine akzeptierte Tradition war. Meine Eltern hatten sich beide sehr aktiv am Kampf für die Rechte der Frauen beteiligt. Kein Vater hätte sich mehr für seine Tochter einsetzen können als meiner. Er war, wie meine Mutter, in einem vaterlosen Haushalt aufgewachsen, in dem die Mutter das Familienoberhaupt war und ihren Kindern sowohl Vater wie Mutter sein und außerdem den Familienunterhalt verdienen mußte. Von daher konnte der Gedanke, daß sich die Rolle der Frau auf Haus und Heim beschränke, niemals aufkommen. Es galt eher das heute übliche Motto: »Der Platz der Frau ist da, wo immer sie sein will oder wo sie am besten hinpaßt.«

Dennoch galt es, pragmatisch zu sein. Nicht alle Türen standen für Frauen offen, und insbesondere nicht für jüdische Frauen. Edith erzählt in ihrer Autobiographie, daß sie und ihre Schwester Erna Onkel David, der Apotheker in Chemnitz war, kurz nach Ernas Abitur besuchten. Er war nicht nur ein herzlicher Gastgeber, der sein Bestes tat, um den beiden jungen Damen einen angenehmen Aufenthalt zu bieten, sondern er gab ihnen auch Ratschläge für ihre Zukunftspläne. Er riet ihnen, Medizin zu studieren. Edith, die diese Entscheidung erst in zwei Jahren zu treffen hatte, war fest entschlossen, sich von niemandem in ihre Berufswahl hineinreden zu lassen; Erna jedoch kündigte ihrer Mutter bei ihrer Rückkehr nach Hause an, sie wolle Medizin studieren.[5] Edith, die an ihrem Entschluß festhielt und Philosophie studierte und später darauf hoffte, eine Professur an einer Universität übernehmen zu können, sah sich vor einer Mauer von antisemitischen und frauenfeindlichen Vorurteilen und mußte sich mit einer Dozentur an einem katholischen Institut in Münster, was einer richtigen akademischen Stelle noch am nächsten kam, zufriedengeben.

Wie oft haben wir unsere Mutter in späteren Jahren sagen hören, daß sie Onkel Davids Ratschlag zu schätzen lernte, obwohl sie damals viel lieber moderne Sprachen studiert hätte und Lehrerin geworden wäre. Später erkannte sie, daß sie als Ärztin die Möglichkeit hatte, einen freien Beruf auszuüben und unabhängig von öffentlichen Einrichtungen zu sein, die nicht geneigt waren, Juden oder Frauen anzustellen.

Die Position der Studentinnen war zu dieser Zeit ganz ungeklärt. Edith berichtet zum Beispiel mit launigen Worten von der Hundertjahrfeier der Schlesischen Friedrich-Wilhelms-Universität:

Ich sah in der Universität wirklich meine »alma mater«, und so war es mir eine große Freude, an ihrem Jubelfest teilzunehmen. Natürlich waren wir bei dem großen Festakt in der Aula zugegen. Einige Bedenken gab es wegen der Teilnahme an dem Festkommers. Dafür war ein Riesenzelt auf dem Exerzierplatz vor dem königlichen Schloss aufgeschlagen, weil kein Saal groß genug war, um die Menge der »Alten Herren« zu fassen, die zum Fest herbeiströmten. Im Studentinnenverein gab es große Beratungen; wir hatten Nachrichten aus Berlin, daß dort im vorausgegangenen Jahr beim Jubiläum der Berliner Universität der Kommers wenig schön verlaufen sei. Wir sagten darum zunächst ab. Nun kam eine zweite Einladung »Seiner Magnifizenz«, des Herrn Rektors: er würde doch sehr ungern die Studentinnen vermissen und wolle einige Professorendamen mit an unsern Tisch setzen, um uns gegen alle Unannehmlichkeiten zu schützen. Nun versprachen wir unser Erscheinen, die »Bemutterung« aber lehnten wir als lächerlich ab. Wir wollten so lange bleiben, bis die eigentliche »Fidelitas« anfinge, und uns dann still zurückziehen. Das ging sehr gut. Der Tisch mit den weißgekleideten Mädchen zog natürlich die Aufmerksamkeit aller Alten Herren auf sich, die in dem großen Zelt umhergingen und sich nach alten Bekannten umsahen: so etwas hatte es ja »zu ihrer Zeit« nicht gegeben.[6]

Unter den alten Dokumenten meiner Mutter befinden sich gedruckte Zeugnisformulare. Die männlichen Fürwörter auf diesen Formularen mußten durchgehend handschriftlich auf Studentinnen hin korrigiert werden. Die Freundschaften, die meine Eltern und Edith während ihrer Studienzeit schlossen, hielten ihr Leben lang an; in unserer Kindheit hörten mein Bruder und ich oft die Geschichten ihrer gemeinsamen Abenteuer während jener relativ sorglosen Jahre. Erna und Edith, ein Jahr auseinander, aber fast wie Zwillinge aufgewachsen, führten diese enge Beziehung fort, da sie viele gemeinsame Freunde, Interessen und Ideale hatten. Dabei zogen sie auch andere ähnlich gesinnte Studenten an, die einen ähnlichen Sinn für Humor und Freude an der Natur hatten, Tennis spielten, wanderten und Bergtouren unternahmen. Die meisten waren nicht begütert und lebten recht sparsam. Alle waren eifrige Studenten und zeigten ein reges politisches Interesse. Obgleich sie deutsche Patrioten waren, hielten sie Distanz zu unkritischem oder fanatischem Nationalismus, auch weil solches Denken oft Hand in Hand mit einer antisemitischen Haltung ging; und die meisten ihrer Freunde waren Juden.

Edith zeichnet liebevolle Portraits von ihren Kommilitonen und deren Eltern:

In der Klasse zwischen uns, die ein Jahr nach Erna und vor mir Abitur machte, war ein Paar unzertrennlicher Freundinnen, Lilli Platau und Rose Guttmann ... Erna lernte sie erst näher kennen, als Lilli anfing Medizin zu studieren und viele Vorlesungen und Übungen mit ihr gemeinsam hatte. Beide schlossen sich bald sehr herzlich aneinander an. Rose studierte Mathematik und Naturwissenschaften, und als ich zur Universität kam, fanden wir uns in den philosophischen und psychologischen Vorlesungen zusammen. Bald standen auch wir sehr nahe miteinander, und so erwuchs ein vierblättriges Kleeblatt, das fest zusammenhielt. Da Hans von Erna nicht zu trennen war, gehörte er als fünftes Blättchen mit dazu. Er wurde auch von uns keineswegs nur um ihretwegen mitgeduldet, sondern es verbanden ihn mit jeder einzelnen von uns herzliche freundschaftliche Beziehungen und sachliche Interessen.[7]

Die Sommerferien im Riesengebirge im Jahr 1911 und in der Nähe von Reinerz im darauffolgenden Jahr werden in Ediths Buch voller Wehmut beschrieben; sie gehörten aber auch zur Tradition unserer eigenen Familie und formten eine Kette von Erinnerungen, von denen unsere Eltern immer wieder erzählten. Wir staunten dabei immer über die relative Freiheit, mit der sie damals reisen durften. Niemand schien sich darum zu scheren, »was die Leute denken mochten«, oder darum, ob Freunde und Freundinnen bei ihren Wanderungen zusammen übernachteten und wie sie sich in die jeweiligen Zimmer oder Zimmernischen verteilten. Obwohl Edith mit allen in tiefer Freundschaft verbunden war, scheute sie sich doch nicht, die Schwächen und Fehler in ihrem Freundeskreis zu rügen. Ich erinnere mich, daß ich, als ich Ediths Kritik an meinem Vater und seiner Mutter, die von leichter Spöttelei bis zu scharfem Tadel reichte, zum ersten Mal las, leicht schockiert war:

So waren wir anfangs sehr erstaunt, daß er nicht mit uns rudern durfte. Es war ihm als zu gefährlich, ein für allemal verboten.[8]
... Mutter und Sohn (übten) vor uns und vor Fernstehenden an den Verwandten unbarmherzig Kritik ... und (machten) ihre Schwächen zur Zielscheibe ihres Spottes... Aber es war wohl verfehlt, das bei ihnen als Maßstab der Gesinnung zu nehmen; denn es war ihnen so zur zweiten Natur geworden, sich auf Kosten anderer zu belustigen, daß kaum irgend ein Mensch in ihrem ganzen Verwandten- und Bekanntenkreis vor ihren scharfen Zungen sicher war. Das war ein Umstand, der auf die Dauer den Verkehr mit ihnen sehr erschwerte. Dazu kam, daß beide überaus empfindlich waren, hinter den harmlosesten Äußerungen eine beleidigende Absicht witterten und dann sofort merklich

einschnappten. Meine gute Mutter, die immer frei heraus redete und sich niemals daran gewöhnen konnte, ihre Worte auf die Goldwaage zu legen, hat unzählige Male nichtsahnend ein Gewitter heraufbeschworen.[9]

Edith beschreibt meinen Vater als verwöhnt und merkt an, daß seine Mutter gegenüber jedermann seine Leistungen rühmte. Von meiner Mutter erfuhr ich, daß diese Darstellungen, die 50 Jahre später veröffentlicht wurden, meinen Eltern beim Lesen des ursprünglichen Manuskripts der Autobiographie viel Kummer bereiteten, besonders weil mein Vater sich stark verletzt fühlte, was zur Folge hatte, daß längst begrabene Konflikte mit Menschen, die schon viele Jahre tot waren, wieder aufflackerten. Er nahm es übel, daß das, was in seinen Augen falsch war, nicht nur in aller Öffentlichkeit ausgebreitet würde, sondern daß er darüber mit Edith nicht mehr diskutieren konnte. Was blieb ihm anderes übrig, als für meinen Bruder und mich eine scharfe und detaillierte Abhandlung als Entgegnung auf diese Version zu verfassen, um die Dinge gewissermaßen zurechtzurücken? Obwohl ich Edith nicht der absichtlichen Verfälschung bezichtigen möchte, entdecke ich in ihrer Version doch eine einseitige Sicht der Dinge, wobei sie etwas kritiklos den Standpunkt ihrer Mutter einnimmt und manche wichtige Aspekte, insbesondere die schwere Krankheit meiner Großmutter Biberstein, völlig außer acht läßt. Mit den Worten meines Vaters:

Jeder dieses Kreises, nicht nur Muttel (Erna), und darüber hinaus ihre Familie, mit der sich sehr bald ganz enge Beziehungen entwickelten, wußte, daß ich meine Mutter nie allein lassen würde, auch nicht im Falle einer Heirat. Mein deutlich ausgesprochener Grund war ..., daß meine Mutter seit einem im Winter 1904 durchgemachten Gelenkrheumatismus ein schweres Herzleiden zurückbehalten hatte ... Meinen diesbezüglichen Entschluß konnte ich mit allen Menschen unseres Kreises bereden, ohne den Eindruck zu erwecken, daß ich etwa heiratslustige Mädchen oder präsumptive Schwiegermütter mit schon »geschliffenen Segen« abschrecken wollte, weil ich damals unverhohlen den – wie ich zugebe – törichten Standpunkt vertrat, daß unsere Gleichaltrigkeit eine Heirat mit einem dieser Mädchen sowieso ausschlösse ... Im Jahr 1914, als der Krieg ausbrach, kamen Muttel und ich zu dem Entschluß zu heiraten, falls ich aus dem Kriege heimkehren sollte.[10]

In diesem Sinne muß das intime Verhältnis zwischen meinem Vater und seiner Mutter verstanden werden, und man muß wissen, daß er sich für die liebevolle und geduldige Betreuung sei-

ner schwerkranken Mutter verantwortlich fühlte. Er empfand eine tiefe Dankesschuld gegenüber seiner Mutter, da sie ihn ganz alleine aufgezogen hatte. Sein Vater starb, als Hans eineinhalb Jahre alt war.
Nur eine Woche, nachdem er vom Militärdienst, den er als Arzt geleistet hatte, heil heimgekehrt war, ging mein Vater am 26. Dezember 1918, »wie Edith richtig schildert, zu seiner zukünftigen Schwiegermutter, um in aller Form um die Hand ihrer Tochter anzuhalten«[11].
Alle nahmen es als gesichert an, daß Hans und Erna heiraten würden. Doch von dem Augenblick an änderte sich das Verhältnis zwischen Hans und seiner Schwiegermutter grundlegend. Mein Vater meint, daß Großmutter Stein die Bemühungen meiner Eltern bei ihrem Versuch, eine Wohnung im südlichen Teil Breslaus zu finden, systematisch behinderte. Es war dies eine Gegend mit großem jüdischen Bevölkerungsanteil, in der Erna ausgezeichnete Möglichkeiten gehabt hätte, als erste jüdische Gynäkologin der Stadt eine einträgliche Praxis aufzubauen. Das Kriegsende war eine Zeit extremer Wohnungsnot, und meine Eltern hatten geplant, die Wohnung meiner Großmutter väterlicherseits gegen eine größere in derselben Gegend einzutauschen. Vater jedoch behauptet, daß Auguste Stein alles daransetzte, damit ihre Tochter Erna ihre Praxis in ihrem Haus in der Michaelisstraße aufbauen sollte, einer Arbeitergegend mit geringem jüdischen Bevölkerungsanteil, und so das junge Paar zwang, bei ihr zu wohnen. Zugleich vereitelte das auch Vaters Plan, seine Mutter bei sich zu haben, da in der kleinen Dachwohnung, welche schließlich die erste Wohnung meiner Eltern nach ihrer Hochzeit wurde, kein Platz für sie war. Besonders schmerzlich war für meinen Vater Ediths Andeutung, daß die Aufnahme seiner Mutter in ihren Haushalt das Leben meiner Mutter todunglücklich gemacht hätte. Dennoch betont er im gesamten Text seine Liebe und seinen Respekt gegenüber seiner Schwägerin Edith, ihre Ehrlichkeit und völlige Vertrauenswürdigkeit. In der Einleitung sagt er:

> Edith spielte in [dem Freundeskreis] eine sehr bedeutungsvolle Rolle, für mich nicht nur als Muttels Schwester, sondern sie erwarb, wie sie selbst schreibt, nächst ihr mein volles Vertrauen, »ein fast grenzenloses«[12].

Er bestätigt wärmstens ihre Rolle als Friedensstifterin und Vermittlerin bei Schwierigkeiten zwischen ihm und seiner Schwiegermutter; nur gibt er seiner Verwunderung darüber Ausdruck,

wie sehr sich ihre damalige Rolle und die Art und Weise, in der sie die Vorgänge in ihrem Buch schildert, voneinander unterscheiden.
Nicht alle von Ediths Verwandten hatten die Möglichkeit, zu dem, was Edith über sie geschrieben hatte, Stellung zu nehmen. Die meisten lebten nicht mehr. Einige der Neffen und Nichten, die die Darstellung ihrer Eltern in dieser Chronik lasen, bedienten sich ähnlicher Mittel wie mein Vater, um ihre Meinung zu äußern oder falsche Eindrücke mit Blick auf die Geschichte ihrer Eltern zu korrigieren. In den folgenden Kapiteln werden manche solcher Bemerkungen zitiert. Einige entstammen kurzen mündlichen Aussagen, die im Rahmen einer Unterhaltung mit mir gemacht wurden, andere sind ausführlichen Aufsätzen und Briefen entnommen, die als Antwort auf Edith Steins Darstellung geschrieben wurden.

9. Kapitel

Das liebe Göttingen!

Das liebe Göttingen! Ich glaube, nur, wer in den Jahren zwischen 1905 und 1914, der kurzen Blütezeit der Göttinger Phänomenologenschule, dort studiert hat, kann ermessen, was für uns in diesem Namen schwingt.
Ich war 21 Jahre alt und voller Erwartung dessen, was nun kommen sollte.[1]

Das romantische Bild, das für Edith Stein mit der Übersiedlung an eine Universität fern von zu Hause verbunden war, gründete wohl auf dem Zusammentreffen zweier Faktoren: Erstens folgte Edith dem verlockenden Ruf, bei einem berühmten Gelehrten, Edmund Husserl, dem Begründer der Phänomenologie, zu studieren; und zweitens kam das berauschende Gefühl hinzu, zum ersten Mal das elterliche Heim zu verlassen, um einen eigenen, ganz unabhängigen Weg einzuschlagen. Es ist bemerkenswert, daß die Mutter ihr kein Hindernis in den Weg legte, obwohl sie gewiß nicht ganz verstehen konnte, weshalb Edith sich auf dieses Abenteuer einlassen mußte. Schließlich war Erna mit ihrem Medizinstudium an der Universität Breslau zufrieden und damit, weiterhin im Hause ihrer Mutter zu wohnen. Trotzdem sagte die Mutter: »Wenn es für dein Studium nötig ist, will ich dir gewiß nicht im Wege sein.« Und doch war sie unverhältnismäßig traurig.[2] Im Rückblick kommt die Frage auf, ob Auguste Stein wohl eine Vorahnung davon hatte, daß dieser Schritt ihre Tochter von dem Wege fortführen würde, den die Mutter für sie erhofft hatte. Denn das ist es, was tatsächlich geschah.
Edith hatte zum ersten Mal durch Georg Moskiewicz, einen älteren Kommilitonen an der Breslauer Universität, von Husserl gehört. Er lenkte ihre Aufmerksamkeit auf Husserls *Logische Untersuchungen.* Er hatte ein Semester bei Husserl in Göttingen studiert und sehnte sich dorthin zurück. »In Göttingen wird nur philosophiert – Tag und Nacht, beim Essen, auf der Straße, überall. Man spricht nur von Phänomenen.«[3] Noch verlockender muß für Edith die Tatsache gewesen sein, daß eine von Husserls Studenten eine junge Frau war, Hedwig Martius, die gerade einen Preis für eine philosophische Abhandlung erhalten hatte. Ein letztes Argument, welches Mutter Auguste mit Ediths

Wunsch versöhnt haben mochte, war, daß Richard Courant, Ediths Cousin, kurz zuvor mit seiner Frau Nellie nach Göttingen gezogen war. So würde Edith nicht ganz ohne Familienbindung in einer fremden Stadt leben. Außerdem hatte Edith ihre Freundin Rose Guttmann dazu überredet, das Sommersemester mit ihr in Göttingen zu verbringen. Es war *eine* Sache, neue Wege zu erkunden, *zugleich* jedoch eine Beruhigung für sie, ein Stück Heimat mitnehmen zu können, eine Freundin, mit der zusammen sie ihr Abenteuer bestehen konnte.

Zunächst besuchte Edith ihre Schwester Else in Hamburg. Max Gordon, ihr Schwager, war besorgt, sie ganz allein in die Welt hinausgehen zu lassen, und versuchte ihr zuzureden, daß sie wenigstens die erste Nacht bei Courants bleiben solle, aber das lehnte Edith ab. Richard und Nellie hatten eine Wohnung für sie gefunden, und sie war eifrig darauf bedacht, sofort dorthin zu gehen und sich einzurichten. Am 17. April 1913 verließ sie Hamburg, um vor dem offiziellen Semesterbeginn in Göttingen einzutreffen. Als sie vom Fenster des Schnellzuges aus die Frühlingslandschaft vorüberfliegen sah, mag sie wohl von all den neuen Eindrücken, neuen Freunden und Erlebnissen geträumt haben, die sie in der kleinen Universitätsstadt Göttingen erwarteten.

Voll Vorfreude suchte Edith ihre Wohnung auf, wo die junge Wirtin sie freundlich begrüßte.

Später gestand sie mir, daß auch sie bei meinem Anblick angenehm überrascht war. Sie hatte noch nie Studentinnen im Haus gehabt und dachte, sie seien alle alt und häßlich. Fast in jedem Bürgerhaus in Göttingen wohnten Studenten. Viele Wirtinnen nahmen grundsätzlich keine Damen auf. Manche hatten moralische Vorurteile. Andere fürchteten, daß ihre Küche zuviel zum Waschen, Kochen und Bügeln in Anspruch genommen würde.[4]

Es war charakteristisch für Edith, daß sie sofort einen Erkundungsspaziergang durch die Stadt unternahm und allerlei vorfand, was ihr gefiel. Im Gegensatz zu Breslau war Göttingen ausschließlich eine Universitätsstadt. Die Universität und die Studenten verliehen der Stadt ihren besonderen Charakter. Mit etwa 30.000 Einwohnern war sie bedeutend kleiner als Breslau und hatte keine öffentlichen Verkehrsmittel. Der süße Duft der Lindenbäume berauschte Edith, und die vielen Gedenktafeln an den Häusern, in welchen einst berühmte Leute gewohnt hatten[5], vermittelten dem empfänglichen Neuankömmling einen Eindruck von Geschichte. Denn hier waren solch herausragende Namen zu lesen wie die der Gebrüder Grimm, der Physiker Gauß und Weber und des Dichters Heinrich Heine.

Das Leben in Göttingen bedeutete für Edith und Rose nicht nur Arbeit, sondern auch Spaß. Sie lernten die schöne Umgebung kennen und unternahmen viele Ausflüge, die sich über mehrere Tage erstreckten. Als meine Eltern sie besuchten, konnten auch sie an solchen Wanderungen teilnehmen; in späteren Jahren erinnerte sich meine Mutter daran in einem Aufsatz:

Nach unserem medizinischen Staatsexamen beschlossen mein damaliger Freund und jetziger Mann und ich, Edith und Rose in Göttingen zu besuchen. Es war eine unvergeßliche Zeit von schönen Ausflügen und frohen Stunden, in denen sie suchte, uns ihr liebes Göttingen und seine reizvolle Umgebung von seinen besten Seiten zu zeigen. Im Anschluß daran machten wir eine sehr schöne Wanderung durch den Harz.[6]

Es freut mich, daß die ersten Worte meiner Tante über Göttingen sich auf die Reize der Stadt, ihre Klänge, ihren Geruch und die Anmut ihrer Umgebung beziehen und daß sie sich erst dann »der Hauptsache, die mich nach Göttingen geführt hatte: die Phänomenologie und die Phänomenologen«, zuwendet.[7] Für ernsthafte Studenten – und Edith Stein gehörte ganz sicher dazu – war dies das wichtigste; und doch ist es mir eine Beruhigung zu entdecken, daß sie, ein Mädchen von 21 Jahren, welches zum ersten Mal Freiheit genießt, sich mit ihren Freunden und Freundinnen auch vergnügen und herausfinden konnte, daß es eine Welt außerhalb der Bücher und Schreibtische und des Lernens auf Examina hin gab.
Sie berichtet jedoch bald, daß sie keine Zeit verlor, um bei Reinachs einen Antrittsbesuch zu machen, denn man hatte ihr gesagt, daß Adolf Reinach die entscheidende Person war, mit der man Kontakt aufnehmen müsse; er war Husserls rechte Hand und die beste Verbindung zwischen dem »Meister« und seinen Studenten. Die erste Begegnung war vielversprechend, denn Reinach empfing sie mit offener Freundlichkeit; er war überhaupt nicht eingebildet oder herablassend gegenüber dem Neuankömmling, und Edith faßte Mut, sich an das neue Gebiet heranzuwagen und den neuen Anforderungen zu begegnen. Reinach nahm sie sogar in seine »Übungen für Fortgeschrittene« auf. Den hohen Herrn Professor Husserl würde sie später kennenlernen.
Zur Silvesterfeier im Jahr 1912, also bevor Edith nach Göttingen ging, hatten ihre Freundinnen den prophetischen Vers verfaßt:

Manches Mädchen träumt von Busserl,
Edith aber nur von Husserl.
In Göttingen da wird sie sehn
Den Husserl leibhaft vor sich stehn.[8]

Es war nichts Auffallendes oder Überwältigendes in seiner äußeren Erscheinung. Ein vornehmer Professorentypus. Die Gestalt mittelgroß, die Haltung würdevoll, der Kopf schön und bedeutend. Die Sprache verriet sofort den geborenen Österreicher: er stammte aus Mähren und hatte in Wien studiert. Auch seine heitere Liebenswürdigkeit hatte etwas vom alten Wien. Er hatte gerade sein 54. Jahr vollendet.[9]

Edmund Husserl war nur »außerordentlicher Professor«, und sein Status an der Universität war der eines Außenseiters. Sein fortschrittliches Denken wurde von seinen konservativeren Kollegen mit Argwohn betrachtet:

Der neue Ton Husserls zog gewiß einige Göttinger Studenten an. Wer aber auf eine Karriere bedacht war oder auch nur halbwegs ungeschoren seine Promotion hinter sich bringen wollte, hielt sich aber lieber an die wirklich mächtigen Ordinarien, da von dem glücklosen Außenseiter Husserl nicht viel zu hoffen war.[10]

Husserl war ein origineller Denker und ein Gelehrter, aber ein fesselnder Redner war er, nach den Aussagen seiner einstigen Schüler, nicht. »Furchtbar langweilig«, sagte Ernst Rappeport, und Richard Courant nannte seine Kollegien »Schlafmittel.«[11] Im Gegensatz zu Husserl wußte Adolf Reinach den Neulingen den Stoff klar und verständlich zu vermitteln; dabei war es »kein Dozieren und Lernen, sondern ein gemeinsames Suchen ... an der Hand eines sicheren Führers.«[12] ... So fühlten sich diese Phänomenologiestudenten eher als Schüler Reinachs denn Husserls. Er stand ihnen altersmäßig sehr viel näher und hatte einen ausgezeichnetes Verhältnis zu ihnen.
Es dauerte nicht lange, bis Edith Stein ein Mitglied des Philosophischen Zirkels wurde. Georg Moskiewicz, der schon früher in Göttingen gewesen und nun zu weiteren Studien zurückgekehrt war, nahm Edith Stein und ihre Freundin Rose Guttmann einfach zum nächsten wöchentlichen Treffen mit, und erst später entdeckten die beiden, daß ihre sofortige Aufnahme in diesen auserwählten Kreis von Husserls Studenten durchaus nichts Selbstverständliches war. In Edith Steins Buch *Aus dem Leben einer jüdischen Familie* gibt das Kapitel über die Studienjahre in Göttingen gute Einblicke in die unterschiedlichen Persönlichkeiten ihrer Kommilitonen; doch vereinte sie alle die Begei-

sterung für das neue Gebiet der Phänomenologie, welches Husserl ihnen erschlossen hatte und welches sie nun gemeinsam erforschten und fortentwickelten. Später sollten die Wege des Lehrers und seiner Schüler auseinandergehen, aber sie blieben Freunde und tauschten ihre Gedanken aus, lasen gegenseitig ihre Arbeiten und gaben auf Jahre hinaus gemeinsam verschiedene Festschriften heraus.

Ich würde etwas unterschlagen, wenn ich nicht einen anderen wichtigen Einfluß auf Edith Stein in Göttingen nennen würde. Viele ihrer Lehrer waren als Juden geboren worden und waren zum Christentum konvertiert. Für manche wird das ein rein pragmatischer Schritt gewesen sein, um die akademische Laufbahn einschlagen zu können, die ihnen als Juden verschlossen gewesen wäre. Andere jedoch unternahmen diesen Schritt in Folge ihrer philosophischen Neigung, sich von allen Vorurteilen und ungeprüften Ideen frei zu machen und neue Wege einzuschlagen. Edith fand in dieser neuen Umgebung einen befreienden Geist, der es ihr erlaubte, sich auf neue, unabhängige Pfade zu begeben und nach neuen Wahrheiten umzuschauen, unbeschwert von den Einflüssen von zu Hause und ihrer Familie, welche jetzt weit weg waren. Andere waren ihr vorangegangen; sie wiesen den Weg, und das half Edith, ihre eigenen Ziele zu verfolgen. Ich möchte damit keineswegs behaupten, eine Frau von ihrer Intelligenz und geistigen Unabhängigkeit hätte eine andere Religion angenommen, nur weil andere es taten. Wir haben gesehen, daß Edith kein Mensch war, der dem Rat und den Vorschlägen von Freunden oder Verwandten folgte, wenn sie damit nicht einverstanden war. Das würde sie auch jetzt nicht getan haben, es sei denn, ihre Studien und ihre Suche hätten sie in die Richtung eines neuen Glaubens geführt. Husserls, die Reinachs und Max Scheler waren alle zum Christentum konvertiert.

Edith erinnert sich, wie überzeugend Scheler in seinen Kollegien über seinen Glauben sprechen konnte. Die religiöse Inbrunst, mit der Anna Reinach nach dem Tode ihres jungen Gatten auf dem Schlachtfeld des Ersten Weltkrieges Edith begegnete, wird oft als einer der Wendepunkte in Ediths geistiger Entwicklung angeführt.

Obgleich Edith ihr ganzes Leben lang regelmäßig nach Hause schrieb, existieren keine Briefe von ihr aus diesen Jahren, und es ist zweifelhaft, ob sie die vielen philosophischen, intellektuellen und sozialen Eindrücke, die über sie hereinbrachen, oder die Verwirrung darüber, daß althergebrachte Traditionen ins Wanken gerieten, anderen mitgeteilt hätte. Edith war gewohnt, die ihre Person betreffenden Gedanken für sich zu behalten. Im allgemeinen ist das, was ihre Briefe verraten, nur ein kleiner Bruchteil dessen, was sie innerlich bewegte. Wenn jemand sie fragte, warum sie katholisch geworden oder warum sie in den Karmel eingetreten sei, pflegte sie auf Lateinisch zu sagen: *Secretum meum mihi,* »mein Geheimnis gehört mir«. Viele Jahre vorher hatte die Familie Edith »ein Buch mit sieben Siegeln« genannt.[13] Das Geheimnis blieb ihr Leben lang bestehen.

Mit dem Ausbruch des Krieges 1914 änderte sich die Stimmung in der Stadt. Edith war 1913 nach Göttingen gekommen in der Hoffnung auf ein oder zwei inspirierende und weiterführende Semester intensiven Studiums der Phänomenologie. Unter der Anleitung fähiger Lehrer und der anregenden Zusammenarbeit mit glänzenden und ehrgeizigen Kommilitonen blühte sie förmlich auf. Einige von ihnen waren ihr sympathisch, für manche entwickelte sie sogar eine romantische Zuneigung, und andere pflegten eine lebenslange Freundschaft und einen jahrzehntelangen Briefwechsel mit ihr. Doch mitten in diese Idylle brach der Erste Weltkrieg ein. Im Jahr 1914 nannte man ihn »den Weltkrieg«, denn niemand konnte einen zweiten, noch schrecklicheren und tödlicheren Weltkrieg voraussehen, der nur 25 Jahre später folgen würde. Die jungen Studenten waren von patriotischer Begeisterung erfüllt. Die meisten Männer und Frauen, unter ihnen auch Edith Stein, meldeten sich sofort freiwillig zum Dienst für das Vaterland. Auf einmal waren Studium, Bücher, Examensvorbereitung vergessen, und als einziges stand der Krieg auf dem Stundenplan. Göttingen und die Universität waren in Aufruhr. Die Studenten fuhren in ihre Heimatstadt, die Professoren meldeten sich zum aktivem Wehrdienst.

Als Edith nach ihrem Dienst als Rot-Kreuz-Schwester in Mährisch-Weißkirchen ein Semester später nach Göttingen zurückkehrte, um ihr Studium fortzusetzen, war der Zauber von den belebten Marktplätzen und den heimeligen Gaststuben der Universitätsstadt verschwunden. Die Seminarräume hallten vor Leere wider, und die Zurückgebliebenen waren voller Sorge um die Soldaten an der Front. Die meisten Veränderungen, die Edith bei ihrer Rückkehr auffielen, waren keine glücklich stimmenden.

Zu Beginn des Krieges war Ediths Cousin Richard zum aktiven Dienst einberufen worden, während seine Frau Nellie ihre gemeinsame Wohnung aufgab, die Möbel verpackte und in das

Haus ihres Vaters in Breslau zurückkehrte. Als Edith nach ihrem Dienst als Lazarettschwester nach Göttingen zurückkehrte, bekam sie allmählich mit, daß beide mit Eheproblemen zu kämpfen hatten. Als sich Richard im Oktober 1915 in einem Lazarett in Essen von einer Kriegsverwundung erholte, besuchte ihn Nellie und bat um die Scheidung. Die Familie Husserl betrauerte ihren jüngsten Sohn Wolfgang, der als Siebzehnjähriger in Flandern gefallen war. Edith feierte das Weihnachtsfest 1915 mit dem philosophischen Kreis bei Reinachs. Husserl folgte einem Ruf als Professor an die Universität Freiburg, wohin Edith ihm später folgte, um bei ihm zu promovieren und seine Assistentin zu werden.

Göttingen war nun ein Ort der wehmütigen Erinnerung, in den sie zurückkehrte, um an der Beerdigung ihres geliebten Lehrers Reinach teilzunehmen; später, um Reinachs Unterlagen wegen einer möglichen Veröffentlichung zu ordnen oder um zu besonderen Anlässen Freunde, die noch in Göttingen wohnten, zu besuchen.

10. Kapitel

Tante Edith

Edith Stein hatte eine herzliche Beziehung zu ihren Neffen und Nichten. Es schien beinahe, als stünde unsere große Liebe zu ihr in umgekehrtem Verhältnis zu der Zeitspanne, die sie mit uns verbrachte. Sie lebte weit entfernt von Breslau, und ihre Besuche waren selten, dafür jedoch war unsere Vorfreude um so größer. In einem Aufsatz, den mein Bruder Ernst Ludwig Biberstein im Jahr 1983 verfaßte, also viele Jahre nachdem er sie zum letzten Male gesehen hatte, schreibt er:

Tante Edith war für mich ... so etwas wie die gute Fee aus einem Märchen, die sie uns erzählte oder vorlas, wenn sie zu Besuch nach Breslau kam. Während wir die andern Tanten, die wir täglich sahen und die uns oft in loco parentum zu Ordnung, Sauberkeit und gutem Benehmen anhielten, zu unseren Alltagserscheinungen rechneten, gehörte Tante Edith einer anderen Welt an. Warum eigentlich? Sie war nicht die Einzige von ihren Geschwistern, die immer nur jedes Jahr auf ein paar Wochen herkam. ...
Bei mir spielte es zunächst schon eine Rolle, daß Tante Edith aus einer Gegend kam, die ich nur aus der Sagen- und Balladenromantik kannte und mit dieser gleichsetzte. Dort war sie also zu Hause, im geographischen wie im dichterischen Sinne. Und zu der Breslauer Familie wollte sie schon gar nicht passen, bei aller Liebe und Anhänglichkeit, die sie an jene band. Denn irgendwie schien mir dort immer eine aschgraue Werktagsstimmung zu herrschen, die allem, was das Leben an Frohem und Lichtem und Vergnüglichem bot, mißtraute und ihm bewußt den Rücken kehrte. Man nahm, wie mein Vater das beschrieb, an allem das erforderliche Ärgernis. Das traf nun auf Tante Edith ganz und gar nicht zu (obgleich ihre Einstellung zu den Fragen des täglichen Lebens wahrscheinlich mit der ihrer Familie weitgehend übereinstimmte). Sie brachte etwas Feiertägliches mit sich, wenn sie uns besuchte, und in ihrer Gegenwart – so erschien es uns – wurde das Alltägliche zum Festlichen. Es ging eine heitere und besonnene Ruhe von ihr aus, die sich uns Kindern mitteilte, und ich hatte das Gefühl, daß in ihrer Nähe nichts Rohes und Schmerzliches geschehen konnte ... Ich erinnere mich noch recht gut, wie wohl ich mich in ihrer Gegenwart fühlte und welch grenzenloses Vertrauen ich zu ihr hatte. Sie war die einzige von unseren Verwandten ihrer Generation, die uns Kinder ernst zu nehmen schien, uns zuhörte und mit uns redete wie mit ihresgleichen. Wir liebten sie fast schwärmerisch ...

Das Bild von der schönen Märchenfee zerronn dann allerdings nach den Enthüllungen über ihre Bekehrung und ihren bevorstehenden Eintritt ins Kloster: ihre Absage an unsere gemeinsame Welt. Denn dies war für einen zehnjährigen Jungen (und einen sechzigjährigen Großvater) nicht mehr vereinbar mit dem lichten Wesen, in dessen Nähe alle Ängste und Sorgen zunichte wurden. Das war eine dunkle Nachtseite für uns, die niemand verstand und die sie niemandem erklären konnte oder wollte.[1]

Schon als Jugendliche bewies Edith bei ihrer Schwester Else in Hamburg ihre Fähigkeit als liebevolle und geduldige Babysitterin. In einer Erinnerung an ihre Tante sagt Ilse Gordon:

... Meine Mutter erzählte mir oft, wie die noch so junge Tante Edith meinen damals erst einige Monate alten Bruder und mich, etwa zweijährig, pflegte, auch ganz zuverlässig und geschickt war, wenn meine Mutter einmal mehrere Stunden nicht zu Hause war.[2]

Ilse erinnert sich auch an eine Begebenheit, die, wie sie sagt, für andere unbedeutend erscheinen mag, für sie aber damals sehr wichtig war.

Ich erhielt, als ich etwa 15 Jahre alt und den Kindersachen entwachsen, es aber äußerst schwierig war, neue Sachen zu beschaffen, einen dunkelblauen Wollrock von Tante Edith, getragen, aber noch sehr brauchbar ... Und sie half mir wieder einige Jahre später, als ich Studentin und an Geldmitteln sehr knapp war, mit einer heute gering erscheinenden Geldsumme, die aber damals ausreichte zu einem 14-tägigen Erholungsaufenthalt in der Lüneburger Heide.[3]

Über Ediths Dienst als Rot-Kreuz-Schwester während des Ersten Weltkrieges hat sie selbst anschaulich erzählt. Später hatte sie Gelegenheit, ihre jungen Neffen und Nichten, wenn diese krank waren, zu pflegen. Sie war geduldig und sanft, und alle ihre jungen »Pflegekinder« liebten sie. In ihrer Autobiographie erzählt sie, wie sie die Pflege ihrer beiden Neffen Wolfgang und Helmut und ihrer Nichte Lotte, Arnos Kindern, übernahm, als sie alle zur gleichen Zeit an einer schweren Grippe erkrankt waren und mit hohem Fieber im Bett lagen. Damals gab es noch keine Antibiotika oder Sulfonamid. Deshalb konnten solche Kinderkrankheiten wochenlang dauern und tödlich ausgehen. Bei dem vierjährigen Helmut kam zur Grippe noch eine Lungenentzündung hinzu, weswegen er lange, nachdem seine Geschwister schon wieder gesund waren, in Lebensgefahr schwebte. Zwischen dem kleinen Patienten und seiner Tante entwickelte sich ein inniges Verhältnis, welches weit über die Zeit seiner Genesung hinaus andauerte. Edith ging fröhlich auf die Phantasiewelt

des kleinen Jungen ein und war für ihn seine Braut, und er teilte pflichtbewußt seine Kekse und Bonbons mit ihr.[4]
Wolfgang, Helmuts älterer Bruder, erinnert sich daran in einem Brief vom 8. Dezember 1997 folgendermaßen:

Im Jahre 1920, als ich acht Jahre alt war, Helmut vier und Lotte drei, hatten wir alle eine Lungenentzündung. Eva [eine andere Schwester], die nicht krank war, wohnte während dieser Zeit bei den Tanten. Ich war vier Wochen lang krank, aber Helmut litt drei Monate; er war wirklich sehr krank, und Tante Edith pflegte ihn.

Wolf erinnert sich auch daran, wie er mit seinem Cousin Gerhard und seiner Cousine Erika an einem Stück mitwirkte, welches ihre Tante Edith für die Hochzeitsfeier meiner Eltern im Dezember 1920 verfaßt hatte. Gerhard spielte den Storch, der versucht, zwei Babys, ein männliches und ein weibliches, zu überreden, ihn zu den Neuvermählten, Hans und Erna Biberstein, zu begleiten. Das witzige Frage-und-Antwort-Spiel ist in die Familiengeschichte eingegangen; der Text befindet sich in unserem Familienarchiv.
Die Erinnerungen meines ältesten Cousins Gerhard, des Sohnes von Paul und Gertrude Stein, der nur etwa zehn Jahre jünger als seine Tante war, gehen weiter zurück als die aller übrigen Neffen und Nichten. Er erzählt folgende Anekdote:

... Als ich in die untersten Schulklassen ging, war Edith in den obersten der Viktoria Schule, ein Mädchen-Gymnasium ... Ihre Leistungen waren dort so ausgezeichnet, dass ihr die Schillerprämie zuerkannt wurde, mit welcher man wohl zur Feier von Schillers 150tem Geburtstage besondere Leistungen anerkannte [1907]. Großmutter erzählte mir damals, daß Edith eines Tages schwer beladen mit Büchern, den Werken von Schiller, nach Hause kam.[5]

Über Gerhard schreibt Edith:

Und wie stolz war ich, als ich mit zehn Jahren zum ersten Mal Tante wurde! Auch meine Mutter schloß ihren ersten Enkel sofort fest in ihr Herz.[6]

Leider hatte diese Liebe auch eine Kehrseite. Meiner Großmutter fiel es – wie oben schon ausgeführt – schwer, einen *modus vivendi* zu finden, um mit ihren Schwiegersöhnen und –töchtern gedeihlich zusammenzuleben. In ihrem Buch *Aus dem Leben einer jüdische Familie* stimmt Edith im allgemeinen ihrer Mutter zu. So kritisiert sie beispielsweise Gerhards Mutter Gertrude[7] und führt in nicht gerade höflichen Worten aus, daß diese unerfahrene Mutter ihr Kind vernachlässigte und in einen »bemitleidenswerten Zustand« versetzte.

Nun nahm meine Mutter den Kleinen zu uns, und in der sorgfältigen Pflege von Großmutter und Tanten verloren sich bald alle Schäden. Dieser Vorgang hat sich noch oft wiederholt. Jedesmal, wenn meine Mutter das Kind krank und ohne die nötige Pflege fand, wickelte sie es in eine große Decke, ließ eine Taxe kommen und nahm es mit nach Hause. Gerhard hat alle seine Kinderkrankheiten bei uns durchgemacht. Natürlich war die Großmama, zu der es überhaupt alle Kinder hinzog, sein Höchstes; sie ging ihm weit über die Eltern.[8]

Leider fährt sie in dieser Weise fort, indem sie nicht nur ihre und ihrer Mutter scharfe Kritik an Trude äußert, sondern auch den Tod von Gerhards jüngerem Bruder Harald, der im zarten Alter von zwei Jahren an »einem vernachlässigten Fall von Scharlach« gestorben war, auf Trudes unzureichende Pflege zurückführt. Es ist leicht nachzuvollziehen, wie diese Einstellung seiner Mutter gegenüber auf Gerhard gewirkt haben muß, als er Ediths Version in den 60er Jahren las. Seine beiden Eltern sowie seine Tante Edith, die sozusagen »aus der Schule geplaudert hatte«, waren im Nazi-Holocaust ermordet worden, und der Schmerz über diesen Verlust sowie seine Traurigkeit darüber, was Gerhard als eine lieblose und viel zu kritische Einschätzung seiner geliebten Mutter ansah, überwältigte ihn.

Jeden Freitag Abend feierten wir den Beginn des Sabbat mit einem festlichen Mahl in Großmutters Haus. Meine Mutter konnte nicht rechtzeitig da sein, weil sie als Hutmacherin beschäftigt war. Deshalb hatte sich das nach einer gewissen Zeit so eingespielt, daß nur mein Vater zu diesen Gelegenheiten kam, und das blieb auch so, nachdem Mutter ihr Geschäft aufgegeben hatte. Die Abwesenheit meiner Mutter bei den Freitag-Abend-Mahlzeiten gab Großmutter die Gelegenheit, ihren Einfluß auf Vater auszuüben, was zu Schwierigkeiten in der Ehe meiner Eltern führte, bis ich selber alt genug war, diese Situation beenden zu können.
Großmutters Mißtrauen gegenüber meiner Mutter hatte noch ein anderes – leider unglückliches und trauriges – Resultat. Als Folge einer Scharlachattacke während einer Nacht bekam mein zweijähriger Bruder Harald eine Niereninfektion. Da das nicht rechtzeitig erkannt worden war, wurde Harald schwer krank. Großmutter schlug vor, daß wir eine Krankenschwester engagieren sollten, aber diese war nicht imstande, Harald warm genug zu halten, und Harald starb. … Mutter hat den Verlust dieses Kindes niemals überwunden.
Nach dieser Erfahrung hat sie mich immer selbst gepflegt, wenn ich krank war, besonders weil ich das einzige Kind war, das ihr geblieben war. Sie erlaubte niemand anderem, mich zu pflegen. Als ich Scharlach und später eine Lungenentzündung hatte, hat meine Mutter mich durchgebracht.[9]

Es ist nicht verwunderlich, daß sich Gerhards Sicht der Dinge von der seiner Tante unterscheidet. Es zeigt wieder einmal, daß jede Geschichte zwei Seiten hat. Doch scheinen Gerhards Erinnerungen nicht immer genau und in der richtigen Reihenfolge zu sein. Über seine Schulzeit berichtet er:

Zu der Zeit, als ich gerade in die dritte Klasse (Septima) gekommen war, schickten mich meine Eltern für ein paar Wochen zu Großmutter, weil unsere Wohnung renoviert wurde. Die achtzehnjährige Edith sollte meine Schularbeiten überwachen. Als die Renovierungsarbeiten beendet waren, sah meine Mutter sich meine Schularbeiten an und war erschüttert, als sie meine schlechten Noten sah ... Auch meine Lehrerin teilte meiner Mutter mit, daß sie über meinen plötzlichen Leistungsabfall überrascht war ... Die Lehrerin meinte auch, daß eine Mutter immer am besten geeignet sei, die Schularbeiten ihres Kindes zu beaufsichtigen. Als Edith später selbst mit dieser Lehrerin sprach, muß sie dieselbe Meinung zu hören bekommen haben. Nachdem Mutter die Schularbeiten wieder überwachte, verbesserten sich die Noten wieder sehr schnell. Diesen Mißerfolg ihrer Bemühungen muß Edith sehr schmerzhaft empfunden haben, denn sie konnte Fehlschläge nicht vertragen.[10]

Drei Jahre später jedoch hat sich seine Sicht der Dinge geändert, und er beschreibt denselben Vorfall folgendermaßen:

Als zu dieser Zeit die Wohnung meiner Eltern renoviert wurde, sandte man mich zur Großmutter, und Edith übernahm die Überwachung meiner Schularbeiten. Das war bei meiner geringeren Begabung für sie nicht leicht, so daß sie sich die größte Mühe gab.[11]

Es schmerzt uns, daß Ediths Buch ein so negatives Bild ihrer Schwägerin zeichnet, ohne Anerkennung ihrer musikalischen Begabung oder ihrer Herzensgüte. Ein paar Monate nach dem Tode meines Vetters Gerhard konnte ich eine Reihe von Briefen einsehen, die er von seinen Eltern in den Jahren 1940 bis 1942 erhalten hatte. Diese herzzerreißenden Briefe zeigen die unerschütterlich mutige Haltung dieser beiden Alten, die in Breslau zurückgeblieben waren und vergeblich hofften, ihre Quotennummer würde rechtzeitig aufgerufen, so daß sie den rettenden Hafen Amerika doch noch erreichen könnten. Um ein wenig Zerstreuung in jenen zusehends schwieriger werdenden Jahren mit einschränkenden Verordnungen, Mangel an Nahrung und Heizmaterial zu finden, spielte Trude in ihrer Wohnung weiterhin zusammen mit Freunden klassische Musik. Sie spielte Bratsche in einem Kammermusikensemble, das manchmal ein Quartett war, manchmal nur ein Trio. Wenn jemand von den

Musikern deportiert wurde, nahmen andere den Platz ein, bis im Juli 1942 Paul und Trude an der Reihe waren. Sie wurden nach Theresienstadt deportiert, wo beide kurze Zeit nach ihrer Ankunft starben. Ihre Briefe an ihren Sohn spiegeln eine große Würde, Ergebung in ihr Schicksal, aber auch kleine Freuden, die sie noch erleben konnten, wider, sei es durch Musik oder durch Lebensmittelpäckchen, die sie hin und wieder von einem Bekannten in der Schweiz oder mit Hilfe der nichtjüdischen Eltern von Gerhards Frau Hertha erhielten.

Wolf, der älteste Sohn Arno Steins, erinnert sich an Gedichte, die Tante Edith zu Geburtstagen ihrer Mutter verfaßte und die die Enkelkinder aufsagen mußten. Da ich ein paar Jahre jünger bin als er, kann ich mich nur an ein Singspiel erinnern, das Edith zu Großmutters 80. Geburtstag 1929 schrieb. Damals waren mein kleiner Bruder und ich, sieben und acht Jahre alt, schon groß genug, um mitzuspielen. Wir waren in Rokoko-Kostüme mit gepuderten Perücken gekleidet, ich in einer steifen, unbequemen Krinoline, mein kleiner Bruder in schwarzer Samtjacke mit weißem gerüschtem Kragen und Manschetten. So tanzten wir ein gesetztes Menuett zu Mozarts Musik. Ich beneidete meine älteren Cousins und Cousinen, denn sie waren als *»flappers«* der wilden zwanziger Jahre gekleidet und sangen ihre Lieder zu den Melodien der populären Schlager der Zeit, was mir viel spaßiger erschien als unsere Darbietung.

Während der alljährlichen Besuche unserer Tante freuten wir Kinder uns ganz besonders auf die Stunden, wenn sie uns um sich scharte und uns aus ihren Lieblingsgeschichten vorlas, die dann auch unsere Lieblingsgeschichten wurden. Meine Mutter hatte als ein beliebtes Ritual eingeführt, daß uns während des Abendessens laut vorgelesen wurde; sie und mein Vater pflegten später zu essen, nachdem wir schon schlafen gegangen waren. Aber wenn unsere Tante zu Besuch kam, hielt sie ihre eigene Lesestunde und erweiterte den Kreis um alle anwesenden Neffen und Nichten. Ich erinnere mich besonders gut an die Abenteuer von Nonni und Manni, zwei Buben in Island, die die aufregendsten Erlebnisse auf hoher See hatten. Jan Svensson, der Autor, war ein ausgezeichneter Erzähler, der seine Geschichten fesselnd und spannend auszuspinnen verstand und uns alle in helle Aufregung versetzen konnte. Als ich erfuhr, daß meine Tante den Autor persönlich kannte, bat ich sie, mir zu helfen, ihm einen Brief zu schreiben, um ihm zu sagen, wie sehr uns seine Bücher gefielen. Einige Wochen später war ich ganz aus dem Häuschen, als ich eine Antwort von ihm erhielt. Wenn

ich mich recht erinnere, war er damals ein Mönch, der in einem Kloster in seiner Heimat Island lebte.
Meine Cousine Lotte Sachs, Wolfs jüngste Schwester, schreibt:

Ich erinnere mich gern daran, wie wir Kinder im Halbkreis um sie herum saßen und sie uns entweder Geschichten erzählte oder vorlas ... Ich glaube mich an Geschichten über Island oder Norwegen erinnern zu können ...[12]

Lotte erinnert sich jedoch auch, daß »wir ermahnt wurden, uns artig zu benehmen und still zu sein, weil Tante Edith zu schreiben hatte. (Ich schätze, daß sie an einem Artikel oder einem Buch arbeitete.)« Auch ich erinnere mich, daß wir Ehrfurcht vor ihr hatten und ihr Bedürfnis nach Zurückgezogenheit achteten. In dieser Hinsicht mußte sie sich gegenüber früher geändert haben, als sie ihrer kleinen Nichte Erika erlaubte, still in ihrem Arbeitszimmer zu spielen.

Das Kind hing sehr an mir. Sie liebte es, bei mir im Zimmer zu sein, während ich arbeitete. Ich setzte sie auf den Teppich und gab ihr ein Buch mit Bildern in die Hand. Dann war sie still beschäftigt und störte mich nicht ... Und sie verlangte keine andere Unterhaltung, sondern blieb ruhig und zufrieden da, bis sie jemand herausholte.[13]

Meine eigenen Erinnerungen sind ganz anders. Die Tür zu Tante Ediths Arbeitszimmer war meist geschlossen, und wir Kinder waren draußen, während sie entweder an ihrem Schreibtisch saß und schrieb oder las oder einen ihrer häufigen Besucher empfing. Dann konnten wir die Stimmen einer leisen und ernsten Unterhaltung vernehmen. Wenn unsere Tante dann bereit war, etwas Zeit mit uns zu verbringen, tauchte sie mit einem stillen Lächeln auf und begrüßte uns. Wir schätzten diese Gelegenheiten hoch, und noch heute denken wir an solche kostbaren Momente zurück.
Ich habe keinen Zweifel daran, daß Tante Edith, die keine eigenen Kinder hatte, eine echte Liebe zu ihren Neffen und Nichten empfand und sich für ihr Leben interessierte. In ihren Briefen an mich beantwortete sie meine Anliegen und Sorgen immer mit großer Anteilnahme. In den 30er Jahren war es für mich oft ein schmerzhafter, täglich auszutragender Kampf, als damals einzige jüdische Schülerin in der Viktoriaschule zum Unterricht zu gehen. Es kam mir oft so vor, als müsse ich mein eigentliches Ich aufgeben, wenn ich morgens unser Haus verließ, um eine Welt zu betreten, in der »arische« Weltanschauung und antisemitische Propaganda vorherrschten, in der fast alle außer mir dem BDM (Bund deutscher Mädchen) angehörten und eine

braune Uniform und ein Hakenkreuzabzeichen trugen. In der Schule mußte ich jedes Wort mit größter Vorsicht wählen und nur das aussprechen, was politisch harmlos oder ungefährlich war. Dann pflegte ich meinen Vater anzuflehen, mich auf das jüdische Gymnasium zu schicken, doch er blieb hartnäckig: Ich müsse auf meinem Recht bestehen, die städtische Schule zu besuchen. Ich dürfe mich nicht von den Nazis verjagen lassen. Ich müsse fleißig arbeiten und das Beste leisten, wozu ich fähig sei. Dann würde niemand Grund haben, mir einen Vorwurf zu machen. Es war eine schwere Belastung, und Tante Edith schrieb mir manchmal einen ermutigenden Brief, denn sie verstand meine Schwierigkeiten. Mitunter erwähnte sie in ihren Briefen, daß es schade sei, daß ich nicht zu ihr zu Besuch kommen könne, um in der klösterlichen Ruhe ihres Karmel Frieden und Trost zu finden. Aber dazu kam es nicht. Selbst als wir im Februar 1939 Deutschland verließen, war es uns nicht möglich, in Echt/Holland, wo meine Tante damals schon lebte, auch nur einen kurzen Besuch einzuplanen. Im nachhinein gesehen, waren der Friede und die Ruhe, von denen sie sprach, trügerisch, denn wie unvermittelt wurde sie aus der vermeintlichen Sicherheit der Klostermauern herausgerissen und in den Tod getrieben. Und doch bin ich sicher, daß der Friede, den sie innerhalb dieser Umgebung fand, in Wirklichkeit in ihrem Innern wohnte. Hätte sie diesen inneren Frieden ihren geplagten Verwandten mitteilen können?

Als meine Cousine Lotte nach Amerika auswanderte, machte sie einen kurzen Besuch in Köln. Sie war damals achtzehn Jahre alt, reiste allein einer ungewissen Zukunft entgegen und mußte Freunde und Verwandte zurücklassen. Ihre Mutter war ihr vorausgegangen und hatte ihr den Weg geebnet. Ihre Erinnerung an diesen Besuch ist kurz und flüchtig angedeutet:

> Ich erinnere mich, daß ich die Nacht durch im Zug reiste. Ich kam am Morgen [in Köln] an und nahm ein Taxi zum Kloster. Dort sah ich sie durch das Gitter; ich nehme an, daß wir etwas geplaudert haben. Ich nahm ein leichtes Frühstück zu mir. Dann gab sie mir ein kleines Buch, welches ich jetzt (nach 61 Jahren) nicht mehr besitze, und dann fuhr ich mit einem Taxi wieder zum Bahnhof zurück.
> Ich weiß nicht, ob ich das letzte Familienmitglied bin, das [Edith] besuchte, aber ich habe das immer angenommen.[14]

Dazu noch eine Anmerkung. Ein paar Tage, nachdem sie mir diesen Brief schrieb, fand meine Cousine das Büchlein, welches ihr Tante Edith als Erinnerung an ihren Besuch gegeben hatte. Es war weder ein religiöser Traktat noch ein Text, der darauf ab-

zielte, Lotte in Richtung Christentum zu beeinflussen, sondern eine Novelle von Bjørnssen.[15]
Das faszinierte mich, denn der Bücherschrank meiner Mutter enthielt eine komplette Ausgabe von Bjørnssens Werken, und als Jugendliche hatte ich viele seiner Geschichten gelesen. Es scheint, daß auch Tante Edith eine Vorliebe für diesen Schriftsteller hatte. Die Wahl, die meine Tante traf, um ihrer Nichte ein Abschiedsgeschenk zu geben, bezeugt, daß sie nicht geneigt war, irgendwelche Missionierungsversuche gegenüber Mitgliedern ihrer Familie zu machen. Tante Edith behauptete ihr Recht, an ihrem eigenen Glauben nach ihrem Gewissen festzuhalten; umgekehrt mißbrauchte sie ihr herzliches Verhältnis zu ihren Verwandten nicht zu irgendwelchen Bekehrungsversuchen.
Das erhält besondere Bedeutung im Lichte einer Bemerkung in dem Büchlein *Kölner Selig- und Heiligsprechungsprozess der Dienerin Gottes Sr. Teresia Benedicta a Cruce (Edith Stein),* in welchem folgender Satz erscheint:

> Sie zeigte sich auch nicht enttäuscht, als Gott ihr das sehnlichst erwünschte, letzte Wiedersehen mit ihrer Schwester Erna und deren Kindern, die sie bei dieser Gelegenheit religiös zu beeinflussen hoffte, versagte.[16]

Ich möchte hier noch eine andere Anekdote aus diesem Büchlein zitieren. Sie befindet sich in einem Kapitel mit der Überschrift »Demut« und soll als Beispiel für diese Eigenschaft von Edith Stein dienen:

> Gott ließ es zu, daß sie auch von ihren Mitnovizinnen taktlose Bemerkungen über ihre [jüdische] Abstammung zu hören bekam. (13) Einmal zeigte sie [ihren Mitschwestern] Photographien ihrer kleinen Neffen und Nichten. (14) »Mein Gott, was sehen die jüdisch aus!« erlaubte sich eine Schwester auszurufen.[17]

Ich habe wenig Zweifel daran, daß diese Photos meinen Bruder und mich darstellten. Edith Steins Schweigen solch einer Taktlosigkeit gegenüber würde ich aber nicht als »Demut« bezeichnen. Sie war sicher zutiefst verletzt und auch traurig darüber, daß es selbst innerhalb ihres neuen klösterlichen Zuhauses Antisemitismus gab, aber was sie auch immer hätte antworten können, hätte die Situation nicht retten können.
Ich habe mir wirklich niemals angemaßt, mich als Tante Ediths Lieblingsnichte zu betrachten, und habe keine Ahnung, weshalb diese Bezeichnung manchmal in der Literatur auftaucht. Ich glaube, daß jeder von uns Neffen und Nichten (und es waren de-

rer elf) eine besondere Beziehung zu ihr hatte. Wir alle korrespondierten mit ihr, und für uns alle hatte Tante Edith eine ganz eigene Ausstrahlung, die sie von den übrigen Onkeln und Tanten unterschied. Und damit meine ich nicht etwa einen »Nimbus der Heiligkeit«. Für uns war, ist und bleibt Tante Edith ein geliebtes Mitglied unserer Familie, deren warme menschliche Eigenschaften ein bleibendes Vermächtnis für uns sind und sein werden, was auch immer ihr Bild in der Öffentlichkeit sein wird oder mit ihr als Person in der Kirche geschehen wird.

11. Kapitel

Meine Mutter, die Ärztin

Die junge Frau

Es ist eine merkwürdige Tatsache, aber Kinder betrachten ihre Eltern niemals als jung. Sie sind ganz einfach die Eltern, und als solche erscheinen sie uns eben als die ältere Generation. Selbst als wir Kinder waren und sie junge Erwachsene, scheint es mir, daß sie uns so viel älter vorkamen, und wir konnten uns nicht vorstellen, daß sie jemals Babys, Kinder oder heranwachsende junge Menschen gewesen sein sollten, die spielten, lernten, flirteten oder sich verliebten. Dazu bedarf es einiger Vorstellungskraft, die man von sehr jungen Menschen nicht erwarten kann. Erst mit Anfang zwanzig waren wir in der Lage, unsere Eltern als Individuen, als Menschen unseresgleichen zu sehen.
Meine Mutter war in Lublinitz/Oberschlesien als das sechste von sieben Kindern geboren. Kurz nach ihrer Geburt zog die Familie nach Breslau. Ich habe schon den plötzlichen Tod meines Großvaters im Jahr 1893 erwähnt, als meine Mutter drei Jahre alt war, sowie Großmutters Kampf, ihre zahlreiche Familie großzuziehen und zugleich ihr Holzgeschäft zu führen. Anfangs waren das schwere Zeiten, und das Geld war knapp. Deshalb konnten nur »die Kleinen«, Erna und Edith, auf die Universität gehen, denn zu der Zeit, als sie das Studienalter erreichten, hatte ihre Mutter schon einen gewissen Wohlstand erarbeitet und besaß die Mittel, ihnen eine Universitätsausbildung zu bieten.
Meine Mutter war immer ziemlich ruhig und nicht sehr mitteilsam, und deshalb sind ihre Erzählungen aus der Kindheit spärlich. Wie arm sie waren, geht aus der Geschichte mit dem Apfel hervor: Großmutter gab der kleinen Erna einen großen, roten Apfel mit dem Hinweis, ihn aufzuheben, bis die beiden älteren Schwestern Frieda und Rosa aus der Schule kommen würden. Dann sollten alle drei den Apfel miteinander teilen. Das kleine Mädchen stand sinnend da und hielt den Apfel fest; doch die Zeit verstrich, und ihre Finger begannen im Apfel zu bohren, bis sie eine weiche Stelle fanden; es gelang ihr, ein saftiges Stück Apfel herauszulösen, das sie rasch in den gierigen Mund steckte. Mmmm! Das schmeckte gut! Sie konnte sich aber doch nicht

mit so einem winzigen Happen begnügen! Nochmals bohrte der Zeigefinger, und noch einmal konnte er ein Stück Apfel herausstochern. Als nun die Schwestern aus der Schule heimkamen, war alles, was Klein-Erna noch in der Hand hielt, die schmutzige, ausgehöhlte Schale eines einst knackigen und runden Apfels. Oh weh! Das hatte sie nicht gewollt. Trotzdem wurde sie bestraft, weil sie durch ihre Gier Frieda und Rosa um deren kleine Mahlzeit nach der Schule gebracht hatte.
Als Erna ungefähr vier oder fünf Jahre alt war, sehnte sie sich ganz schrecklich nach einer Puppe. Zum Geburtstag wünschte sie sich nur eine Puppe. Wie sehnte sie sich danach, bettelte sie darum, stellte sie sich in allen Einzelheiten diese Traumpuppe vor, die sie im Sinn hatte! Sie konnte es kaum erwarten. In der Nacht vor ihrem Geburtstag lag sie vor lauter Aufregung stundenlang wach. In aller Frühe, noch bevor die anderen aufwachten, ging sie auf Zehenspitzen ins Wohnzimmer, wo, wie sie annahm, die Familie einen Geburtstagstisch für sie aufgebaut hatte; und da saß in der Morgendämmerung die ersehnte Puppe und wartete auf sie. Als dann später der große Augenblick kam und sie in das Zimmer geführt wurde, um ihre Geburtstagsgeschenke zu sehen, mußte sie dann natürlich so tun, als ob sie völlig überrascht sei. Mir gefiel diese Geschichte sehr, als ich sie zum ersten Mal hörte. Sie zeigte, daß unsere Mutter auch einmal ein neugieriges, schlaues Ding gewesen war, nicht immer so ganz vorbildlich und artig, wie sich Kinder ihre Mütter vorstellen sollen.
Meine Mutter war eine fleißige, gewissenhafte Schülerin, mit einer besonderen Begabung für Sprachen und Literatur. Dagegen hatte sie überhaupt kein Talent fürs Zeichnen, insbesondere konnte sie ohne Lineal keine gerade Linie ziehen. Ihre Zeichenlehrerin erwartete nur mittelmäßige Leistungen von ihr. Als Erna deshalb einmal zu ihrer eigenen Überraschung und zu der ihrer Lehrerin eine perfekte gerade Linie hinbekam, zögerte diese nicht, meine Mutter des Betrugs zu beschuldigen, weil sie ein Lineal benutzt habe. Erna, die alles andere als unehrlich war, beteuerte ihre Unschuld, aber es half nichts. Die Lehrerin trug einen Tadel wegen Betrugs ins Klassenbuch ein.
Meine Großmutter hatte immer großen Respekt vor Lehrern und bestand darauf, daß auch ihre Kinder so dachten. Im Zweifelsfalle stand sie immer auf seiten der Lehrer. In diesem Falle jedoch war sie empört über die Ungerechtigkeit, die ihrem Kind widerfahren war. Sie konnte nicht fort von ihrem Geschäft, und so beauftragte sie ihre älteste Tochter, zur Schule zu gehen und

mit der Lehrerin zu sprechen. Else mußte der Zeichenlehrerin klipp und klar sagen, daß Erna noch nie gelogen hätte und daß, wenn sie sagte, sie habe die Linie freihändig gezogen, das auch der Fall gewesen sei. Darüber, ob die Lehrerin den Tadel jemals aus dem Klassenbuch zurückgenommen hat, schweigt unser Familienarchiv; ich kann mich auch nicht daran erinnern, wie die Geschichte ausgegangen ist. Die Hauptsache aber war: Die Ehre meiner Mutter war wiederhergestellt.

Nachdem Großmutter das Haus in der Michaelisstraße gekauft hatte, war reichlich Platz, und mit Cousins und Cousinen, Onkels und Tanten, die immer hereinschneiten, sowie Verwandten von außerhalb, die zu längeren Besuchen kamen, war das Haus immer voller Leben. Noch nach Jahrzehnten liebte es mein Vater, meine Mutter mit dem Namen Hans Horowitz aufzuziehen, einem Vetter, der sie sehr gern hatte. Sie waren oft zusammen, während Ernas jüngere Schwester Edith mit dessen Zwillingsbruder Franz zusammensteckte.

Ich habe schon erzählt, wie Onkel David, der Apotheker, meine Mutter davon überzeugte, Medizin zu studieren. Sie sah ein, daß es besser sei, ein Studium zu wählen, das nicht in eine Sackgasse führte, sondern zu einem Beruf, den sie mit Erfolg ausüben und mit dem sie ihren Unterhalt verdienen könne. Man mußte doch realistisch sein und zugeben, daß die Möglichkeiten für Juden, eine akademische Laufbahn einzuschlagen, sehr beschränkt, wenn nicht völlig verschlossen waren. Der anspruchsvolle Lehrplan in Medizin hat meine Mutter offenbar nicht abgeschreckt. Sie erfüllte alle Erfordernisse, und bei ihrem Staatsexamen schnitt sie sehr gut ab. Der Ausbruch des Krieges unmittelbar darauf bescherte ihr sogleich eine sehr arbeitsintensive Assistentenstelle, die einer Frau in Friedenszeiten wahrscheinlich nicht offengestanden wäre; da aber die meisten Ärzte zum Militär einberufen worden waren, bestand an jungen Ärztinnen großer Bedarf. Mutter mußte Krankenwagen fahren, Tag und Nacht Hausbesuche machen, Babys zur Welt bringen und kleine chirurgische Eingriffe vornehmen. Eine normale Entbindung wurde damals von einer Hebamme durchgeführt, und nur wenn sich Komplikationen einstellten, zog die Hebamme ärztliche Hilfe hinzu.

Erna absolvierte ihre Assistentenzeit gemeinsam mit ihrer Freundin Lilli Platau. Der Chefarzt mochte seine Vorurteile gegen Ärztinnen gehabt haben, aber jetzt konnte er ohne sie nicht auskommen und mußte, wenn auch widerwillig, zugeben, daß diese beiden jungen Frauen Bescheid wußten und weder lange

Dienststunden noch harte Arbeit scheuten. Einmal wurden sie und Lilli zu einer Patientin gerufen, bei der die Wehen zwar eingesetzt hatten, die Geburt aber auch nach vielen Stunden nicht voranging. Die beiden jungen Frauen stiegen mit ihren Instrumententaschen vier Treppen hoch in eine Wohnung, die in einem heruntergekommenen Haus in einer Arbeitergegend lag. Die Lebensbedingungen in der Wohnung waren alles andere als ideal. Die Patientin war mit dem Mann, der die Ärztinnen gerufen hatte, nicht verheiratet; sie war eine ehemalige Haushaltshilfe, die von ihm schwanger war. Das Baby war in einer Steißlage, und eine spontane Geburt war unmöglich. Die Frau des Mannes war verärgert, versuchte aber zu helfen. Die Schwangere war erschöpft und schrie vor Schmerzen. Die beiden jungen Ärztinnen machten sich ein schnelles Bild. Sie würden »eine Zange« machen müssen. Erna sollte den Eingriff vornehmen, und Lilli sollte die Narkose geben, für die sie zum Glück alles Notwendige mitgebracht hatten. Das Zimmer war klein und bot nicht viel Platz. Das Bett mit der Patientin nahm den größten Teil ein. Um die Narkose zu geben, mußte Lilli am Kopfende des Bettes knien; doch als sie gerade dabei war, auf das Bett zu steigen, sprang sie plötzlich erschrocken hoch und flüsterte ihrer Freundin Erna zu: »Auf dem Bett sind Wanzen! Auf eine Matratze mit Wanzen setze ich mich nicht!«
Erna war außer sich. Die Situation war verzweifelt. Die Frau mußte sofort entbunden werden. Lilli blieb stur. Erna blieb nichts übrig, als – mit oder ohne Narkose – zu Werk zu gehen. Alle Anwesenden mußten die unglückliche Frau festhalten, während Erna die Zange ansetzte und das Kind zur Welt brachte. Glücklicherweise hielt die Patientin tapfer durch, und trotz vielen Geschreis und Gezeters war endlich alles vorbei und Mutter und Kind in guter Verfassung. Meine Mutter hat dieses Abenteuer, bei dem sie »Blut geschwitzt hatte«, nie vergessen.

Die Ehefrau

Meine Mutter beschloß, eine Praxis für Geburtshilfe und Gynäkologie im Erdgeschoß des Hauses ihrer Mutter in der Michaelisstraße 38 zu eröffnen. Der Krieg war vorbei, und meine Eltern hatten am 5. Dezember 1920 geheiratet und wohnten in Großmutter Steins Haus. Die Praxisräume waren nicht gerade elegant, aber doch angemessen, mit schweren Eichenmöbeln und ohne die sterile Ausstrahlung der meisten ärztlichen

Salomon Courant
Großvater von Edith Stein

Adelheid Courant
Großmutter von Edith Stein

Siegfried Stein (3. v. rechts) mit seinen Geschwistern, ca. 1861

Edith Steins Familie (hintere Reihe, von links nach rechts): Arno (1879–1948), Else (1876– 1956), Siegfried (1843–1893), Elfriede (1881–1942), Paul (1872–1943); (vordere Reihe, von links nach rechts): Rosa (1883–1942), Auguste (geb. Courant, 1849–1936), Edith (1891–1942), Erna (1890–1978). Von den sieben Kindern wurden vier Opfer des Holocaust – Paul, Elfriede, Rosa und Edith.

Auguste Stein in ihrem Gemüsegarten

Schlittschuhlaufen auf dem »Waschteich«

Erna (l.) und Edith (r.)
ca. 1899/1900

Edith (l.) mit ihrer
Schwester Erna und ihrem
Neffen Gerhard (ca. 1905)

Edith Stein als Teenager in Hamburg mit ihrer ältesten Schwester
Else und deren beiden Kindern

Edith Stein als Studentin,
ca. 1913–1914 in Göttingen

Edith Stein, 1926

Haus von Auguste Stein in Breslau (Michaelisstraße 38). An den Fenstern im ersten Stock stehen Susanne und ihr Bruder Ernst Ludwig Biberstein mit ihrer Großmutter Dorothea Biberstein, rechts davon ihre Mutter Erna.

Susanne und Ernst Ludwig am Wohnzimmerfenster, ca. 1930

Paßfoto von Edith Stein, bevor sie (1938) nach Holland übersiedelte

Auguste Stein, ca. 1936

Rosa Stein in den späten 1930er Jahren

Edith Stein mit ihrer älteren Schwester Rosa, kurz bevor beide nach Auschwitz deportiert wurden (1942)

Hans Biberstein, ca. 1960

Erna Biberstein, ca. 1960

Bei der Seligsprechungsfeier (von links nach rechts): Alfred Batzdorff, Susanne Batzdorff, Bernhard Rosenmoller. Papst Johannes Paul II., Kardinal Höffner und Herr Solzbacher

Sprechzimmer. Die Gegend war nicht wohlhabend, und Mutters Patientinnen waren die Frauen von Arbeitern oder kleinen Beamten. Die meisten hatten eine Krankenversicherung, nur wenige waren Privatpatienten. Mutter war eine ruhige, liebevolle, geschickte Ärztin; sie verwöhnte ihre Patientinnen nicht und schmeichelte ihnen auch nicht, aber sie war niemals rauh oder grob, und sie hatte sehr bald eine gutgehende Praxis. Vater arbeitete an der Universitätsklinik auf der Station für Haut- und Geschlechtskrankheiten, hatte aber keine eigene Praxis. Dafür bezog er ein festes Gehalt. Vaters Arbeitszeiten waren ziemlich geregelt, während Mutter auf Nachtbesuche und Notrufe gefaßt sein mußte.

Als mein Bruder und ich zur Schule gingen, kamen wir gewöhnlich am frühen Nachmittag nach Hause, wo wir von unserer Mutter im weißen Mantel mit einem flüchtigen Kuß begrüßt wurden. Das war die Zeit, in der sie ihre Sprechstunde abhielt. Später, wenn die letzte Patientin gegangen war, kam sie zu uns und fragte uns über dic Schule aus. Manchmal ging sic in Großmutters Küche, um eine Tasse Kaffee mit ihrer Schwester Rosa zu trinken. Es gefiel ihr, daß sie im selben Haus mit ihnen lebte; so konnte sie leicht jeden Tag ihre Mutter sehen und in der Nähe ihrer Familie sein. Uns Kindern gefiel es auch. Wenn Mutter eine Patientin hatte, konnten wir immer Tante Rosa besuchen, die gewöhnlich in der Küche war; da gab es meist einen Holzlöffel zum Ablecken oder ein flaches Stück Nudelteig, das sie für uns auf der heißen Platte des Kochherdes röstete und das vortrefflich schmeckte. So hatte sie immer irgend etwas zum Naschen für uns, und wir erzählten, was in der Schule passiert war. Oder sie erzählte uns die Neuigkeiten des Tages, wer geschrieben hatte, wer zu Besuch kommen würde etc.

Mutter erledigte die Einkäufe immer morgens beim Metzger oder im Fischgeschäft, der Bäckerei und im Lebensmittelgeschäft. Gemüse wurde gewöhnlich ins Haus geliefert; man konnte telefonisch bestellen oder eine Einkaufsliste in den kleinen Gemüseladen mitnehmen und selbst alles aussuchen oder den Verkäufern die Auswahl überlassen. Manchmal gingen wir zur Geflügelfrau, um ein Hühnchen oder eine Taube zu kaufen oder für Feiertage eine Gans. Wenn wir Kinder keine Schule hatten, begleiteten wir unsere Mutter bei den Einkäufen, und manchmal gab uns die Metzgersfrau eine Scheibe Salami oder die Bäckersfrau eines Keks. Ins Kaufhaus gingen wir seltener. Mutter war viel zu beschäftigt und verbrachte nicht viel Zeit

mit Einkaufsbummeln. Sie war stolz darauf, daß sie zum Kleiderkaufen nicht viel Zeit brauchte.[1]
Sie war ein Mensch, dem andere gern ihr Herz ausschütteten. Neffen und Nichten, Freunde, Schwestern und Brüder vertrauten ihr ihre Sorgen an und fanden immer ein geduldiges Ohr und ein mitfühlendes Herz. Sie sprach wenig, aber sie ließ sie merken, daß sie für sie da war, wenn sie sich aussprechen wollten. Am nächsten stand ihr ihre Schwester Edith. Als Edith sich entschloß, Philosophie zu studieren, begannen sich ihre Wege zu trennen, und Edith verließ Breslau, um in Göttingen zu studieren. Trotzdem hielten Erna und Edith weiter zusammen, und als Edith sich dazu entschloß, katholisch zu werden, vertraute sie ihr Geheimnis zuallererst meiner Mutter an und bat sie, diese Nachricht der »Mama« schonend beizubringen. Es war ein schwerer Schlag für die ganze Familie, und Mutter wußte, wie tief es meine Großmutter schmerzen würde. Sie selbst nahm eine tolerante Haltung ein, obgleich sie ihre Schwester nicht ganz verstand; ihr Leben lang war sie darauf bedacht, Edith ihre bleibende Liebe zu zeigen; niemals dachte sie daran, sie abzuweisen.
Wir nannten unsere Mutter »Muttel«[2] und obwohl sie ihre Liebe zu uns niemals gestenreich zeigte, war diese immer spürbar als eine gleichmäßige Wärme, eine umfassende Zärtlichkeit, die von ihr auf uns ausstrahlte. Ich glaube nicht, daß sie einen von uns vorzog; sie liebte Ernst Ludwig und mich gleichermaßen. Weil wir uns altersmäßig so nahe waren, unternahmen wir fast alles gemeinsam. Wenn ein Ausflug in den Zoo auf dem Programm stand, gingen wir beide zusammen, wenn sie uns Geschichten vorlas, hörten wir beide zu.
Das Vorlesen geschah gewöhnlich abends. Vatel[3] kam erst zwischen acht und neun Uhr nach Hause; Ernst Ludwig und ich aßen ungefähr um sieben zu Abend, und dabei las uns Muttel vor. Zuerst waren es die Märchen der Gebrüder Grimm oder von Hans Christian Andersen. Später suchte sie dann Kinderbücher aus und las uns jeden Abend ein oder zwei Kapitel daraus vor. *Helenes Kinderchen* war eine lustige Geschichte von zwei Schlingeln, die der Obhut ihres Onkels anvertraut worden waren, der aber seine liebe Not hatte, mit ihnen fertig zu werden. Eine andere beliebte Gestalt war *Dr. Doolittle*. Bevor wir ins Bett mußten, sang uns Muttel manchmal Lieder vor. Sie sang die Ballade von den zwei Grenadieren, die aus russischer Gefangenschaft heimkehrten, oder von Archibald Douglas, dem getreuen Diener, der bei seinem geliebten schottischen Herrn in

Ungnade gefallen war; ebenso Lieder von Brahms und Schubert, Beethoven und Hugo Wolf; die waren zwar schön, aber meist traurig. Muttel begleitete sich selbst auf dem Klavier. Es war eine zauberhafte Zeit, in der diese Lieder nur für uns da waren, und wir hörten gespannt zu.

Als wir älter wurden, ging Muttel dazu über, uns die Handlung einer Oper zu erzählen, dann die wichtigsten Themen vorzuspielen und einige der berühmtesten Arien vorzusingen. Sie wollte uns zunächst mit diesen Opern vertraut machen, um uns im Anschluß daran zu einer Opernaufführung mitzunehmen. Unter den Opern, in die sie uns einführte, waren Webers *Freischütz*, Mozarts *Zauberflöte*, Lortzings *Zar und Zimmermann* und Humperdincks *Hänsel und Gretel*. Letztere war die einzige Oper, die wir vor 1933 im Stadttheater von Breslau, dem Breslauer Opernhaus, sahen. Nachdem die Nationalsozialisten in Deutschland die Macht ergriffen hatten und alle jüdischen Schauspieler entlassen worden waren, boykottierten meine Eltern die Oper und das Theater. Von da ab besuchten sie nur die Aufführungen des *Jüdischen Kulturbundes*, und hier sahen wir eine unvergeßliche Aufführung von *Figaros Hochzeit*.

Nach unserer Auswanderung aus Deutschland hat meine Mutter nie mehr gesungen; wir mußten auch unseren schönen Bechsteinflügel zurücklassen, so spielte sie auch nicht mehr Klavier. Ich habe mich manchmal gefragt, ob sie wohl ihr Musizieren gern wieder aufgenommen hätte oder ob ein Klavier sie nur schmerzlich an alles erinnert hätte, was sie verloren hatte, und an die Menschen, die für immer aus ihrem Leben entschwunden waren. Muttel war stark und zäh. In New York hatte sie schwere Jahre durchzumachen, während sie versuchte, eine neue Existenz für sich und ihre Familie aufzubauen. Sie bereitete sich auf ihr medizinisches Examen vor, versah den Haushalt, kochte und putzte, korrespondierte mit Freunden und Verwandten, die in alle Welt verstreut waren, und versuchte, meinen Vater aufzumuntern und zu ermutigen, dessen psychische Verfassung damals in einem höchst verwundbaren und prekären Zustand war. Sie selbst litt zu der Zeit an Depressionen, teilweise bedingt durch die Sorge um ihre vier Geschwister, die in Nazi-Europa zurückgeblieben waren, teilweise durch die furchtbaren Nachrichten, die uns aus Deutschland erreichten. Doch irgendwie gelang es meinen Eltern, sich zu behaupten und ihr Ziel, ihre Zulassung für eine medizinische Praxis im Staate New York, zu erreichen.

Muttel litt stark unter der ablehnenden Haltung, mit der die amerikanische Ärzteschaft ihr als Ausländerin und als Frau begegnete. Es gelang ihr, als Ärztin in einem Krankenhaus in Brooklyn zugelassen zu werden; ohne die amerikanische Facharzt-Prüfung für Geburtshilfe und Gynäkologie konnte sie jedoch keine chirurgischen Eingriffe vornehmen. Wenn bei einer Patientin ein Kaiserschnitt vorgenommen werden mußte, mußte sie einen Kollegen hinzuziehen, der die notwendige Zulassung besaß.[4] Das betrachtete sie, die so viele Erfahrungen auf diesem Gebiet hatte, als schlimmste Schikane.

In gewisser Weise kam es meiner Mutter gelegen, daß sie im Jahr 1944 im Alter von 54 Jahren Großmutter wurde. Es waren schwierige Zeiten; es herrschte Krieg. Mein Mann Alfred sollte eingezogen werden, als die Geburt unseres Babys bevorstand. Ich mußte meine Arbeit als Bibliothekarin natürlich eine Zeitlang unterbrechen. Bereitwillig machten meine Eltern für mich und das Baby in ihrer Wohnung Platz. Nicht nur das; Muttel bot uns, mit einer Nonchalance, als sei es das Selbstverständlichste auf der Welt, an, sich um ihr erstes Enkelkind zu kümmern, während ich in der Bibliothek von Cooper Union, einer privaten Universität in Manhattan, arbeiten sollte. Natürlich konnte sie ihre Praxis nicht mit einem Kleinkind am Schürzenband führen. Aber ich bin sicher, daß sie die Versorgung ihres Enkelsohnes nicht übernommen hätte, wenn sie sich nicht damit abgefunden hätte, ihre Hoffnung auf eine sinnvolle Arbeit als Ärztin aufzugeben. In Wirklichkeit, glaube ich, war es für sie ein willkommenes Alibi, denn sie hatte nur widerwillig und nur auf Vaters Drängen die schweren Schritte unternommen, die notwendig waren, um sich die ärztliche Zulassung in diesem Land zu verschaffen. Sie war ihrer beruflichen Karriere gegenüber bestenfalls ambivalent eingestellt. Nachdem sie dann 1950, als sie 60 Jahre alt wurde, eine Mitteilung vom Krankenhaus erhielt, daß ihre Zulassung wegen Erreichung der Altersgrenze beendet sei, zog sie sich immer mehr zurück, obwohl ihr Arztschild weiter am Haus in Brooklyn hing und sie Vaters Sprechstundenräume in Manhattan teilte. Sie fühlte sich von der Ärzteschaft ausgestoßen und hatte keine Lust mehr, um ihren rechtmäßigen Platz in ihrem Beruf zu kämpfen.

Muttel entwickelte ein ganz besonders enges Verhältnis zu ihrem ersten Enkelsohn, den sie ein Jahr lang ganztags und danach, bis wir fünf Jahre später aus der Stadt wegzogen, teilweise versorgte. Ronnie liebte seine Großeltern abgöttisch, und ich hatte manchmal einen Anflug von Eifersucht, wenn ich daran dachte, wieviel mehr Ronnie mit ihnen gemeinsam erlebte als mit mir.

Während es mit Muttels Praxis in den 50er und 60er Jahren bergab ging, florierte die meines Vaters weiter gut; er war täglich in seiner Praxis und gab Spezialkurse in Dermatologie am NYU Bellevue Medical Center. Muttels Persönlichkeit stand in seinem Schatten, denn er war von aus Natur extrovertiert und lebhaft. Weil er jedoch wußte, daß er schwer herzkrank war, verließ er sich immer mehr auf ihre ruhige, feste Art. Sie war stets bereit, ihm bei einer Attacke sofort eine Spritze zu geben, sie holte ihn auch oft in der Praxis ab, damit er den kalten Winterstürmen nicht allein zu trotzen brauchte; dabei stand sie große Ängste um ihn aus und erlaubte ihm, seine schlechte Laune an ihr auszulassen, wenn er wieder einmal mit einem Lungenödem im Krankenhaus gelandet war. Ihre Reisen waren kein reines Vergnügen mehr, denn sein Körper vertrug die Klima- und Höhenveränderungen nicht immer gut.
Im Sommer 1965 entschlossen sich meine Eltern, im Yosemite-Park Ferien zu machen und von dort weiter nach Davis zur Bar Mitzwa ihres Enkels Michael zu fahren. Leider wurde das eine böse Zeit für Vatel. Er hatte fast täglich Beschwerden durch Atemnot und ein Lungenödem, mußte nachts Sauerstoff zur Hand haben und konnte nur selten, und dann ganz langsam, auf ebenem Terrain in der Nähe des Hotels spazierengehen. Muttel umschwebte ihn ängstlich, und wir machten uns auf das Schlimmste gefaßt. Als die Zeit kam, nach Davis weiterzufahren, war sein Zustand etwas gebessert, und Michaels Bar Mitzwa Anfang September war eine große Freude für meinen Vater. Dies war die letzte Familienfeier, die er in seinem Leben noch genießen durfte, denn er starb im November desselben Jahres.

Die Ehe

Meine Eltern waren fast 45 Jahre lang verheiratet. Sie verliebten sich als Studenten, und weil sie in schweren und stürmischen Zeiten lebten, konnten sie erst heiraten, als sie 29 bzw. 30 Jahre alt waren. Vatel hatte sich vorgenommen, daß die Frau, die ihn heiraten würde, auch seine Mutter, die an einer schweren Herzkrankheit litt und der er die treueste Liebe und Pflege schuldete, in den Haushalt mit aufnehmen müsse. Doch in jenen schwierigen Jahren nach dem Ersten Weltkrieg war es – ich habe davon schon erzählt – dem jungen Paar unmöglich, eine passende Wohnung für sich und Mutter Biberstein zu finden. Damit würden sie warten müssen. In der Zwischenzeit sollten Hans und

Erna in der Dachwohnung von Großmutter Steins Haus leben. Obwohl das keine ideale Lösung war, bekamen sie doch so für den Beginn ihres gemeinsamen Lebens ein Zuhause. Und Großmutter Biberstein konnte in ihrer Wohnung in der Augustastraße im Süden von Breslau bleiben. Es war zwar nicht das, was Vater sich erträumt hatte, aber es mußte genügen, bis sich die Zustände bessern und mehr Wohnungen zur Verfügung stehen würden. In einem ungewöhnlich mitteilsamen Augenblick hat meine Mutter mir aber einmal erzählt, wie ihr junger Ehemann in der Hochzeitsnacht bitterlich geweint habe, weil er sein Versprechen, seine Mutter nach der Heirat zu sich zu nehmen, gebrochen habe. Er weinte unaufhörlich, und seine junge Frau wußte nicht, ob sie gleichfalls in Tränen ausbrechen oder versuchen sollte, ihn zu trösten. Das war ein in gewisser Weise unglücklicher Beginn für eine Ehe, die dann so manche Belastungen und Spannungen überstehen sollte, die aber fest und dauerhaft wurde und ihnen beiden Kraft und Glück schenkte.
Vater pflegte zu sagen: »Niemand kann in eine Ehe hineingucken.« Ich glaube, daß das wahr ist. Meine Tante Edith hat in ihrer Autobiographie viel über die Qualen gesprochen, die mein Vater meiner Mutter verursacht haben soll, weil er oft eine übermäßig anspruchsvolle Haltung an den Tag gelegt oder sich manchmal wie ein mürrisches, verwöhntes Kind benommen habe und er sich mit seiner Schwiegermutter nicht vertragen konnte. Doch beim Lesen dieser Abschnitte beteuerten meine Eltern mit Nachdruck, daß ihre Ehe dadurch niemals gefährdet gewesen sei, daß sie niemals daran gezweifelt hätten, daß sie zusammengehörten. Es mag widersprüchlich erscheinen, daß eine Frau, die unabhängig und kompetent ihren Beruf ausübte, in ihrer Ehe nachgiebig und auf Versöhnung bedacht war. Diese Eigenschaften trugen zweifellos zu Frieden und Harmonie in ihrem Verhältnis zu Vaters Mutter bei, als diese ab 1928 in unserem Haus wohnte. Mutters Beziehung zu ihrer Haushaltshilfe Anna war stürmisch und oft dadurch gekennzeichnet, daß Anna damit drohte fortzugehen und mein Vater Frieden stiften mußte. Das half, und Anna blieb und war unsere getreue Hilfe, bis wir im Februar 1939 auswanderten. Großmutters Launen und Willkür, ihr Argwohn und häufige Beschwerden über vermeintliche Beleidigungen waren schwer zu ertragen, aber Muttel blieb ruhig und war nicht nachtragend. Dafür wurde sie mit Großmutters halbherzigem Respekt und soviel Liebe belohnt, wie Großmutter für sie erübrigen konnte. Mutter wußte, daß ein großer Teil von Großmutters Groll ihrer Arteriosklerose zu-

zuschreiben war, und so verzieh sie ihr viel. Ich sehe die beiden noch vor mir, wie sie zusammen spazierengingen. Großmutter konnte nur sehr langsam gehen. Einmal war es so bitter kalt, daß ich kaum begriff, wie sie es aushalten konnten, sich in dieser Kälte im Schneckentempo vorwärtszubewegen. Meine Großmutter Dorothea Biberstein starb im Jahr 1934 und wurde neben ihrer Mutter auf dem Friedhof Cosel[5] in Breslau begraben. Vater traf dieser Tod sehr schwer, und von da an fuhr er mit seiner Familie jeden Sonntag auf den Friedhof hinaus, um ein paar Minuten an ihrem Grab zu stehen. Es war eine lange Straßenbahnfahrt, aber es wurde zu einer festen Einrichtung, bis er im Sommer 1938 nach Amerika ging.
Als wir im Juni 1995 zum ersten Mal seit unserer Auswanderung in unsere Geburtsstadt zurückkehrten, fuhren wir auf den Friedhof hinaus, um das Grab meiner Großmutter zu suchen. Der Friedhof war ein Gewirr von beinahe undurchdringlichem Gestrüpp. Mehr als eine Stunde lang irrten wir in dieser Wildnis umher, konnten aber die Gräber meiner Großmutter Dorothea und meiner Urgroßmutter Ernestine [Ledermann] nicht finden. Wehmütig dachte ich daran, welche Sorgfalt und wieviel Kosten mein Vater auf die Auswahl des Grabsteines aus grünem Porphyr verwendet hatte, und an die vielen Fahrten, die unsere Familie zu diesem Ort unternommen hatte, bevor wir fort mußten. Das Grab meiner Großmutter mag verloren sein, der Grabstein gestohlen, aber die Erinnerung an sie lebt fort in meinem Herzen, auch hier in der Neuen Welt.

Die Witwe

Wir waren nicht sicher, wie Vaters Tod sich auf unsere Mutter auswirken würde. Sie waren besonders in den letzten Jahren, in denen sie für sich zusammenlebten, sehr zusammengewachsen. Ihre gegenseitige Abhängigkeit schien uns sehr groß, und doch war Mutter selbständig, ihr Charakter stark und fest; und so gelang es ihr, mit ihrem Alleinsein fertig zu werden. Mutter blieb ungefähr acht Jahre nach Vaters Tod in ihrer Wohnung. Sie besuchte Konzerte und Opern, ging zu Freunden und lud sie ein. Sie reiste mehrmals nach Europa und einmal mit uns nach Israel. Wegen ihrer unkomplizierten, anspruchslosen Art und ihrer Dankbarkeit auch für Kleinigkeiten war sie überall ein willkommener Gast. Muttel hatte ein ausgezeichnetes Verhältnis zu ihren Enkelkindern. Sie unterhielt eine weitverzweigte Kor-

respondenz mit Verwandten und Freunden über die ganze Welt und blieb in Kontakt mit den vielen Institutionen und Menschen, die das Leben und Werk ihrer jüngeren Schwester Edith erforschten.
Mutter war nicht geblendet von der Aussicht, daß Edith heiliggesprochen werden könnte. Sie sah ihre Aufgabe darin, sachliche Informationen zu liefern, wo immer das möglich war, und darauf achtzugeben, daß Ediths Leben tatsachengetreu dargestellt würde. Die Auffassung von Edith Steins Martyrium konnte Muttel nicht akzeptieren; sie hatte ja außer Edith noch zwei andere Schwestern und einen Bruder in der Mordmaschinerie der Nazis verloren, ganz abgesehen von den Millionen anderer, die ebenfalls im Holocaust ihr Leben lassen mußten. Warum vom Martyrium Edith Steins sprechen, warum sie herausheben, wenn Unzählige dasselbe Geschick erleiden mußten. Welchen Sinn hatte das? Worum ging es? Sie waren Juden. Sie wurden beseitigt. Und die Welt sah schweigend zu, ohne etwas zu sagen, ohne etwas zu tun. Das ist das Schreckliche daran, und das ist alles.
Mutter liebte Edith, liebte sie vielleicht mehr als ihre übrigen Schwestern und Brüder, weil sie fast gleichaltrig waren, wie Zwillinge, die zwei Kinder ihrer schon älteren Mutter, die zwei Kinder, die vaterlos aufgewachsen waren. Sie liebte sie, weil sie in ihrer Denkart zueinander paßten, weil Edith klug und begabt war und sie Freude aneinander haben konnten. Aber ihr Tod, du lieber Gott! Ihr Tod war nicht bitterer, nicht schrecklicher und nicht bedeutungsvoller als der Tod von Rosa oder Frieda oder Paul. Und sie sagte uns oft, eine lebendige Schwester wäre ihr unendlich lieber gewesen als eine tote Heilige.[6]
Ihr ganzes Leben lang war meine Mutter ängstlich darauf bedacht, niemandem zur Last zu fallen, niemanden zu stören. Auch in den letzten Lebensjahren wollte sie selbständig und unabhängig bleiben. Sie behielt ihre eigene Wohnung und ging täglich einkaufen. So wie sie gelebt hatte, starb sie. Es geschah während eines Besuchs bei ihrem Sohn Ernst Ludwig und seiner Familie in Kalifornien. Es war ein Samstagmorgen; zusammen mit ihrem Sohn und ihrer Schwiegertochter plante sie einen Ausflug nach San Francisco, ins Theater, dann Lunch mit Freunden und Abendessen mit ihrer Enkelin Helen. Doch an diesem Morgen erlitt sie eine schwere Herzattacke. Als klar war, daß sie anstatt des Ausflugs nach San Francisco eine Fahrt ins Krankenhaus machen müsse, bemerkte sie: »Ach, nun verderbe ich euch den Tag.« Vierundzwanzig Stunden später war sie tot.

Am Tag ihrer Beerdigung wurde New York von einem Schneesturm heimgesucht, der den Verkehr in der ganzen Stadt lahmlegte. Von den vielen Freunden und Verwandten, die der Beerdigung beiwohnen wollten, konnten bei dem schlimmen Wetter nur wenige kommen. Es war eine kleine, stille Zeremonie für eine sehr bescheidene, anspruchslose Frau. Es schien beinahe, als habe sie selbst ihre Hand im Spiel gehabt, um dies zu arrangieren und ihren Freunden das Kommen zu ersparen. Dieser Gedanke ließ mich an jenem Freitag nicht los, auch zwei Tage später nicht, am Sonntag. Der Schnee lag so hoch, daß am Freitag keines der Fahrzeuge den Friedhof hatte erreichen können, so daß die Beisetzung zwei Tage verschoben werden mußte; auch am Sonntag wurde uns gesagt, daß das Beerdigungsinstitut nur eine Limousine hinausschicken könne. Auf dem Cedar Park Friedhof war nur ein Weg, so breit wie ein Auto, freigelegt worden. Es saßen nur fünf Leute in der Limousine, Bernie Cohn, der Rabbiner, der auch der Schwager meines Bruders war, Ernst und Hannah, Alfred und ich. In einem zweiten Auto saßen zwei Nichten meines Vaters mit ihren Ehemännern, insgesamt waren wir also zehn Leute. Wir scharten uns um den Grabstein herum und schauten hinunter auf den Sarg, der schon in das Grab gesenkt worden war. Es war ein kurzer Gottesdienst, dann scharrten wir in der gefrorenen Erde, um ein paar Schollen loszulösen und sie nach jüdischem Brauch in das Grab zu werfen. Eine barmherzig leuchtende Sonne schien hinunter, und so glitzerte der Schnee wie Diamanten. Muttel wurde neben Vatel begraben, an der gleichen Stelle, an der sie immer gestanden hatte, wenn sie Vatels Grab besuchte. Das war eine wehmütige Erinnerung an sie, die hier auf demselben Fleck noch kurze Zeit zuvor lebte. Sie ist nun von uns gegangen, und wir sind jetzt die ältere Generation. Doch eines ist mir klar. Es endet nicht alles mit dem Begräbnis. Ich nehme noch immer Abschied von meiner Mutter. Sie ist hier, bei uns, und oft! Der Herr hat gegeben, der Herr hat genommen, so lautet die alte Gebetsformel. Ich sehe es etwas anders: was der Herr gegeben hat, kann er niemals ganz wegnehmen. Deshalb sei der Name des Herrn gelobt.

12. Kapitel

Die Opfer der Shoah

Edith Stein wird oft eine »Märtyrerin des Holocaust« genannt. Dagegen wird nur selten der Name ihrer Schwester Rosa erwähnt, obwohl sie das gleiche Schicksal teilte und, soweit wir wissen, zusammen mit ihr, am gleichen Tage, auf dieselbe Weise, starb.
Zwei weitere Geschwister Ediths sowie andere Verwandte wurden ebenfalls Opfer der Shoah. Da es keine Gräber oder Grabsteine gibt, die den Ort bezeichnen, wo ihre sterblichen Überreste ruhen, ist es für uns, ihre Nachkommen, eine Pflicht, sie einer nach dem anderen in Erinnerung zu rufen – aus Liebe und damit sie unvergessen bleiben. Leider wissen wir nicht bei allen genug darüber, wie und wann sie starben, aber wir können die Geschichte ihres Lebens und Sterbens soweit wie möglich rekonstruieren.

Paul Stein

Paul Stein (1872–1943) war der Älteste in der Familie, ein gut aussehender junger Mann, wie auf dem bekannten Familienphoto, welches ein paar Jahre nach dem Tod seines Vaters Siegfried aufgenommen wurde, zu sehen ist. Paul war, als sein Vater im August 1893 plötzlich starb, 21 Jahre alt, und Edith noch nicht ganz zwei. Liebevoll erinnert sie sich daran, wie Paul sie auf den Schultern herumtrug und ihr Geschichten aus der deutschen Literatur erzählte. Sie konnte in diesem Alter noch nicht so viel verstehen, doch ihr Gehirn nahm wie ein Schwamm viel von dem, was er rezitierte, auf, und Paul freute sich über dieses frühreife Wesen. Paul war ein vielversprechender junger Mann, intelligent und wißbegierig, aber er hatte als Kind Scharlach gehabt, und Großmutter meinte, das habe irgendwie seine Persönlichkeit beeinträchtigt.

Zu den traurigen Erinnerungen, von denen meine Mutter immer wieder sprach, gehörte eine Scharlachepidemie in Gleiwitz [im Jahre 1880]. (Solche Epidemien sind in Oberschlesien häufig.) Die kleine Hedwig, ein besonders liebes Kind, das schon anfing, der Mutter etwas zu helfen, starb daran. Mein ältester Bruder Paul überstand die

Krankheit, aber meine Mutter meint, daß er seitdem verändert war. Er war ein bildschönes, hochbegabtes und lebhaftes Kind. Später wurde er ein stiller, schüchterner, verschlossener Mensch, der sich und seine Gaben nie zur Geltung zu bringen vermochte.[1]

Er wurde jemand, dessen Leistungen hinter den Erwartungen zurückblieben. Geld war knapp, und so bekam er keine Universitätsausbildung. Edith meint:

Vielleicht hätte man doch einen Weg gefunden, wenn er darauf bestanden hätte, aber es war nicht seine Art, »sich durchzusetzen«...[2]

Wegen seiner Leidenschaft für Bücher begann er eine Ausbildung in einer Buchhandlung, aber er hielt es dort nicht lange aus. Dann versuchte er es als Buchhalter im Geschäft seiner Mutter, trat die Stelle aber bald an seinen jüngeren Bruder Arno ab und begann eine Banklehre. Obgleich ihm diese Arbeit nicht sonderlich gelegen haben kann, arbeitete er in dieser Firma jahrzehntelang gewissenhaft als Büroangestellter, ohne die ihm gebührende Anerkennung zu erhalten. Seine Freizeit widmete er seinen Hobbies: Lesen, Musik und Wandern. Sein Sohn Gerhard schreibt dazu:

Wie zwei gute Freunde pflegten Vater und ich an den Sonntag-Nachmittagen in der Umgebung unserer Heimatstadt Breslau Wanderungen zu unternehmen. Einmal haben wir dabei beinahe 80 km [sic] an einem Stück in die Höhen des Riesengebirges zurückgelegt. Bei einer anderen Gelegenheit bestiegen Vater und ich von der Braunschweiger Baude aus die Wildspitze, einen Gipfel in den Ötztaler Alpen und Österreichs zweithöchster Berg. Das war eine zwölf-stündige Gletscherwanderung. Das war vielleicht der schönste Tag, und wir genossen die herrlichste Panorama-Sicht von allen meinen Wanderungen.[3]

Paul wurde vorzeitig pensioniert und war, wie Edith in ihrem Buch schreibt, im Ruhestand wahrscheinlich glücklicher als je zuvor in seinem Leben; er widmete sich seinen Interessen und lebte ein geruhsames, wenn auch materiell bescheidenes Leben mit einer kleinen Rente. In einem Aufsatz, den mein Bruder im Oktober 1995 schrieb, erinnert er sich mit liebevollem Humor an diesen Onkel, mit dem er sich großartig verstand:

Er verhielt sich meistens ruhig und mischte sich nur selten in das Geplauder der Frauen ein – ruhig, das heißt, bis das Gespräch auf etwas kam, das mit Literatur, Theater oder Musik zusammenhing. Dann wurde er lebhaft und gesprächig, beredt sogar und zuweilen ausgelassen. Er war imstande, aufzustehen und uns mit erstaunlicher und manchmal beängstigender Wirklichkeitsnähe ganze Opernszenen herbeizuzaubern. Besonders erinnere ich mich an seine Darstellung

der Hexe in Humperdinck's Hänsel und Gretel, wobei er sich zunächst zu einer fürchterlichen Mißgestalt verkrümmte, sein Gesicht zu einer grauenerregenden Grimasse verzog und sich eines Gegenstandes bemächtigte – Feuerhaken, Regenschirm, Besenstiel –, der ihm als Krücke geeignet schien. Damit humpelte er hinter uns her durchs ganze Zimmer, indem er den Gesangstext kreischend von sich gab, unterbrochen von teuflischem Gelächter.
Nie sprach er zu uns von oben herab oder erregte den Eindruck, unser Betragen oder unsere Bildung fördern oder uns sonst irgendwie in das vermeintlich »rechte« Fahrwasser steuern zu wollen, wie das fast alle anderen Verwandten seiner Generation fortwährend taten. Ohne Hintergedanken genoß er einfach unsere Gesellschaft und Unterhaltung wie die eines Gleichaltrigen. Obwohl gesellig wie gesprächig bei passender Gelegenheit, schien es ihm auch recht, allein zu sein – selbstgenügsam und unabhängig ...
Der arme Onkel Paul . . . Man hätte ihm sein bescheidenes Spitzwegdasein, für das er förmlich ausersehen schien, lassen sollen. [Stattdessen] wurde er mit Tante Gertrude – beide schon über siebzig – aus ihrer vollgestopften Wohnung herausgeholt und in eines von Hitlers Todeslagern verschleppt. Kann es sein, daß selbst dort, am Ort des Grauens, seine Gesichte vom Schönen und Erhabenen, die sein inneres Leben erfüllt hatten, ihm bis ans Ende die Treue hielten? Oder ist das zu viel verlangt, selbst für Onkel Paul?[4]

Seine Frau Gertrude, geborene Werther, die er gegen den Wunsch seiner Mutter heiratete, indem er sich heimlich mit ihr davonschlich, war eine Musikerin, die nebenbei auch als Hutmacherin arbeitete. Eigentlich war sie zuerst Hutmacherin, denn als eine von siebzehn Geschwistern mußte sie sich ihren Unterhalt verdienen; erst später, als sie schon über vierzig war, studierte sie Musik. Sie gab Unterricht und hielt Vorträge; sie spielte Klavier, Violine und Bratsche. Mein Bruder und ich nahmen bei ihr mehrere klägliche Jahre lang Violin- und Klavierstunden; kläglich, weil ich mir kaum zwei weniger begabte Musikstudenten vorstellen kann, als wir es waren. Jede Woche gingen wir widerwillig den Weg zu ihrem Haus in der Yorkstraße, wo sie in einer vollgestopften Wohnung mit einem Schwarm von Kanarienvögeln, die meine Tante hielt und auf die sie viel Zeit und Liebe verwandte, lebten. Da keiner von uns beiden auf dem Instrument übte, machten wir kaum Fortschritte, und alle Mühe unserer armen Tante wurde schlecht belohnt. Sie glaubte wahrscheinlich, sie müsse weitermachen, um unsere Eltern nicht zu enttäuschen, und unsere Eltern mochten den Unterricht nicht beenden, um Tante Trude nicht zu kränken, und so setzte sich dieses traurige Spiel fort. Unsere wöchentlichen

Hausbesuche gaben uns jedoch Gelegenheit, sie beide sehr viel besser kennenzulernen, als es sonst der Fall gewesen wäre. Onkel Pauls Bemerkungen betrafen viele Gebiete, Literatur, Musik, Theater, Oper, Kreuzworträtsel, Witze und, wenn auch sehr vorsichtig, Politik. Dieses Thema war nicht ganz ungefährlich, weil mein Onkel und meine Tante eine Untermieterin hatten, eine ältere Frau, die bei ihnen wohnte und die nicht jüdisch war. Sie war oft bei unseren Besuchen zugegen. Obwohl sie ziemlich taub war, wußte man nicht genau, ob »Muttel Noffke« manche von den respektlosen Bemerkungen über die Naziregierung hören konnte, die Onkel Paul vor sich hin murmelte.
Paul und Trude hatten zwei Söhne, Gerhard und Harald. Harald starb an Scharlach im Alter von zwei Jahren, während Gerhard 86 Jahre alt wurde. Er war Elektroingenieur und heiratete eine evangelische Frau, mit der er in den frühen dreißiger Jahren in die Vereinigten Staaten auswanderte. Er wurde Vater von zwei Töchtern und einem Sohn. In seinem letzten Lebensjahr war er bei der Seligsprechung seiner Tante Edith in Köln zugegen, zusammen mit zweien seiner Kinder und zwei Enkeltöchtern. Gerhard wurde wie seine Frau evangelisch, doch bewahrte er in sich ein gewisses Heimweh nach seinen jüdischen Wurzeln. Er erinnerte sich an manche Gebete in hebräischer Sprache, die er als Kind auswendig gelernt hatte, und nach seinem Tod fanden seine Kinder den hebräischen Text des *Sch'ma*[5] in der Schublade seines Nachttisches. Einige Zeit nach seinem Tod kamen wir in den Besitz einer Reihe von Briefen und Postkarten, die ihm seine Eltern in ihren letzten Lebensjahren in Breslau, bevor sie nach Osten deportiert wurden, geschrieben hatten. Sie umspannen den Zeitraum vom 28. November 1939 bis zum 17. Juli 1942. Ihre letzte Nachricht auf einer Postkarte an Dr. Goldstein, einen Mittelsmann in der Schweiz, lautet kurz:

> [Erlauben Sie mir] Sie hierdurch [zu benachrichtigen, daß]...ich mit meiner [Frau]...Breslau verlassen, u. nach Theresienstadt i./Protektorat übersiedeln werde. Indem ich Sie bitte, dies gelegentlich unseren Kindern mitteilen zu wollen, spreche ich Ihnen zugleich wiederholt meinen herzlichsten Dank für die bisher aufgewandte Mühe aus.
>
> Hochachtungsvoll,
>
> Paul Stein.[6]

Von der schwachen Hoffnung getragen, die Quotennummer, die ihren Akten zugeordnet worden war, werde endlich aufgerufen, und sie würden das lebenswichtige Visum erhalten, um in das gelobte Land eingelassen und dort mit ihrem Sohn und seiner

Familie, ihren geliebten Enkeln, wieder vereint zu werden, führten sie ein tapferes Leben voll Würde und Mut angesichts immer schlimmer werdender materieller Entbehrung.

Inzwischen [will ich mitteilen, daß ich] eine Wartenummer ... 082095/082096 empfing ... Mutter und ich wissen genau, dass wir beide die englischen 3 Antragsschreiben unterschrieben. Ich glaube annehmen zu dürfen, dass wir auf Grund unserer Wartenummern Aussicht haben, in etwa 5 Jahren ausreisen zu können, während nach Deiner eigenen Meinung wir nach Deiner erfolgten Einbürgerung in 3 Jahren bei Euch sein sollen. Mir wurde erzählt, dass ein Vater von seinem bereits eingebürgerten Sohn aus U.S.A. angefordert, vom Berliner Konsulat zur Erteilung des Vorzugsvisums hinbeordert wurde und trotz bestandener Prüfung bzw. Untersuchung zunächst ergebnislos zurückkehren musste.[7]

Man beachte den Anflug von Sarkasmus in seinen Betrachtungen über die trüben Auswanderungsaussichten. Und doch ging das Leben irgendwie weiter und brachte sogar manche kleinen Freuden und Unterhaltung:

Jeden Sonnabend ist bei uns Familientag. Da kommen Tante Clara, Tante Frieda und Eva zu uns und es werden die Briefe aus aller Welt vorgelesen. Früher haben wir Bohnenkaffee zusammen getrunken, da ich keinen mehr habe, trinken wir russischen Tee, von dem ich noch ein Quantum besitze. Der Brief aus U.S.A. kam gerade [vorigen Sonnabend], als sie weggegangen waren, sonst wäre er bald vorgelesen worden. – Uns ist gesagt worden, dass in Amerika ein neues Gesetz bestände, nämlich dass Kinder ihre Eltern anfordern können, wenn sie über 160 Dollar monatliches Einkommen haben, ohne Bürger des Landes zu sein.
Du wirst Dich besser darüber orientieren können. Hoffentlich können wir in nicht zu langer Zeit zu Euch kommen.[8]

Trude gab wöchentlich kleine Konzerte in ihrer Wohnung, wobei sie die Bratsche spielte und andere Laienmusiker einlud, um ein Trio oder ein Quartett zu bilden.

Morgen wird bei uns Streichquartett gespielt (Schubert: Der Tod und das Mädchen).[9]
Musiziert wird bei uns immer am Nachmittag, da die Ausgehzeit abends beschränkt ist. Mutter läßt sich mitunter zur Violine begleiten oder spielt beim Klaviertrio die Viola. Streichquartette ruhen leider zur Zeit, teils infolge Auswanderung, teils wegen Streits (?) der Mitwirkenden.[10]

Wenn Freunde deportiert wurden, rückten andere an ihren Platz, so daß immer Musik gespielt wurde, solange Onkel und Tante in Breslau blieben. Mit dem Eintritt Amerikas in den

Krieg im Dezember 1941 war kein Briefwechsel mehr zwischen Deutschland und Amerika möglich. Von da ab blieben sie mit ihrem Sohn Gerhard über Dr. Goldstein in Kontakt, der ihnen auch hin und wieder ein Lebensmittelpäckchen zusenden konnte, wofür sie ihm dann überschwenglich dankten: für die köstlichen Sardinen, zehn Stück pro Dose, und die schmackhaften Tomatensaftkonserven »von ausgezeichneter Qualität, sehr gut als Suppe oder als feinen Brotaufstrich zu gebrauchen«. Paul Stein und seine Frau Gertrude waren unter den 1100 Juden aus Breslau, die im Juli 1942 nach Theresienstadt deportiert wurden. Nach Angaben des Archivs von Yad Vashem befanden sie sich auf dem Transport Nr. 1099, der am 27. Juli 1942 in Theresienstadt ankam. Onkel Paul starb am 29. April 1943, seine Frau bereits am 18. März. Wir besuchten Theresienstadt am 3. Juli 1995, 53 Jahre nachdem sie dort angekommen waren, und versuchten uns vorzustellen, wie ihre Tage in diesem »Musterlager« wohl verlaufen sein mochten. In einem Brief an Sr. Josephine Koeppel, datiert vom 28. Oktober 1984, gedenkt Gerhard Stein traurig und mit einem Anflug von Schuldgefühl des Todes seiner Eltern. »Beide starben im Nazi Konzentrationslager in Theresienstadt (Terezin) im Jahre 1943, an Vernachlässigung und wegen meiner Unkenntnis und meiner Unfähigkeit, sie nach Amerika zu holen, als das noch möglich war.«

Rote Rosen

Üppig wuchernde Rosen,
Reihe um Reihe
Auf diesem Friedhof
Von Terezin.
Ein paar Namensschilder,
Ein paar Massengräber
Unbekannter Fremdlinge,
Die hierher verschleppt wurden,
Um an Fleckfieber zu sterben
Oder an Hunger.
Ein Kreuz ragt hoch
Über eins der Felder des Todes,
Ein Davidsstern schwebt
Über dem anderen.
Wir stehen da, und lautlos
Formen unsere Lippen
Die Worte des *Kaddisch.*[11]

Doch eins gibt mir zu denken:
Ist es nicht *Chillul Haschem,*[12]
Solche Gebete zu sprechen
An einem solchen Platz?

ELFRIEDE TWOROGER, GEB. STEIN

Elfriede Tworoger (1881–1942) war für uns »Tante Frieda«. Sie war klein und untersetzt und lebte in Großmutters Haus mit ihrer Tochter Erika. Frieda war nur kurze Zeit verheiratet; ihre Ehe war innerhalb etwa eines Jahres gescheitert, und sie zog mit ihrem kleinen Töchterchen ins mütterliche Haus zurück.
Irgendwie kam es mir nie so vor, als ob Tante Frieda wirklich Erikas Mutter gewesen sei, denn Erika war von einer Reihe von Frauen, Großmutter, Tante Frieda und Tante Rosa, aufgezogen worden. Es scheint mir, daß auch meine Eltern sowie Onkel Arno und seine Frau mitgeholfen haben, da sie alle unter einem Dach lebten. Als Erika erwachsen war, schien sie sie eher als ihresgleichen zu betrachten als jemanden, dem sie Respekt und Achtung schuldete; es bestand jedoch gewiß eine warme Zuneigung zwischen ihnen. Als Tante Friedas Silberhochzeit bevorstand (der 25. Hochzeitstag einer Ehe, die gleichsam nur einen Augenblick gedauert hatte), setzte ihr meine Großmutter in einem Moment seltsamen Humors einen Silberkranz auf. Tante Frieda war ziemlich verärgert und riß sich den Schmuck vom Kopf, während wir, die wir dem Vorgang beiwohnten, in stiller Verlegenheit herumstanden. Großmutter kicherte zuerst, aber dann zog sie sich leicht beschämt zurück, weil sie merkte, daß ihr »Streich« unpassend war.
Ich habe meine Tante niemals über ihre katastrophale Ehe sprechen hören. Sie war zwei Jahre älter als Rosa, und beide wurden wie Zwillinge behandelt, obwohl sie grundverschieden waren. Frieda neigte dazu, sanft und etwas phlegmatisch zu sein, während Rosa ein Wildfang war und Wutausbrüche hatte. Deshalb hatte sie den Spitznamen »der Löwe«. Edith berichtet, daß sie »von all den Kindern die schwierigste war«. Obwohl Frieda keine gute Schülerin war, gab sie sich große Mühe, lernte gern lange Balladen von Schiller und Uhland auswendig und sagte sie auf. Sie absolvierte die *Höhere Mädchenschule* und lernte dann Haushalt und Buchführung. Diese Ausbildung war ihr ein Leben lang nützlich, und sie wurde eine fähige Prokuristin in dem Geschäft ihrer Mutter. Dort teilte sie mit ihr und ihrem Bruder

Arno den kleinen Schuppen, der ihnen als Büro diente. Sie versorgte auch den Gemüsegarten und das Erdbeerbeet auf diesem Grundstück. Sie las gern und erzählte uns oft von ihrer Lektüre, z. B. Gustav Freytags *Soll und Haben*, Pauline Wengerovs Autobiographie *Memoiren einer Großmutter* oder die Briefe der Familie Mendelssohn. Sie war verantwortlich für das Nähen und Ausbessern der Wäsche der gesamten Familie und setzte ihren Stolz in einen sauber geordneten Schrank voll wohlriechender, weißer, glatt gebügelter und gestärkter Wäsche.
In einem Aufsatz beschreibt sie mein Bruder folgendermaßen:

Tante Frieda, das Mauerblümchen der Familie, die ständig von ihrer Mutter und Brotherrin, und später auch in gewissem Grade von ihrer Tochter tüchtig kujoniert wurde, war ein geducktes Wesen von grenzenloser Gutmütigkeit, aber für Spaß durchaus zu haben.[13]

Der Unterschied im Temperament meiner Tanten Frieda und Rosa wird deutlich bei der Lektüre ihrer Briefe. Rosas Briefe spiegeln oft Unzufriedenheit und Erschöpfung von der Arbeitslast, die man ihr zumutete, wider. In einem Brief vom 19. September 1923 schreibt sie – sie war damals 35 Jahre alt – an Edith:

Hier geht es unheimlich bunt zu, wir sind am Ende unserer Kräfte ... Und so muss, so viel es irgend geht, von uns aus der ganze Betrieb versorgt werden, das ist furchtbar schwer. Denn es türmen sich Berge von Flickwäsche und Sachen, die in schrecklichem Zustand sind, wer soll das alles bewältigen? Und die Kinder [von Arno und Martha] sind sehr schwer zu regieren, weil man gar keine Zeit hat; zu gehorchen sind sie nicht gewöhnt, auch nicht ordentlich ihre Schulaufgaben zu machen ... Mir ist schrecklich zu Mute, ich fühle mich körperlich und seelisch wie zerschlagen, und bin ob der vielen Lasten gereizt, und unausstehlich oft und hinterher möchte ich alles ungeschehen machen.

Frieda dagegen konnte immer einen Grund finden, sich zu freuen, selbst bei der Schufterei in der Zwangsarbeit unter fast verzweifelten Umständen. Auf einer Postkarte an ihre Schwester Rosa, die zu der Zeit im Karmelkloster in Echt lebte, schrieb sie, die nach Riebnig im Protektorat Böhmen und Mähren (ehemals Tschechoslowakei) zwangsumgesiedelt worden war und mit mehreren Frauen zusammen hauste:

Diese Woche hatte ich viel zu tun; erst wusch ich unsere, dann Gemeinschaftswäsche, es war eine Menge, wenig Wäscherinnen, das gab einen Muskelkater, aber heute beim Plätten freute ich mich über die Weiße. Unsere Wäschemeisterin ist sehr tüchtig, fleißig, hilft überall, wenn man erst noch im Freien trocknen kann, wird es leichter und besser werden. Für geistige Abwechslung wird von unserem Leiter gesorgt. Gestern hatten wir wieder englisch ... heute literarischer Abend mit der hl. Johanna ...[14]

Von Riebnig aus wurden Frieda und die anderen Juden nach Theresienstadt verschickt, wo sie einige Zeit darauf, noch im selben Jahr, starb. Sie war noch keine 61 Jahre alt. Die Todesursache kenne ich nicht, aber Frieda stammte aus einer Familie, in der viele ein hohes Alter erreichten, und ihre beiden Postkarten wurden mit fester, ruhiger Hand geschrieben. Ich glaube, daß meine Tante Frieda noch viele Lebensjahre hätte genießen können, wenn es ihr vergönnt gewesen wäre, ihre Jahre friedlich und unter normalen Umständen zu verbringen.

Theresienstadt – das Musterlager
Ein Besuch im Juni 1995
Archivhalle – Kein Zutritt

Wir sind hierher gereist,
Um vielleicht Spuren
Unserer Lieben zu finden,
Ihre Endstation war Terezin.
Eine Liste von Namen
Fest in der Hand,
Stoßen wir vor
In die Archivhalle.

Zwei Frauen sitzen da.
Karteikästen öffnen sich,
Listen, endlose Listen,
Ankünfte, Abfahrten,
Woher, wohin?
Daten sind hier verzeichnet
Mit größter Sorgfalt.
Die Frauen haben weiche Stimmen,
Sie sprechen mitfühlend,
Sie wissen wohl,
Daß hier die Wunden wieder aufbrechen,
Trotzdem Jahrzehnte dahingegangen.
Blut mag wieder fließen,
Tränen ganz bestimmt.
Nicht alle, die hier weilten,
Haben Beweise dafür.

Papiere gingen verloren.
Die Frauen trösten:
»Ihre Großmutter –
Kam an am 27. Juli,
Und hier ist sie gestorben,
Hier ist das Datum,
10. September,
Nur zwei Monate später.
Sie verstehen? Sie ist hier gestorben,
Nicht weiter verschleppt nach Auschwitz.
Friedlich gestorben – Hier.«

Manche, die hier lebten,
Manche, die hier starben,
Haben ihren Grabstein
In einem Aktenschrank
Auf einem Fetzen Papier
Und in unseren wunden Herzen.

Rosa Stein

Rosa Adelheid Stein (1883–1942) erhielt den Namen ihrer Großmutter mütterlicherseits als zweiten Namen; sie war eines von vier in jenem Jahr geborenen Mädchen in unserer Familie, die nach ihrer Großmutter benannt wurden.

Rosa war fast zehn Jahre alt, als ihr Vater starb. Rosa heiratete nicht, warum weiß ich nicht zu sagen. Man sprach in der Familie nicht darüber. Ich glaube, daß sie eine mittelmäßige Schülerin war. Jedenfalls erhielt sie keine höhere Schulbildung. Als Erwachsene besuchte sie jedoch Kurse an der Volkshochschule in Breslau.

Als ich geboren wurde, war »Tante Rosa« Ende dreißig. Wir Kinder standen ihr immer besonders nahe, denn während unserer Kindheit hatten wir täglich Kontakt mit ihr. Wir lebten im selben Haus. Wenn wir aus der Schule heimkamen, war unser erster Gang oft in die große Küche, wo Tante Rosa mit Kochen oder Backen beschäftigt war und meist einen Leckerbissen für uns übrig hatte.

Mein Bruder und ich waren die jüngsten von Augustes Enkeln und deshalb wahrscheinlich etwas verwöhnt. Meine Erinnerungen an Tante Rosa sind anscheinend sehr viel positiver als die meiner älteren Cousine Lotte Sachs, die sie als übermäßig kritisch in Erinnerung hat. Ich kann mir das wohl vorstellen, denn

Rosa hatte sehr strikte Ansichten über Recht und Unrecht und scheute sich nicht, ihre Meinung über andere Familienmitglieder zu äußern. Wie Frieda und Großmutter vermied auch sie alle Eleganz und Luxus und lebte sehr einfach. Rosa war eine vorzügliche Köchin, und zu allen Geburtstagen gab es ihren legendären Streuselkuchen. Zum Sabbat buk sie die traditionellen geflochtenen »Zöpfe« für das ganze Haus.
Ende der zwanziger und Anfang der dreißiger Jahre befand sich Deutschland in einer tiefen Wirtschaftskrise, mit großer Armut und hoher Arbeitslosigkeit. Das Betteln von Haus zu Haus war gang und gäbe, und meine Tante ließ niemals irgend jemanden mit leeren Händen fortgehen. Doch gab sie den Bettlern immer etwas zu essen, niemals Geld, damit sie es nicht vertrinken würden. Sie gab ihnen ein belegtes Brot oder einen Teller Suppe. Manche schätzten so eine Gabe nicht und schütteten den Teller Suppe aus lauter Bosheit auf die Treppe. Diese Beleidigung, die so verursachte Schweinerei und der Mangel an Anerkennung für eine gute Tat empörten Tante Rosa sehr.
Eine andere lebhafte Erinnerung steht im Zusammenhang mit Tante Rosas Fürsorge für ein unglückliches Kind. Eine meiner Mitschülerinnen, die etwas zurückgeblieben war – im Rückblick glaube ich, daß sie möglicherweise am Down-Syndrom litt – kam immer mit Striemen über den ganzen Körper zur Schule. Sie war erschreckend dünn. Unsere Lehrerinnen bestraften sie immer wieder mit dem Rohrstock, weil sie nicht still sitzen konnte, unaufhörlich im Klassenzimmer auf und ab ging und auf Anweisungen kaum reagierte. Ich verstand nicht, was mit ihr los war, aber einmal hörte ich meine Eltern über sie sprechen. Allem Anschein nach begegnete man ihr zu Hause mit wenig Liebe; sie war das, was man heutzutage ein »mißhandeltes Kind« nennt. Ganz zufällig bekam ich einmal mit, wie Tante Rosa meiner kleinen Klassenkameradin bei ihren Schularbeiten half, sie mit nach Hause nahm und ihr etwas Aufmerksamkeit schenkte. Ich war erst sechs Jahre alt, aber ich kann mich erinnern, daß ich erstaunt und stolz war, daß meine Tante so etwas tat. Es war das erste Mal, daß ich sah, daß jemand dieses Mädchen liebevoll behandelte. Es änderte auch meine eigene Einstellung ihr gegenüber. Einmal schenkte ich ihr eine glänzend rote Schleife, doch weiß ich nicht mehr sicher, ob diese Idee mir selbst entsprang oder von meiner Mutter herrührte. [Die Geschichte des kleinen Mädchens nahm ein tragisches Ende. Es nahm sich mit acht Jahren das Leben, indem es in die Oder sprang. Mein Vater konnte darüber nicht hinwegkommen.

Er sprach immer wieder von diesem Kind, das in so jungem Alter solchen Schrecken und solche Quälerei erlebt hatte, daß es keinen Ausweg mehr sah.]
Ein weiteres Beispiel für Rosas Fürsorge für andere war, daß sie einen zum Tode verurteilten Häftling im Zuchthaus besuchte. Zu der Zeit war ich schon älter, und sie erwähnte mir gegenüber, daß sie ins Gefängnis ginge, um ihn zu besuchen. Ich weiß nur noch, daß er Martin Schmidt hieß und jemanden ermordet hatte. Ich war schockiert, daß meine Tante solch einen Menschen besuchte, doch sie erklärte mir kurz, daß selbst Mörder wissen müßten, daß sie nicht verlassen seien.
Wie ich schon erwähnte, führte Rosa den Haushalt ihrer Mutter, der auch die ältere Schwester Frieda und deren Tochter Erika einschloß. Meine Cousine Erika neckte manchmal ihre Tante, indem sie sie »Drosselbart« nannte, nach dem König Drosselbart aus einem der Grimmschen Märchen. Dann lachten wir, aber ich glaube nicht, daß Tante Rosa das ulkig fand, denn sie schätzte es nicht, wenn man sich über ihr etwas langes Kinn lustig machte. Rosa besaß nur wenig von dem Humor der meisten übrigen Familienmitglieder. Sie nahm das Leben sehr ernst und hatte dadurch eine gewisse finstere Laune angenommen, eine verneinende Haltung, die sich unglücklicherweise bis zu einem gewissen Grad auch auf ihre Umgebung übertrug.
In seiner Darstellung und Würdigung unserer Tante Rosa sagt mein Bruder:

Für Tante Rosa hingegen schien das ihr eigentliches Element zu sein. Für sie gab es nur Pflichten: ein ewiges Sollen, oder noch öfter Nicht-Sollen. Es liegt nahe, diese trübe Lebensanschauung psychologisierend mit Hinweis auf ihren wenig befriedigenden Werdegang und ihre untergeordnete Stellung in der Familie erklären zu wollen …
Es genügt mir im Rückblick festzustellen, daß Tante Rosa in der Zeit, in der ich sie kannte, kein glücklicher Mensch war und daß es, aus meiner Sicht, an plausiblen Ursachen dafür nicht gefehlt hat. Sie war, was ihrem Temperament gar nicht entsprach, das Aschenbrödel, das zu Hause schuftete, während ihre Geschwister, wenn auch nicht gerade auf dem Ball tanzten, doch draußen in der Welt mehr oder minder geachtete Berufe ausübten und, bzw. oder, eigenen Familien vorstanden.[15]

Erika war eine fleißige Schülerin und wollte Lehrerin werden. Sie wurde eine sehr fromme Jüdin und belegte später Kurse am Jüdisch-Theologischen Seminar in Breslau; sie war oft uneins mit ihrer Tante Rosa über die Beachtung der jüdischen Speisevorschriften. Obwohl die Küche immer koscher gewesen war, verlangte meine Cousine jetzt eine strengere Befolgung dieser Vorschriften und kritisierte ihre Tante oft dafür, daß sie sie nicht gewissenhaft genug befolgte. Rosa, die damals auf ihrem Weg zum Katholizismus schon weit fortgeschritten war, fiel es schwer, dies ernst zu nehmen, und nahm ihrer Nichte die Kritik übel. Rosa verschob ihre Taufe bis nach dem Tode ihrer Mutter, aus Respekt und Rücksicht und um ihrer Mutter weiteren Kummer zu ersparen. Ich glaube jedoch, daß sie schon vor ihrer offiziellen Konversion heimlich dem katholischen Ritus folgte, einen Rosenkranz benutzte und die Messe besuchte. Sie war dabei sehr diskret.

Ich habe niemals erfahren, wie es kam, daß Rosa ihrer jüngeren Schwester zum katholischen Glauben folgte. Wir waren damals zu jung für solche Diskussionen, und Rosa wie Edith vermieden es absichtlich, mit uns Kindern Unterhaltungen zu führen, die man als Bekehrungsversuche hätte auslegen können. Mein Vater war sehr darauf bedacht, und sprach es auch aus, daß meine Tanten keinerlei Versuche machen durften, seine Kinder zu bekehren. Aber diese Sorgen waren überflüssig.

Als wir im Februar 1939 in die Vereinigten Staaten auswanderten, hatte Frieda eine Quotennummer für Amerika; die Wartezeit wäre sehr lang gewesen. Rosa verhandelte mit einer Frau in Belgien, die dabei war, ein Kloster für Karmelitinnen des dritten Ordens zu gründen und eine Haushälterin suchte.

[Es besteht] Aussicht, daß Rosa nach Belgien zu einer Tertiarin unseres Ordens kommt.[16]

Ich glaube, daß Edith, die zu der Zeit bereits in Holland lebte, diese Beziehung vermittelt hat. Rosa war froh über diese Möglichkeit, denn die Einschränkungen in Nazideutschland wurden immer einschneidender und das Leben seit dem Pogrom vom 9. November 1938 immer bedrohlicher. Nach diesem ersten Gewaltakt gegen die Juden im ganzen Lande sagten wir alle: »Jetzt ist alles möglich.« Rosa hatte geplant, die meisten Möbel und die Wäsche aus dem Steinschen Haushalt in das neue Kloster mitzunehmen. Damals war es jüdischen Auswanderern noch möglich, ihren Besitz, wenn auch mit gewissen Beschränkungen, mitzunehmen.

Leider endete das ganze Projekt in einer Katastrophe. Die Frau entpuppte sich als eine Betrügerin, die meine Tante unter falschen Angaben nach Belgien gelockt hatte, um in den Besitz von Rosas Eigentum zu gelangen und sie als Angestellte auszubeuten, indem sie von ihr erwartete, täglich viele Stunden in einer schmutzigen, heruntergekommenen Umgebung zu arbeiten. Rosa war schrecklich unglücklich, und es gelang ihr irgendwie, ihre jüngere Schwester Edith in Echt in Holland zu benachrichtigen und sie zu bitten, sie aus den Klauen dieser Hexe, die sie belogen und betrogen hatte, zu retten.

Wir haben einen Bericht von einer gewissen Frau namens Barbara[17], die in das Dorf geschickt wurde, wo Rosa in Stellung gegangen war, irgendwo zwischen Maastricht und Lüttich. Es war keine leichte Aufgabe, an einen fremden Ort zu gehen und sich nach einer Frau zu erkundigen, die vorgab, einen Dritten Orden des Karmel gründen zu wollen und einen Flüchtling aus Nazi-Deutschland sozusagen als Sklavin hielt. Bei ihrer Ankunft im Dorf erfuhr sie vom dortigen Priester, daß »die Alte« einen schlechten Ruf hatte und daß die Ortsansässigen nach einem Vorwand suchten, sie loszuwerden. Doch bis dahin hatte sie ihre Miete pünktlich bezahlt und dem Ort vorläufig keinen Grund gegeben, sie auszuweisen. Der Abgesandten aus Echt gelang es schließlich, Rosa hinauszuschmuggeln, nachdem sie die Alte davon überzeugt hatte, Rosa sei für sie eine ungeeignete Angestellte. Rosa durfte nur so viel von ihrem Eigentum mitnehmen, wie in einen kleinen Koffer paßte, doch nach einigem geschickten Verhandeln konnte die Alte überredet werden, Rosa noch einen zweiten Koffer zu überlassen mit Dingen, die für sie wenig Nutzen hatten, für Rosa aber Erinnerungswert besaßen. All ihre Möbel, das Geschirr und die Wäsche mußte sie zurücklassen. Rosa war heilfroh, daß sie nun wieder frei war, und freute sich auf das Wiedersehen mit ihrer Schwester Edith.

Ich weiß nicht genau, wie lange Rosa unter diesen Umständen lebte; es können aber nicht mehr als ein paar Monate gewesen sein. In einem Brief an meine Mutter schrieb Edith, Rosa sei am 1. Juli 1939 aus Belgien in Echt angekommen.

Doch auch in Echt ging nicht alles glatt für Rosa. In einem Brief an Mutter Petra Brüning, datiert vom 26. April 1940, berichtet Edith:

Jetzt noch etwas von Rosa (Stein). Wir hatten ja gehofft, daß sie nun – nachdem sie endlich die Aufenthaltserlaubnis [in Holland] bekam – bald Torschwester werden könnte. Aber unsere Vorgesetzten (die liebe Mutter und P. Provinzial) halten die Zeit jetzt nicht für geeignet, um eine solche Umordnung vorzunehmen. Sie rieten, vorläufig in den III. Orden einzutreten und das Ordenskleid zu tragen. Es ist für Rosa eine sehr schmerzliche Enttäuschung. Sie ist nicht gern in dem lebhaften Pfortenbetrieb, wäre viel lieber in der Klausur ...[18]

Wieder eine Enttäuschung! Und doch erfahren wir, daß sie ihre Pflichten als Laienpförtnerin im Karmelitinnenkloster von Echt treu erfüllte und in der Stadt beliebt war. Als die beiden Schwestern von der Gestapo verhaftet wurden, versammelten sich die Leute vom Ort und bekundeten ihr Mitgefühl, besonders für Rosa, die sie gut kannten, weil sie mit der Außenwelt Kontakt hatte. Nach all den vielen Jahren schmerzt es mich noch immer, an das tragische Ende von Rosa und Edith Stein zu denken, doch frage ich mich, ob ihnen in jenen Tagen und Stunden des Schreckens und der Angst ihr Zusammensein Kraft und Trost gegeben haben mag. Es gibt einen Abschnitt in der jüdischen Liturgie im Zusammenhang mit dem Tod der Märtyrer: »Geliebt und treu waren sie im Leben, und selbst im Tod waren sie nicht getrennt.« So stelle ich mir Rosa und Edith vor. Für sich allein hätte Edith Asyl in der Schweiz erhalten können, doch sie weigerte sich; ohne Rosa wollte sie nicht gerettet werden. So fanden sie schließlich gemeinsam den Tod.

Ein Strauß von Feldblumen

Birkenau! Wiese mit Birken
Ländliches Idyll, friedlich, pastoral.
Hier ein Bouquet,
Im Felde gepflückt,
Aus Erde, fruchtbar
Von Asche, Blut, Exkrementen
Von Tausenden von Opfern,
Hierher verschleppt
Zum Sterben.

Birkenau! Ich hätte geglaubt,
Daß für Jahrtausende
Hier nichts Lebendiges aufsprießen kann,
Kein grünes Gras wachsen
In deinem Tal des tausendfachen Todes,
Wo für ein paar unbegreifliche Jahre
Wahnsinnige regierten, Giftgas,
Schreie und Prügel und Schmerz.

Die Seufzer der Sterbenden
Sind still geworden,
Und in dem seichten Graben
Neben der Straße, wo einst
Stiefel marschierten,

Mordhunde bellten,
Gefangene, abgemagert zum Skelett,
In die Duschräume getrieben wurden,
Aus denen es kein Zurück gab,
Dort blühen jetzt goldene Butterblumen
Und Glockenblumen.

Die Gräser tanzen
In der sanften Sommerbrise,
Hauchdünne Spinngewebe
Hängen zwischen langen Grashalmen,
Mit Tauperlen besetzt.
Libellen im Zickzack.
Lieblich ist der Tag,
Und meine vergeblichen Tränen
Betauen verspätet
Die Butterblumen,
Die Gräser von Birkenau.

Eva Stein

Eva Stein (1915–1943) ist die einzige meiner Cousinen, die Opfer des Holocaust wurde. Eva war das zweite von vier Kindern meines Onkels Arno und seiner Frau Martha. Sie war offenbar von Geburt an geistig behindert. Eine Psychiaterin, die sie in den dreißiger Jahren untersuchte, stellte fest, daß ihre geistige Entwicklung der eines achtjährigen Kindes entsprach und prognostizierte, daß sie sich nie darüber hinaus entwickeln würde. Eva war ein liebevolles, unschuldiges Mädchen, das sich sehr wünschte, nicht »anders zu sein« als wir alle. Sie ging in die Grundschule und mußte sich anstrengen mitzukommen. Als Jugendliche lernte sie kochen und backen und war stolz darauf, daß sie *Challah* backen konnte, das geflochtene Brot, das jüdische Familien am Sabbat essen. Sie war recht sportlich, und ihr gelang die Bauchwelle ausgezeichnet, wofür ich sie sehr bewunderte, weil ich sie nie hinbekam. Sie war groß und ziemlich kräftig, zärtlich und sehr anhänglich. Von unseren Ferienreisen schickten wir ihr immer Postkarten oder Briefe, für die sie sehr dankbar war. In ihrer engsten Familie wurde sie nie als etwas Besonderes angesehen noch dachten ihre Eltern daran, sie in eine Sonderschule zu schicken oder ihr Nachhilfeunterricht geben zu lassen. Sie glaubten fest an »Integration« (auch wenn man diesen Ausdruck damals gar nicht kannte). Ob das richtig war oder nicht, kann ich nicht beurteilen. Meine Eltern kritisierten Onkel Arno und Tante Martha, weil diese Eva wie ein normales Kind behandelten und ihren übrigen Kindern nicht einschärften, daß sie sich darauf gefaßt machen müßten, im späteren Leben für Eva zu sorgen. Tante Martha gefiel ihre mütterliche Rolle, hatte jedoch wenig Geduld bei Kinderkrankheiten oder für »anders geartete« Kinder. Es war wohl Tante Rosa, die sich die meiste Mühe gab, Eva bei ihren Schularbeiten zu helfen und ihr etwas Aufmerksamkeit zu schenken.

Martha Stein war in der glücklichen Lage, amerikanische Staatsbürgerin zu sein. Da ihre beiden Eltern die amerikanische Staatsbürgerschaft besaßen, war auch sie, obwohl in Dresden geboren, Amerikanerin. So konnte sie 1936 nach Amerika auswandern und ihre Staatsbürgerschaft dazu nutzen, ihren Mann und die drei Kinder, die noch in Deutschland geblieben waren, nachkommen zu lassen. Ihr Sohn Helmut war ihr in die Vereinigten Staaten vorausgegangen und lebte in der Familie seines Onkels in Boston. Obwohl die USA als Einwanderungsland galten, öffneten sie nicht gerade bereitwillig ihre Arme für die Tausenden von Flüchtlingen, die so verzweifelt dem Nazi-Terror zu entkommen versuchten. Doch als Amerikanerin hatte meine Tante einen entscheidenden Vorteil gegenüber anderen und ebnete den Weg, damit der Rest der Familie ihr folgen könne. Lotte, die Jüngste, ging im Sommer 1936 nach Amerika. Wolfgang, der Älteste, hatte eine landwirtschaftliche Ausbildung hinter sich. Ihm stand nicht der Sinn danach, mit seinen Eltern nach Amerika auszuwandern, sondern er hoffte auf eine Stelle in einer landwirtschaftlichen Siedlung irgendwoanders. Damit blieben nur noch ihr Mann Arno und ihre Tochter Eva zurück. Während die Vorgänge im Fall Arnos Fortschritte machten, obgleich im Schneckentempo, hatte Eva überhaupt kein Glück. Der Beamte im Konsulat in Berlin sah sich ihre trüben Augen an und muß wohl angenommen haben, daß sie nicht mit einem besonders hohen Intelligenzquotienten gesegnet war und möglicherweise keine Beschäftigung in den Staaten finden würde. Immer und immer wieder wurde Eva zum Berliner Konsulat bestellt und auf ihre Intelligenz und Denkfähigkeit hin geprüft. Zu jedem Termin reisten sie hoffnungsfroh an, und bei jeder Prüfung fiel sie durch. Vater und Tochter kamen dann mit langen Gesichtern nach Hause, sie voller Schuldgefühle, weil sie versagt hatte, er in der Befürchtung, dies könne nicht endlos so weitergehen und er müsse eines Tages die Hoffnung aufgeben und ohne seine Tochter fortgehen.

Das tat er auch schließlich und ging im Herbst 1938 nach New York. Eva zog zu einer Frau, die eine Pension hatte und ihre Hilfe brauchen konnte. Damals lebten noch viele Verwandte in Breslau, die sich um Eva kümmern konnten, sie zu sich einluden, mit ihr Geburtstag feierten usw. Aber als sie einer nach dem anderen verschwanden, blieben immer weniger Menschen zurück, mit denen sie zusammenkommen konnte. Tante Frieda erwähnt auf ihrer Postkarte aus Riebnig am 17. Februar 1942:

Heute habe ich an Eva geschrieben [zu ihrem Geburtstag am 25. Februar], ohne ihr etwas schenken zu können. Trude sorgt, so gut sie kann, für sie.

Wann Eva aus Breslau deportiert worden ist, wissen wir nicht. Es könnte im Juli 1942 gewesen sein, als ihr Onkel Paul und Tante Trude fort mußten. Es graut mir bei dem Gedanken, daß sie ganz allein verschleppt wurde, ohne irgendwelche Menschen, die sie kannte. Sie war schließlich ein Kind, trotz ihrer 27 Jahre. In den Augen der »Herrenrasse« war Eva zweifellos eines jener »wertlosen Leben«, die nicht verdienten zu leben, aber die Vorstellung, daß sie unter Fremden sterben mußte, fern von Eltern und Geschwistern, unter Umständen, die, wie wir sehr wohl wissen, unmenschlich und trostlos waren, finde ich herzzerreißend. Ihre Liebe und Güte sind eine bleibende Schande für diejenigen, die für den Mord an ihr und ihresgleichen verantwortlich sind, und ihr Andenken bleibt ein Segen für uns, die wir den Schrecken überleben durften.

Ein Holocaust Midrasch[19]

Eines Tages kam Gott nach Auschwitz,
Stand unter den Gefangenen auf der Rampe,
Wachsam, geduckt, um den Prügeln zu entgehen,
Die schnappenden Köter
Ringsum.

Die Gefangenen standen gebückt,
Angsterfüllt, zitternd,
Hielten krampfhaft
Ihre paar Habseligkeiten,
Versuchten, Babys zu beruhigen,
Wartend auf die Entscheidung,
Ein Wink nach rechts bedeutet Leben
Und noch eine Kruste Brot,
Einen Schluck Wasser,

Oder nach links ein Vorwärtsschlurfen
In langer, wankender Linie,
Hin zu einer Tür,
Von der niemand zurückkam.

Wohlgenährte, selbstzufriedene Aufseher
Stehen stramm in blanken Stiefeln,
Gut sitzenden, gegürteten Jacken,
Gewehr zur Hand.

Gott blickte auf die geduckten Schatten
Und danach auf die Herrenrasse,
Sauber, bestiefelt, uniformiert.

Ist es das, was ich erschuf?
Wer nahm ihnen
Meine Prägung vom Gesicht?
Sie selbst? Oder etwa ich?

Und Gott machte kehrt und floh.
Die Hunde jagten ihm nach,
Doch sie verloren die Spur,
Denn Gott wurde zu einer Rauchsäule
Und mischte sich, ach! so natürlich,
Mit dem Rauch, der aus dem Schornstein aufstieg.
Eines Tages kam Gott nach Auschwitz
Und floh –

13. Kapitel

Abenteuer einer Autobiographie

Tante Edith begann das Projekt, die Geschichte ihrer Familie zu schreiben, während ihrer letzten Ferien in Breslau, bevor sie Karmelitin wurde. Es fing an mit Befragungen ihrer Mutter, die damals 83 Jahre alt war. Auguste Stein war noch rüstig, ihr Geist scharf und klar, und sie erzählte Edith von ihren Erinnerungen an ihre Eltern und Großeltern. Es war das Jahr 1933, und die Idee, über ihre jüdische Familie zu berichten, war Edith von einem ihrer geistlichen Mentoren vorgetragen worden. Wäre es nicht gut, meinte er, der Öffentlichkeit von einer durchschnittlichen, mittelständischen jüdischen Familie zu erzählen, um der gehässigen Propaganda entgegenzuwirken, die von den von den Nazis beherrschten Medien ausgespien wurde. Man bräuchte ihnen doch nur am Beispiel der Familie Stein zu zeigen, wie anständig und aufrichtig eine jüdische Familie sei, und würde so bestimmt die Wahrheit erkennen. Edith, die gerade ihre Lehrtätigkeit in Münster hatte aufgeben müssen, die ihre wissenschaftlichen Arbeiten kaum mehr veröffentlichen konnte und die man nicht mehr zu Vorträgen einlud, erschien dies wahrscheinlich sinnvoll. Es könnte wenigstens einigen selbständig denkenden Menschen die Augen öffnen, bevor der ständige Hagel antisemitischer Hetze sie infizierte. Außerdem gefiel ihr der Gedanke, ein Buch über ihre jüdische Familie zu schreiben, denn sie hing wirklich sehr an ihr. So sehr sie auch ihre Fehler und Schwächen erkannte, so liebte sie sie doch von ganzem Herzen. Nun war sie im Begriff, in eine sehr strenge Klostergemeinschaft einzutreten. Sie würde ihr Leben lang dort bleiben. Niemals würde sie wieder nach Hause kommen, niemals mehr ihre Onkeln und Tanten, Cousins und Cousinen oder ihre Neffen und Nichten besuchen. Es schien ein günstiger Augenblick, die gegenwärtigen und vergangenen Bilder einer Familie festzuhalten. Sie konnte kaum wissen, wie schnell sich das Gewebe der Familie und des vertrauten Milieus auflösen würde, wie es zerfallen würde und seine Bestandteile in alle Richtungen zerstreut werden sollten und daß so viele Verwandte der Judenverfolgung zum Opfer fallen würden. Die Vergangenheit so mit Hilfe einer Familiengeschichte festzuhalten war eine wunderbare Idee. Wahrscheinlich muß meine Großmutter das ganze Unterfangen mit gemischten Gefühlen betrachtet haben. Obwohl sie noch nicht über Ediths Pläne, in den Karmelitinnenorden einzutreten, unterrichtet war, wußte sie, daß für uns alle Veränderungen in der Luft lagen. Mit Schrecken beobachtete sie den allmählichen Niedergang einer blühenden jüdischen Gemeinschaft rings um sie herum, und sie wiederholte immerfort: »Ich habe ja nie gewußt, daß es so schlechte Menschen auf der Welt gibt.« Beharrlich ging sie ihrem Geschäft nach, legte täglich zu Fuß den Weg zum Holzplatz zurück, arbeitete dort den ganzen Tag und ging abends heim zu einer einfachen Mahlzeit, bevor sie sich im trüben Licht der Dämmerung mit ihrer Strickarbeit ans Fenster setzte. Die Nadeln klapperten unaufhörlich, bis es Zeit wurde, schlafen zu gehen. Manchmal kamen ihr die Tränen, wenn sie an die schreckliche Situation dachte, und dann konnte es geschehen, daß sie ein oder zwei Maschen fallen ließ und erst die Tränen trocknen mußte, ehe sie das Strickzeug entwirren konnte.

Und so saßen sich die beiden Frauen gegenüber, eine, die Fragen stellte und Stichworte notierte, und die andere, die in ihrem Gedächtnis nach Einzelheiten und Anekdoten aus vergangenen Zeiten kramte. Wir sind eine große Familie, die aus vielerlei Typen mit ihren Eigenheiten und Schrullen besteht. Und aus diesen Erinnerungen und Beobachtungen webte Edith ihr erstes Kapitel. Von der Wand über dem Sofa betrachteten die Großeltern, sepiafarben in schwarzgerändertem Rahmen, diese Szene, so wie sie schon jahrzehntelang herabschauten, die Großmutter mit einem liebevollen Blick, der Großvater aufmerksam und mit einem Anflug von Belustigung. Ich wuchs mit diesen Gesichtern, die auf uns herabschauten, auf, aber ich kannte die Urgroßeltern nur aus Erzählungen. Sie waren längst vor meiner Geburt gestorben. Erst im Jahr 1995 besuchten mein Mann und ich die kleine polnische Stadt Lubliniec, wo sie einst gelebt hatten (als sie noch deutsch war und Lublinitz hieß). Dort saßen wir auf dem Sofa, welches angeblich meiner Urgroßmutter Adelheid gehört hatte, sahen ihren Kleiderschrank aus dunklem polierten Holz und ein Klavier, das, wie man uns erzählte, aus dem Besitz der Familie Courant stammte. Und in dem Haus, in dem die Courants gelebt und ihr Geschäft betrieben hatten, fühlte ich mich plötzlich angespornt, eine Verbindung zu diesen Menschen zu finden, von denen ich im Buch meiner Tante gelesen hatte.

Das erste Kapitel ihres Buches schrieb meine Tante 1933, und meine Mutter las es uns Kindern, kurz nachdem es verfaßt worden war, vor. Ich kann mich nicht daran erinnern, daß dieses Projekt in den nächsten Jahrzehnten jemals wieder erwähnt wurde. Ich nehme an, daß Tante Edith ihre Arbeit mitnahm, als sie nach Köln ging. Jedenfalls konnte sie ihren ursprünglichen Vorsatz nicht umsetzen, die Geschichte ihrer Familie der Leserschaft mitzuteilen, für die sie ursprünglich gedacht war. Als wir 1964 wieder mit dem Text konfrontiert wurden, hatte sich im Leben dieser jüdischen Familie sehr viel ereignet. Großmutter Auguste Stein war gestorben. Das Haus, in dem ein großer Teil der Familie gelebt hatte, war in »arische« Hände übergegangen. Die Familie, die Tante Edith mit so viel Liebe, aber auch mit rücksichtsloser Ehrlichkeit gezeichnet hatte, war verstreut. Die Verfasserin des Buches war in Auschwitz vergast worden. Wir lebten in Amerika und sprachen meist Englisch. Ich war nun erwachsen und hatte meine eigene Familie. Und was das Buch betrifft, so hatte auch das eine andere Gestalt angenommen, als seine Autorin geplant hatte. Es war als die Geschichte einer Familie entworfen worden in der Absicht, der antisemitischen Propaganda entgegenzuwirken. Stattdessen war das Buch hauptsächlich eine Autobiographie geworden, wenn auch eine unvollständige. Es begann als Familiengeschichte und endete als Ediths Lebensgeschichte; und wenn sie es hätte fertigstellen können, hätte es manche Fragen über Edith Stein, ihre Gedankengänge, ihr Seelenleben und das Wie und Warum ihres Übertritts zum Katholizismus beantworten können. Doch das Buch hört in dem Augenblick auf, als Edith mit großer Freude ihren Doktor *summa cum laude* und ihre Anstellung als Assistentin bei ihrem verehrten »Meister« Husserl feiert. Ihr Übertritt zum Katholizismus sollte erst sechs Jahre später stattfinden. Ihre Entscheidung, Karmelitin zu werden, fällte sie erst 17 Jahre später. Was Edith Stein mit ihrer Familiengeschichte bezwecken wollte, wäre bestimmt auf taube Ohren gestoßen, selbst wenn das Buch während des Dritten Reiches einen Verleger gefunden hätte.

Das Manuskript erlebte eine Reihe von Abenteuern, ehe es endlich verlegt und vertrieben wurde. Edith nahm es mit nach Köln und konnte etwa eineinhalb Jahre lang, allerdings mit Unterbrechungen, daran arbeiten. Dann kamen andere Pflichten dazwischen, und vom Mai 1935 bis zu ihrer Ankunft in Echt in Holland am 31. Dezember 1938 stellte sie die Arbeit an diesem Buch ein. Als Edith Stein den Kölner Karmel verließ, war sie noch sehr erschüttert von den Ereignissen während der Kristallnacht und wollte bei ihrer Flucht von Deutschland nach

Holland kein Risiko eingehen. Deshalb beschloß sie, das Manuskript zurückzulassen. Im Februar 1939 dachte sie über eine Fortsetzung ihrer Geschichte nach und fragte vorsichtig in Köln an, ob ihr jemand das Manuskript nach Echt bringen könne. Ein junger Mariannhiller Missionar, Rhabanus Laubenthal, erklärte sich dazu bereit zu helfen und nahm das Manuskript im Auto mit. Als ein Beamter ihn an der Grenze anhielt und sein Auto durchsuchte, blätterte er es durch und fragte: »Ist das Ihre Doktorarbeit?« Das war alles, und der junge Mann konnte das Manuskript ohne weitere Schwierigkeiten an die Autorin abliefern. Von da an setzte Edith ihre Arbeit daran fort, aber als sich die Situation in Holland verschlimmerte, begann sie zu fürchten, es könne ihre Gemeinschaft gefährden, wenn man ihre Schriften fände. Trotz der Beziehung, die sie zu diesem Werk gewonnen hatte, und trotz ihrer Absicht, es weiterzuführen, soweit es ihre Zeit erlaubte, vergrub sie es in einem Versteck neben den Gräbern der Karmelschwestern. Sr. Pia, die ihr bei dieser Arbeit geholfen hatte, berichtet, daß Edith es sich nur wenige Monate später anders überlegte und das Päckchen mit dem Manuskript wieder ausgrub. Sr. Josephine Koeppel OCD gibt dafür eine interessante Erklärung:

Wie auch andere Karmelitenklöster in der ganzen Welt, so hat die Gemeinschaft in Echt Wolle zur Herstellung der Schwesterntracht benutzt ... Im Jahr 1940 schienen Wollstoffe nicht mehr erhältlich zu sein. Was noch an Wolle oder ähnlichem Material vorhanden war, wurde hauptsächlich für militärische Zwecke benutzt. Doch durch Verbindungen über Freunde des Klosters wurde ein großer Ballen Material ausfindig gemacht und zu Schwarzmarktpreisen erstanden. In Diskussionen darüber erklärte Sr. Benedicta, daß sie es nicht für richtig hielt, verbotene Ware auf dem Schwarzmarkt zu kaufen.
Aus demselben Grund fand sie es unziemlich, das Material in einem Versteck, das die anderen für sehr geeignet hielten, unterzubringen. Ein großer hohler Baum auf dem Gelände des Klosters bot ein passendes Versteck für den Ballen und war gleichzeitig für die Schwester zugänglich, die neue Trachten für die Nonnen zu nähen hatte.
Im Hinblick darauf, daß Edith ihr Manuskript einige Zeit vor dem Kauf dieser Wolle vergraben hatte, stoßen wir auf einen möglichen Grund, warum es wieder ausgegraben wurde.
Als sie einsah, daß es ihrer eigenen Ansicht nach unrecht war, die Wolle zu verstecken, wie konnte sie das Verbergen des verbotenen Manuskripts verteidigen? Das ist natürlich nur eine Theorie, doch sehr plausibel![1]

Ich möchte das Urteil darüber dem kritischen Leser überlassen. Später nahm Sr. Pia das Päckchen in ihre Obhut und versteckte

es anderswo. Der Ort des Verstecks blieb ein Geheimnis. Im Jahre 1945 hörte Sr. Pia von dem Gerücht, das Klostergebäude in Echt solle für zurückkehrende ehemalige Zwangsarbeiter genutzt werden. Um die Sicherheit des Päckchens zu gewährleisten, nahm es Sr. Pia an sich und übergab es Pater Avertanus, Provinzial der holländischen Karmeliten, der es schließlich an das Husserlarchiv in Brüssel weitergab.[2]
Es ist erstaunlich, in welchem Umfang Edith trotz aller Hindernisse und Unterbrechungen an diesem Werk weiterarbeiten konnte. Es ist mir klar, daß sie es niemals zu einem Abschluß oder einem Punkt brachte, wo sie es als druckreif angesehen hätte.
Bevor sie den Kölner Karmel verließ, vernichtete Edith Stein das Testament, welches sie als Mitglied der Kölner Gemeinschaft geschrieben hatte. Nachdem sie sich im Echter Karmel eingewöhnt hatte, machte sie ein neues Testament, datiert vom 9. Juni 1939. Es ist ein vierseitiges handschriftliches Dokument, und am linken Rand der zweiten Seite ist folgende Bestimmung in deutscher Sprache und in ihrer eigenen Handschrift vermerkt:

Die Familiengeschichte bitte ich nicht zu veröffentlichen, solange meine Geschwister leben, und ihnen auch nicht zu übergeben. Nur Rosa dürfte Einblick gewährt werden und nach dem Tode der andern ihren Kindern. Über die Veröffentlichung soll auch dann der Orden entscheiden.

Und nun beginnt der nächste Akt des Dramas:
Im Mai 1948 machte die Provinz der Unbeschuhten Karmeliten der Niederlande einen Vertrag mit dem Karmel *Maria vom Frieden* in Köln bezüglich der Veröffentlichung von Edith Steins Werken. Die Karmeliten sandten einen Brief an meine Mutter, die damals in New York lebte, um ihr mitzuteilen, daß dieser Vertrag abgeschlossen sei, und um ihre Mitarbeit zu bitten. Meine Mutter versprach, mit Informationen, Dokumenten und Bildern zu helfen. Im Februar 1960 bestätigte Lucie Gelber, die Verwalterin des *Archivum Carmelitanum* in Brüssel, den Eingang von Photos und einem Stammbaum, bat meine Mutter um Informationen und dokumentarisches Material und ersuchte sie darum, Anekdoten aus ihren Erinnerungen beizusteuern und eine Einführung zu der Familiengeschichte zu schreiben. Meine Mutter schrieb diese Einführung, die schließlich in Edith Steins Buch, das unter dem Titel *Aus dem Leben einer jüdischen Familie* veröffentlicht wurde, erschien.

Anfang 1963 gingen die Vorbereitungen zur Publikation dieses Werkes gut voran. In jenem Frühjahr jedoch erfuhren die Schwestern in Köln vom Inhalt des Testaments mit der Klausel bezüglich des Buches, und sie zogen ihre Erlaubnis für die Veröffentlichung zurück. Daraufhin wurden meine Eltern in die Auseinandersetzung verwickelt. In einem Brief an meine Mutter bestritt Lucie Gelber die Rechtsgültigkeit des handgeschriebenen Testaments und beschwor meine Mutter, ihr die Erlaubnis zu erteilen, mit den Vorbereitungen zur Publikation fortzufahren.

Diesem bislang unbekannten Schreiben kommt keinerlei rechtsgültige Kraft zu. Es enthält ein P.S., in dem Edith Stein den Wunsch äußert, daß das Manuskript nach dem Tode ihrer Geschwister veröffentlicht wird.
Sie, verehrte Herr und Frau Professor Biberstein, sind die einzigen noch lebenden »Geschwister«. Es steht für uns außer jeglichem Zweifel, daß Edith diesen Zusatz heute nicht mehr schreiben oder ohne Zögern streichen würde.

Als meine Mutter von der speziellen Bitte erfuhr, die im Testament ihrer Schwester Edith stand, die Autobiographie nicht zu Lebenszeiten ihrer Geschwister zu veröffentlichen, schrieb sie an Frau Gelber:

... Ich würde gern mehr darüber wissen. Da Sie und Pater Romaeus wohl die einzigen sind, die den Inhalt der Aufzeichnungen meiner Schwester kennen, können Sie mir vielleicht sagen, ob darin irgend etwas enthalten ist, was gegen eine Veröffentlichung zu meinen Lebzeiten spräche, da ich ja leider die einzige bin, die von meinen Geschwistern noch am Leben ist ... Natürlich habe ich an sich nichts gegen die Herausgabe einzuwenden, im Gegenteil, ich erwarte mit Spannung ihr Erscheinen ... Ich habe das volle Vertrauen, daß Sie nichts tun würden, was gegen den Willen von Edith wäre. Ich bin natürlich begierig, weiter über die Entwicklung dieser Affäre zu hören, und hoffe, Sie geben mir Bescheid.[3]

Frau Gelber antwortete nie, und die Vorbereitungen für die Publikation liefen weiter. Plötzlich fand sich meine Mutter mitten in einem Streit zwischen den Kölner Karmelitinnen und dem *Archivum Carmelitanum* in Brüssel. Die Kölner Schwestern drohten mit gerichtlichen Schritten gegen die Publikation. Sie wandten sich an meine Mutter und kamen zu dem Entschluß, daß ihnen nichts anderes übrig blieb, als meiner Mutter das umstrittene Manuskript zuzuschicken und ihr das Urteil darüber zu überlassen, ob es, entgegen dem Wunsch der Autorin, noch zu ihren Lebzeiten publiziert werden solle. Am 20. März 1964 schrieb Sr. Teresia Margareta, die für das Edith-Stein-Archiv in

Köln verantwortlich war, sie habe das ganze Manuskript an meine Eltern abgeschickt, und bat sie um ihre Meinung. Kurz darauf sandte auch Pater Romaeus Leuven aus den Niederlanden ein Exemplar. Ob beide Manuskripte im Text identisch waren, weiß ich nicht.

Pater Romaeus Leuven war immer noch entschlossen, das Buch zu veröffentlichen, während die Kölner Karmelitinnen einen Anwalt beauftragt hatten, um die Publikation zu verhindern. Zu diesem Zeitpunkt schrieb der Kölner Bischof Queck einen Brief an den Pater General in Rom mit einem Begleitbrief von Kardinal Frings. Sie waren besorgt, die umstrittenen Stellen in dem Buch könnten dem möglichen Heiligsprechungsprozeß von Edith Stein schaden. Deshalb bat der Bischof den Pater General einzuschreiten, um einen offenen Bruch zwischen den beiden Parteien zu verhindern. Gleichzeitig bat Sr. Teresia Margareta meine Mutter in einem Brief dringend, sie möge an den Pater General in Rom schreiben und ihn bitten, in diesem unerquicklichen Streit zu vermitteln. Niemand wollte vor Gericht gehen, und doch waren die Kampflinien klar markiert. Jedenfalls war es ein schwieriges Problem. Einerseits gab es das Testament mit seiner klaren »Bitte« der Autorin. Andererseits enthielt das Buch viel Wertvolles und Kostbares, das für die zukünftigen Leser von großer Bedeutung sein konnte. Es erzählte die Geschichte einer jüdischen Familie und paßte deshalb gut zu der neuen Ausrichtung der katholischen Kirche, die seit dem Zweiten Vatikanischen Konzil größere Offenheit anstrebte und in der Ökumene auch den Dialog mit den Juden suchte. Aus diesem Grund erklärten sich auch die Schwestern in Köln dazu bereit, die Sache noch einmal neu zu bedenken. In einem langen Brief an den Provinzial der Niederlande, Pater Christian (Berthold) a S. Teresia Heijnen, legte die Priorin des Kölner Karmel, Sr. M. Amata Neyer, dar, der Heiligsprechungsprozeß für Edith Stein habe schon begonnen und ihr jüdischer Ursprung spiele eine wichtige und zeitgemäße Rolle:

Seine brennende Aktualität erhält vielmehr das genannte Bestreben aus der Tatsache, daß es sich um eine Jüdin handelt; sie wäre das erste kanonisierte Glied des auserwählten Volkes! Was dies im Hinblick für die hoffentlich für immer der Vergangenheit angehörigen Pogrome bedeutet, ist wohl klar. Und dazu handelt es sich um eine deutsche Jüdin!

Daß wir Deutschen mehr Grund als andere Völker haben, Edith Stein zur Ehre der Altäre erhoben zu sehen, braucht man nicht zu betonen. Aber noch mehr! ... Seit [Papst] Johannes XXIII. tut sich eine ganz neue Sicht in bezug auf das jüdische Volk und sein Verhältnis zur Christenheit auf. In diesem Zusammenhang kann man die Bedeutung der Gestalt Edith Steins wohl kaum überschätzen ...[4]

Eine Kopie dieses Briefes wurde am gleichen Tage an meine Mutter abgeschickt, mit der Bitte, beim Lesen des Manuskriptes auch die Gründe zu berücksichtigen, die für eine frühere statt spätere Veröffentlichung sprechen könnten. Sr. Amata vergaß nicht zu wiederholen, daß meine Mutter das Recht habe, einige Streichungen im Text zu verlangen.

Die Ironie, die darin lag, daß meine Mutter ein Urteil über einen Text fällen sollte, den sie nach Ediths Wunsch nicht einmal hätte anschauen dürfen, entging weder meiner Mutter noch den Karmelitinnen. Sie wurden deswegen von Gewissensbissen geplagt. Meinen Eltern bot der Text einen wehmütigen Rückblick in ihre Vergangenheit. Sie freuten sich über die kleinen Bilder von längst vergangenen Erlebnissen, Wanderungen, Vergnügungen, studentischem Leben, Freundschaften. Was sie betrübte, waren Ediths viele kritische Bemerkungen über allerlei Familienskandale und Konflikte. Das zwang meine Eltern, einige dieser Konflikte, die die gespannten Beziehungen zwischen meinem Vater und seiner Schwiegermutter sowie zwischen dieser und seiner Mutter betrafen, nochmals zu durchleben. Die Eheprobleme mancher Verwandten waren in allen Einzelheiten geschildert, und meinen Eltern schauderte bei dem Gedanken, solche privaten Dinge der Öffentlichkeit preiszugeben. Sie fingen an, das Manuskript mit Randbemerkungen zu versehen, um zu markieren, was ihrer Meinung nach gestrichen werden sollte, so daß eine weniger anstößige Ausgabe veröffentlicht werden würde. Das Resultat war ein Kompromiß, mit dem beide Parteien einverstanden waren und der die Veröffentlichung ermöglichte. So war das Buch, das schließlich 1965 herauskam, stark gekürzt. Als meine Mutter 1978 starb, war der Weg für die Veröffentlichung des ungekürzten Textes frei, und dies geschah 1985. Interessanterweise hatte die vollständige Ausgabe, die nun erschien, schon seit der Auseinandersetzung in den 60er Jahren im Keller gelegen, und trotz der zwei Jahrzehnte, die vergangen waren und neue Erkenntnisse ans Tageslicht gefördert hatten, wurden keine Korrekturen oder Änderungen durch die Herausgeber vorgenommen.

Für uns Familienmitglieder ist das Buch eine Quelle der Freude, aber auch der Bestürzung. Es enthüllt eine Menge nicht nur über Edith Steins jüdische Familie, sondern auch über sie selbst. Ihr Streben nach Wahrheit führte sie dazu, vieles aufzudecken, was ihre Verwandten oder deren Nachkommen schmerzte und was besser unerwähnt geblieben wäre. Zuviel Wahrheit ist manchmal nicht im besten Sinne aller Beteiligten. Nur vor Gericht muß man die Wahrheit sagen, die ganze Wahrheit und nichts als die Wahrheit. Abgesehen davon kann jeder, der über andere schreibt, doch nur eine subjektive Darstellung von Ereignissen geben. Die andere Seite wird nicht gehört. Das ist besonders bedauerlich, wenn die andere Seite nicht mehr am Leben ist, um über sich Zeugnis abzulegen. Von denen, die noch lebten, als dieses Buch erschien, sahen sich, wie schon erwähnt, mehrere Familienmitglieder, darunter auch mein Vater, dazu gedrängt, für ihre Kinder und zur Klärung ihre eigene Version niederzuschreiben. Ich habe in diesem Buch auf manche dieser Dokumente zurückgegriffen, und obwohl damit nicht gesagt sein soll, daß Edith die Tatsachen verfälscht hat, so sind sie hier doch zitiert worden, um ein Gleichgewicht zu schaffen und eine andere Sicht der Dinge zu liefern.

Trotz ihrer oft scharfen Kritik an ihren Verwandten schulden wir Tante Edith Dank. Sie hat für uns eine Welt wieder ins Leben gerufen, die zu der Zeit, als das Buch erschien, für immer verschwunden war. Diese Welt war zerstört worden von einem grausamen Abenteurer, der vorhatte, die Welt zu erobern und ein tausendjähriges Reich zu errichten. Seine Herrschaft dauerte nur zwölf Jahre, doch sie richtete solche Verwüstungen an, daß wir noch heute an ihren Nachwirkungen zu leiden haben. Edith Stein zeichnete ihre Bilder mit liebevoller Sorgfalt. Dies war ein Akt der Huldigung für ihre Mutter, eine Würdigung, aber auch ein Lebewohl, eine Abwendung von ihrem bisherigen Leben hin zu einer Welt der Stille, zum Leben einer kontemplativen Nonne. Es war ein Lebewohl gegenüber ihren wissenschaftlichen Ambitionen und der Geborgenheit der Familie, in die sie immer wieder zur Erholung zurückgekehrt war, eine Wiederaufnahme der Beziehung zu ihren Wurzeln und ihrem Zuhause, wo, mit den Worten von Robert Frost, »sie dich aufnehmen müssen, wenn du dorthin gehen mußt«[5].

Ich glaube, daß es Tante Ediths Absicht war, zur Arbeit an diesem Werk zurückzukehren, wenn die Zeit es ihr erlaubt hätte, nicht nur um die Geschichte abzuschließen, sondern auch um das Geschriebene sorgfältig zu überprüfen. Wir können zwar nicht sicher sein, daß sie manche der umstrittenen Stellen etwas abgeschwächt hätte, um die Betroffenen zu schützen, aber es ist immerhin denkbar. Dies würde auch die Randbemerkung in ihrem Testament erklären. Offensichtlich war sie sich beim

Schreiben dieser Zeilen bewußt, daß sie einer sehr verworrenen Zukunft entgegensah, und sie wollte sicher sein, alle notwendigen Vorkehrungen getroffen zu haben.
Das autobiographische Fragment bricht in einem Augenblick der Freude und des Triumphes ab, im Jahr 1916. Pater Romaeus Leuvens Buch *Heil im Unheil*[6] ist eine Fortsetzung ihrer Autobiographie, ein Versuch, die Lebensgeschichte mit Hilfe allen vorhandenen Quellenmaterials zu vollenden. Natürlich besitzt es nicht die lebhafte Unmittelbarkeit des ersten Bandes, doch es bringt Tatsachen und Vorgänge ans Licht, die die Lebensgeschichte vervollständigen; und es bekundet des Autors Liebe zur Sache.

14. Kapitel

Zwischen den Zeilen lesen

Edith Steins Buch *Aus dem Leben einer jüdischen Familie* umspannt die Jahre von ihrer Geburt im Jahr 1891 bis zum Zeitpunkt ihrer Promotion 1916. Sie wollte nicht nur ihre, sondern auch die Geschichte ihrer Familie erzählen, und zwar so wahrheitsgetreu wie möglich.

Ein guter Kamerad

Eigentlich lernte ich Tante Edith am besten durch die Erzählungen meiner Eltern kennen.
Darin wurde sie als ein Mensch, der für alles zu haben war, als ein guter Kamerad geschildert. Besonders stachen ihr Humor, ihre Freude an Gemeinschaft und Unterhaltung hervor. Man sieht dies an den Gedichten und lustigen Aufführungen, die sie zu Familienfeiern verfaßte, und in den Parodien, die sie für die Bierzeitungen auf Schulfesten beisteuerte. Das kleine Theaterstück, das Tante Edith zur Hochzeit meiner Eltern schrieb und das von zweien meiner älteren Cousins und einer Cousine aufgeführt wurde, bleibt unvergessen und wird von ihnen hin und wieder zitiert. Wir besitzen ein abgegriffenes, vergilbtes Exemplar in unseren Unterlagen, und wann immer wir die witzigen Zeilen lesen, müssen wir loslachen. Von diesen Charakterzügen merkt man in ihrer Autobiographie kaum etwas. Darin erscheint sie ernst, sittsam und nicht geneigt, sich gehen zu lassen. Ich kann nicht umhin, mich zu fragen, ob das die echte Edith ist oder eine überarbeitete Version ihrer selbst, die sie im Rückblick schuf, um dem Bild einer kontemplativen Nonne, die sie zu der Zeit, als sie den Hauptteil dieses Werkes schrieb, geworden war, zu entsprechen. Wenn das der Fall wäre, dann wäre das schade, denn dadurch wird uns jene Edith Stein, die ihre Jugendfreunde, die Kameraden aus der Studentenzeit, kannten und liebten, vorenthalten. Hatte sie sich wirklich so radikal verändert, oder zog sie es vor, die Eigenschaften zu betonen, von denen sie glaubte, daß sie den früheren überlegen seien, auch wenn sie nicht so ursprünglich waren? Diese komplizierte Persönlichkeit kennenzulernen, war meine Absicht beim Studium

ihrer autobiographischen Schriften und beim Lesen »zwischen den Zeilen«.

Ihr Buch beleuchtet mehrere Aspekte Edith Steins: ihre Selbsteinschätzung, ihre Liebe zu Deutschland, ihre Leidenschaft für das Lernen, ihre Haltung gegenüber dem Judentum, ihre Beziehung zu Männern, ihre Ansichten über Frauen und ihre Liebe zur Familie, ganz besonders zu ihrer Mutter. Eine Autobiographie muß unvermeidlicherweise mit dem eigenen Selbst beginnen. Da die Grundlage dabei die Erinnerung ist und das Bestreben, so objektiv wie möglich zu sein, wird das Ergebnis entweder ein ehrliches Selbstportrait oder ein kosmetisch oder anderweitig verändertes Bild sein.

Selbstbildnis

Edith Stein versprach, sich selbst ebenso ohne Vorbehalt zu beschreiben und zu kritisieren wie alle anderen; manche Leser haben jedoch einen anderen Eindruck. Edith beschreibt sich als eine weise, ruhige, gelassene Seele, vorurteilsfrei und deswegen oft zu Rate gezogen. Die stürmischen Wutanfälle ihrer Kindheit, der Ehrgeiz, ihre Mitschülerinnen in den Schatten zu stellen und mit ihrem Wissen zu prahlen, ihre Neigung, einen Abstand zu »gewöhnlichen Leuten« zu bewahren und von der hohen Warte ihrer eigenen intellektuellen und moralischen Überlegenheit auf sie herabzusehen, behauptet sie im späteren Leben unterdrückt zu haben; sie zitiert dazu ihre Erkenntnis, es sei viel wichtiger, gut zu sein als klug.[1] Durch die gesamte Erzählung hindurch berichtet sie uns, wie ihre frühen Fehler und Schwächen mit wachsender Reife, Einsicht und Selbsterkenntnis verschwanden:

> Das lag daran, daß ich meine Einstellung zu den Menschen und zu mir selbst völlig geändert hatte. Es kam mir nicht mehr darauf an, Recht zu behalten und den Gegner unter allen Umständen »unterzukriegen«. Und wenn ich noch immer einen scharfen Blick für die Schwächen der Menschen hatte, so benützte ich das nicht mehr, um sie an ihrer empfindlichen Stelle zu treffen, sondern um sie zu schonen.[2]

Wenn sie jedoch über andere spricht, gesteht sie ihnen nicht in gleichem Maße Veränderungen zu. Sie werden mit all ihren damaligen Stärken und Schwächen dargestellt, fest und für immer unveränderlich.

In der Beschreibung ihres Schwesterndienstes in einem Lazarett während des Ersten Weltkrieges bekundet sie ihre instinktive Ablehnung gegenüber »Festen«, die auf der Station stattfanden. Als der Stationsarzt sie einmal fragt, ob sie zu einer Party kommen wolle, antwortet sie etwas schnippisch: »Ich habe keine Absicht hinzugehen. Ich kenne ja schließlich den Herrn gar nicht.« Das war wohl kaum eine Art »Freunde zu gewinnen und Menschen günstig zu beeinflussen«. Es konnte auch nicht gutgehen, denn Edith trank keinen Alkohol, und die Hauptsache bei diesen Festivitäten war das zügellose Trinken. Sie fand es schwierig, solchen Ereignissen etwas abzugewinnen, und erwarb sich den Ruf, etwas hochnäsig zu sein.
Manche Leser, die Edith Stein nicht persönlich gekannt haben und sich deshalb eine Meinung auf der Grundlage ihrer Autobiographie bilden müssen, könnten einen ungünstigen Eindruck von ihr gewinnen. Eine ihrer Großnichten zum Beispiel erwähnt in einem Brief an mich:

> Ich hoffe, Du nimmst es mir nicht übel, wenn ich Dir sage, daß ich nicht glaube, ich hätte sie sehr geschätzt, wenn ich sie gekannt hätte. Aus ihren Schriften und von den Erzählungen anderer muß ich schließen, daß sie ein sehr egozentrischer und intoleranter Mensch gewesen sein muß mit allzu kritischem Urteil [über andere].[3]

Edith bezeichnet sich selbst als Liebling ihrer Mutter. Sie spricht von sich als »dem letzten Vermächtnis ihres Vaters« und schildert, wie die Mutter von der Arbeit direkt in Ediths Zimmer zu gehen pflegte.[4] Es scheint, daß Auguste Stein eine besondere Vorliebe für ihr jüngstes Kind hatte, denn sie gewährte ihr jede Bitte und war großzügig, was finanzielle Unterstützung angeht. Ob sie jedoch als alleinstehende Mutter von sieben Kindern *ein* Kind besser als alle anderen behandelt hätte, ist zweifelhaft. Sie war eine ziemlich vernünftige Frau, die sicher alles getan hat, um es allen ihren Kindern gleicherweise recht zu machen.

Ediths Verhältnis zu Männern

In dem Kapitel, in dem Edith von der Hochzeit ihrer Schwester Erna spricht, spielt sie öfter auf eine innere Krise an, eine Art von seelischem Kampf. Doch das Kapitel schließt mit dem Ende des Hochzeitsfestes, ohne daß klar wird, worin dieser Konflikt bestand. Ich sehe zwei Möglichkeiten. Einmal: Wenn das Pro-

blem geistig-seelischer Natur war, dann könnte es mit Ediths wachsender Affinität zur christlichen Religion und dem Gedanken zusammenhängen, mit dem Judentum zu brechen, obwohl das erst zwei Jahre später, am 1. Januar 1922, geschehen sollte. Die andere Möglichkeit ist die, daß die Krise gefühlsmäßiger und persönlicher Natur war.
Einer der Männer in ihrem Leben war Hans Biberstein, obwohl sich Edith immer dessen bewußt war, daß er und ihre Schwester Erna einander liebten und eine feste Beziehung zueinander unterhielten und daß sie deshalb Abstand wahren müsse. Und doch muß es sie traurig gestimmt haben, als ihr mit der Heirat von Hans und Erna klar wurde, daß damit etwas endgültig war. Man kann dies an der ausführlich und mit sichtlicher Zurückhaltung und einigem Pathos geschilderten ergreifenden Szene vom »letzten Tanz« ersehen.[5] Ich habe sie an anderer Stelle in diesem Buch erwähnt.[6]
Ediths Verhältnis zu Vertretern des anderen Geschlechts ist kompliziert. Harmlosen Flirt weist sie immer entschieden ab und gesteht ihren männlichen Kommilitonen lediglich ein rein kameradschaftliches Verhältnis zu ihr zu. Irgendeine romantische Beziehung kommt nicht in Frage. Jedesmal wenn sie eine Situation erwähnt, in der sie in Gesellschaft eines jungen Mannes war, fügt sie sofort hinzu, daß sie philosophische Fragen erörterten. Empört weist sie die Vermutung ihrer Mutter zurück, ein Spaziergang mit einem Studenten von der Universität und die anschließenden Unterhaltungen vor dem Hause könnten ein Flirt sein.
Der allererste Verehrer war ihr schüchterner und ruhiger Cousin Franz Horowitz, dessen lebhafterer Zwillingsbruder Hans eine Zuneigung zu Erna hatte. Eine Zeitlang begleiteten sie die beiden Mädchen, doch dann lockerten sich die Beziehungen, angeblich weil die Familie Horowitz dem Prinzip anhing, Männern in sexueller Hinsicht mehr Freiheiten zu gewähren als Frauen, während die Familie Stein dies ablehnte.
Verschiedene andere Beziehungen von Edith Stein zu männlichen Bekannten waren auf Ediths Wunsch stark begrenzt und blieben folgenlos. Eduard Metis, ein Kommilitone in Breslau, der Rezensionen für eine Zeitung schrieb, hatte nach Ediths Eindruck frivol über ein erotisches Thema geschrieben. Das regte Edith so auf, daß sie ihn einem peinlichen Verhör unterwarf, um festzustellen, ob sie »es mit einem ganz reinen Menschen zu tun« habe.[7] Der arme Kerl hatte sie wohl gern, aber sie schrieb ihm einen Brief, in dem sie sagte,

an einen kameradschaftlichen Verkehr mit Kommilitonen sei ich gewöhnt und auch ihm gegenüber dazu bereit, jeden andern Gedanken aber müsse er aufgeben. Dieser Vorschlag wurde angenommen, und erstaunlicherweise glückte es dem neuen Freunde, die aufkeimende Neigung zu unterdrücken ...[8]

Während ihrer Jahre in Göttingen hatte sie mehrere Freunde, vor allem zu Hans Lipps entwickelte sich eine ernstere Beziehung. Über ihren ersten Eindruck von Lipps, den sie 1913 in Göttingen als Kommilitonen kennenlernte, sagt sie:

Am meisten Eindruck von allen machte mir Hans Lipps. Er war damals 23 Jahre alt, sah aber noch viel jünger aus. Er war sehr groß, schlank, aber kräftig, sein schönes, ausdrucksvolles Gesicht war frisch wie das eines Kindes ... Er konnte übrigens in jenem Sommer nicht regelmäßig an den Abenden [der Philosophischen Gesellschaft] teilnehmen, weil er damals sein Physikum und zugleich – mit einer pflanzenphysiologischen Arbeit – den philosophischen Doktor machte. Das medizinische und naturwissenschaftliche Studium betrieb er zur Ausfüllung der Stunden, in denen man nicht philosophieren konnte.[9]

Während Edith ihn zuerst ganz einfach als Mitstudenten ansah, entwickelte sich eine Freundschaft, und als er 1915 während des Ersten Weltkriegs seinen Militärdienst leistete, schickte sie ihm Päckchen.

Mit einem Feldpostpäckchen konnte man Lipps glücklich machen. Er schrieb einmal: »Sie haben eine unerhörte Treffsicherheit im Herausfinden dessen, was ich gerade nötig habe«. Das waren sehr verschiedene Dinge: mal ein japanischer Holzschnitt, mal ein paar Abhandlungen über Relationstheorie, öfters nur gute Pralinés oder andere Süßigkeiten.[10]

Es existieren keine Briefe von Hans Lipps an Edith Stein. Ihre Zurückhaltung in persönlichen Dingen hinderte sie daran, ihre Gefühle über ihn zu erörtern, doch durch einen Brief ihrer Freundin Hedwig Conrad-Martius wissen wir, daß ein Bild von Lipps auf ihrem Schreibtisch stand und daß Hedwig sie darüber befragte.

Sie liebte Hans Lipps, den zu unserem Kreis gehörigen Phänomenologen, der später in Frankfurt [ordentlicher] Professor war und [im zweiten Weltkrieg] vor Petersburg als Arzt gefallen ist. Ich bin auch gewiß, daß sie ihn geheiratet hätte, wenn er es gewollt hätte. Er wollte aber nicht. Als das absolut feststand, hatte ich ein Gespräch mit ihr – bezüglich der Photographie, die – als einzige – immer noch auf ihrem kleinen Arbeitstisch in unserem Bergzaberner Haus stand. Ich sagte zu ihr, daß es nicht wohl anginge, gleichzeitig sich Gott ganz hingeben und ausliefern zu wollen und das Bild eines Mannes auf dem Tisch zu haben (vielleicht habe ich auch gesagt, es im Herzen zu haben, das weiß ich nicht mehr), der einen nicht heiraten wolle. Sie war tief betroffen und kurz nachher – vielleicht auch sofort – verschwand das Bild von ihrem Schreibtisch. Ich glaube, nachdem mir das alles wieder eingefallen ist, bestimmt, daß diese tiefe Lebensenttäuschung nicht wenig zu ihrer Konversion und Taufe, ja zu der Wahl des Klosterlebens beigetragen hat. Zwar bin ich weit davon entfernt, eine solche Enttäuschung für einen vollgültigen Grund einer Bekehrung zu halten, wie es die Welt in zynischer Weise tut.[11]

Obwohl Hans Lipps 1923 heiratete, blieb er mit Edith befreundet und machte ihr nach dem Tod seiner Frau im Jahre 1932 einen Heiratsantrag. Nun, sagte Edith, sei es zu spät. Sie habe einen anderen Weg gefunden.[12]
Man könnte auch über Ediths Freund und Phänomenologie-Kollegen Roman Ingarden spekulieren, mit dem sie mehr als 20 Jahre lang, von 1917 bis 1938, Briefe wechselte. Ihre Briefe handeln meist von Themen aus der Philosophie und den Arbeiten ihrer gemeinsamen Freunde und enthalten nur wenig Persönliches – mit einer Ausnahme. Der Brief Nr. 25, datiert vom 24. Dezember 1917, beginnt mit der Anrede: »Mein Liebling!« Auf diesen kurzen Brief folgt eine ungewöhnliche Pause von über einem Monat oder aber, was wahrscheinlicher ist, es war dies der einzige einer Reihe von Briefen, der erhalten geblieben ist. Mit Brief Nr. 26, datiert vom 29. Januar, kehren der unpersönlichere Ton und die akademischen Diskussionen wieder zurück. Möglicherweise liegt der Schlüssel für die Abkühlung ihrer Korrespondenz in einem der fehlenden Briefe.
Daß ihre Beziehung einstmals einen anderen Charakter hatte, ist aus einem Brief zu ersehen, den Edith am 16. September 1919 an Ingarden schrieb, um ihm zu seiner Hochzeit zu gratulieren. Dort schreibt sie:

Meine Freundschaft für Sie bleibt natürlich unverändert. Was das andere angeht, das noch daneben bestanden hat, so wäre es mir lieb, wenn Sie es ganz in sich begraben könnten und auch die Briefe verbrennen wollten, die Sie etwa noch von mir besitzen.[13]

Liebe zu Deutschland und wehmütige Erinnerung an die Vergangenheit

Es ist leicht zu verstehen, weshalb die Menschen, die Edith in der Studentenzeit nahestanden, ihre Schilderung von lieben

Freunden und unvergessenen Momenten, Bergtouren, Süßigkeiten aus ihren Lieblingskonditoreien etc. liebten. Meine Mutter schrieb:

Wir, d.h. mein Mann und ich, haben das Buch mit fieberhaftem Eifer gelesen [und] sehr viel Freude daran gehabt ... Bei der Lektüre ist unsere ganze Jugend für uns wieder lebendig geworden.[14]

Das ganze Buch hindurch kann man Ediths Begeisterung für das Lernen, die Freude daran, ihren Geist bis zum Äußersten anzuspannen, und die Freude am akademischen Milieu deutlich spüren. Das Studentenleben in der Vorkriegszeit war ganz anders als heute. Das damalige Verhältnis zwischen Studenten und Professoren kann man sich heute kaum vorstellen. Husserl, der zutiefst respektiert und liebevoll als »der Meister« bezeichnet wurde, wird auf diesen Seiten lebhaft porträtiert. Namen, die wir aus der Literatur kennen, werden in Ediths Schriften lebendig. Sie liebte die Universität und die Landschaft, beides war miteinander verschlungen. Wann immer einer ihrer Verwandten und Freunde zu Besuch kam, konnte Edith sich nichts besseres vorstellen, als einen Ausflug in die reizvollsten Gegenden der Umgebung zu machen, meist zu Fuß, manchmal auch per Zug. Beim Lesen dieser lyrischen Stellen kann ich nicht umhin, *ihr* Deutschland mit *meinem* zu vergleichen. Als ich das Alter erreicht hatte, in dem ich im Lande meiner Geburt ähnliche Abenteuer hätte genießen können, war Hitler an der Macht und unser Leben wurde immer mehr eingeengt. In Deutschland zu reisen wurde schwierig, da viele Hotels und Gaststätten Juden den Zutritt untersagten. Wir pflegten daher ins Ausland zu fahren, dahin, wo wir noch willkommen waren und wo die blutrote Hakenkreuzfahne noch nicht wehte. Ich überlege, was wohl in meinen Tanten Edith und Rosa vorgegangen sein mag, als sie während ihres Transports nach Auschwitz durch Deutschland fuhren. Ob mit der Erinnerung an glücklichere Zeiten in diesem Land Wehmut in ihnen aufgestiegen ist, während sie als Gefangene durch diese vertraute Landschaft reisten, geschmäht und entrechtet, einem unheilvollen Schicksal entgegen? Dachte Edith an die Tage, als die Welt der Schönheit, des Wissens, des Lernens noch vor ihr lag wie ein offenes Buch, das auszukosten sie kaum erwarten konnte? Dachte sie an die patriotische Begeisterung, mit der sie im Ersten Weltkrieg den Dienst als Rot-Kreuz-Schwester antrat, und an ihre bittere Enttäuschung, als Deutschland den Krieg verlor und all die stolzen Träume und Hoffnungen seiner jungen Menschen sich in Bedauern, Trauer und Depression verwandelten? Damals schien kein Opfer fürs Vaterland zu groß, und nun hatte dasselbe Land, für das sie solch große Hoffnungen gehegt hatte, sie und die Ihren verleugnet und arbeitete systematisch an ihrer Vernichtung.

Edith Stein und ihr jüdisches Erbe

Edith Stein hat nach ihrem Übertritt zum Katholizismus ihre jüdische Herkunft niemals verleugnet oder zu verbergen versucht; im Gegenteil, sie war stolz darauf. Sie konnte ihre jüdischen Wurzeln ebensowenig verleugnen wie ihre Familienzugehörigkeit. Beide waren ihr Leben lang Teil ihrer Identität. Und doch gibt es etwas in ihrer Autobiographie, was irritiert: Edith Stein hatte nur wenig Kenntnisse vom Judentum und scheint trotz ihrer Neigung, den Dingen auf den Grund zu gehen, niemals Interesse daran gehabt zu haben, *diese* Wissenslücke zu füllen. Warum das so war, können wir nur vermuten. Edith wie meine Mutter Erna hatten dieselbe Erziehung genossen. In jener Zeit erhielten die Mädchen meist nur eine oberflächliche Einführung in das Judentum. Meine Mutter lernte niemals Hebräisch und wußte wenig über die jüdische Geschichte und Liturgie. Während Auguste Stein noch an den Bräuchen und Geboten festhielt, die sie von ihren Eltern gelernt hatte, ließ ihr ihr vielbeschäftigtes Leben als Familienoberhaupt und überarbeitete Mutter wenig Zeit, darauf zu achten, daß ihre Kinder eine gute Grundlage in Lehre und Brauchtum des Judentums erhielten. Andererseits ist im Judentum das Haus der Mittelpunkt für einen großen Teil der Bräuche, und so konnte Edith die Vorbereitungen für den Seder sowie die Speisevorschriften und diversen Ver- und Gebote bezüglich der Zubereitung und den Genuß der Speisen wie auch die Feiertagsbräuche mitbekommen. Allerdings erinnert sie sich hinsichtlich der hohen Feiertage nur noch daran, daß sie nicht zur Schule gehen mußte und Zeit hatte, ein gutes Buch zu lesen. Am Vorabend des Jom Kippur, des Versöhnungstages, ging ihre Mutter, von den älteren Kindern begleitet, zur Synagoge. Dazu schreibt sie:

> Am nächsten Morgen stand meine Mutter etwas später auf als sonst (ihre gewöhnliche Zeit ist heute noch halb sechs Uhr), aber immer noch früher als alle andern. Dann ging sie von Bett zu Bett und nahm von allen zärtlich Abschied, denn sie blieb den ganzen Tag in der Synagoge.[15]

Ich habe den Verdacht, daß Edith den Brauch, bei dem sie ihre Mutter beobachtete, mißverstand. Es ist für Juden üblich, vor dem Besuch des Gottesdienstes am Jom Kippur ihre Mitmenschen um Vergebung zu bitten. Wir dürfen Gott nicht um Verzeihung bitten, bis wir uns von allen Vergehen unseren Mitmenschen gegenüber gereinigt haben. Was Edith ihre Mutter tun sah, war, glaube ich, das Bitten um Verzeihung bei jedem ihrer Kinder, vielleicht wortlos, still.

Als das jüngste Familienmitglied war es Edith, die am Sedertisch die bekannten »Vier Fragen« zu stellen hatte, aber da ihre halbwüchsigen Brüder keinen »richtigen« Seder abhielten, bekam sie nur wenig von diesem höchst symbolischen Feiertag mit.

So war Edith nur wenig mit dem Judentum vertraut. Sie weiß zum Beispiel nicht, daß das Gebot, während der Pessachwoche kein gesäuertes Brot zu essen, unmittelbar aus der Bibel stammt (Num 28,17). Stattdessen bemerkt sie, daß diese Gesetze »mit der eigenwilligen Konsequenz, die dem jüdischen Geist eigen ist ... ausgebaut worden« sind.[16]

Ediths Urteil ist hier aber nicht auf Tatsachen gegründet. Die meisten von Ediths Verwandten und Freunden waren keine gesetzestreuen Juden. Eduard Metis hingegen war sehr fromm. Folgender Abschnitt illustriert noch einmal ihr mangelndes Verständnis für einige der jüdischen Vorschriften:

> Eines Tages, als ich mit ihm unterwegs war, hatte ich in einem Hause etwas zu erledigen. Ich gab ihm vor der Haustür schnell meine Aktenmappe zum Halten und ging hinein. Zu spät fiel mir ein, daß es Samstag sei und daß man am Sabbat nichts tragen dürfte. Im Torbogen fand ich ihn geduldig warten. Ich entschuldigte mich, daß ich ihn in meiner Gedankenlosigkeit zu etwas Verbotenem genötigt hätte. »Ich habe nichts Verbotenes getan«, sagte er ruhig, »nur auf der Straße darf man nichts tragen, im Hause ist es erlaubt«. Dazu war er im Eingang stehen geblieben und hatte sich sorgfältig gehütet, einen Fuß auf die Straße zu setzen. Das war eine der talmudistischen Spitzfindigkeiten, die mich abstießen. Ich sagte aber nichts.[17]

Edith war mit orthodoxer Praxis einfach nicht vertraut. Ebenso sind ihre Ansichten über die jüdische Haltung zum Tod auf Mißverständnis und unzulängliches Wissen zurückzuführen. Beim Vergleich zwischen jüdischen und katholischen Beerdigungsbräuchen läßt sie an ersteren nichts Gutes:

> Der Rabbiner begann die Leichenrede. Ich habe viele solche Reden gehört. Sie warfen einen Rückblick auf das Leben des Verstorbenen, hoben hervor, was er Gutes getan, und rührten damit den ganzen

Schmerz der Angehörigen auf; etwas Tröstendes enthielten sie nicht. Es wurde zwar mit feierlich erhobener Stimme gebetet: »Und wenn der Leib zu Staub zerfällt, so kehrt der Geist zu Gott zurück, der ihn gegeben«. Aber dahinter stand kein Glaube an ein persönliches Fortleben und an ein Wiedersehen nach dem Tode. Als ich viele Jahre später zum erstenmal einem katholischen Leichenbegängnis beiwohnte, machte mir der Gegensatz einen tiefen Eindruck. Es war ein namhafter Gelehrter, der zu Grabe getragen wurde. Aber von seinen Verdiensten, ja von dem Namen, den er in der Welt getragen hatte, war nicht mehr die Rede. Nur unter ihrem Taufnamen wurde die arme Seele der göttlichen Barmherzigkeit empfohlen. Doch wie tröstend und beruhigend waren die Worte der Liturgie, die den Toten in die Ewigkeit geleiteten![18]

Zweifellos unterscheiden sich diese beiden Zeremonien, doch ist klar, daß Edith mit den hebräischen Gebeten und den Psalmen, die bei jüdischen Beerdigungen meist gesprochen werden, nicht vertraut war. Wahrscheinlich verstand sie sie nicht, weil sie die hebräische Sprache nicht beherrschte. Tatsache ist, daß die jüdischen Trauerbräuche heute von vielen Psychologen wegen ihrer außerordentlichen Weisheit anerkannt sind und als geeignet erachtet werden, den Trauernden allmählich aus der Tiefe des Trauerns zur Rückkehr in ein aktives Leben zu verhelfen. Für diejenigen, denen diese Riten und Gebräuche etwas bedeuten, ist es eine traurige Entdeckung, solch ein Unverständnis bei jemandem zu beobachten, der sonst so verständnisvoll ist.
Schließlich finden wir eine Behauptung, daß Selbstmord bei Juden häufiger vorkomme als bei der übrigen Bevölkerung. Das stimmt mit den Tatsachen nicht überein, wenigstens nicht in »normalen Zeiten«. Offensichtlich sind in den Jahren der Verfolgung und systematischen Ausrottung der jüdischen Bevölkerung, als dieser Text geschrieben wurde, mehr Juden zum Selbstmord getrieben worden als andere. Die Gründe dafür liegen nicht in der jüdischen Religion, sondern in der teuflischen Natur der Nazi-Politik.
Aus diesen Beispielen könnte man folgern, daß diese intelligente, wißbegierige und belesene Frau es absichtlich vermied, sich diesbezüglich das nötige Wissen anzueignen, um wohlbegründete Urteile fällen zu können. Vielleicht hielt meine Tante es aber auch für notwendig, ihre Entscheidung, vom Judentum zum katholischen Glauben überzutreten, innerlich dadurch zu rechtfertigen, daß sie Fehler und Schwächen im jüdischen Glauben und seinen Bräuchen aufzeigte.

Manche haben Ediths Weg mit dem von Franz Rosenzweig verglichen, welcher ernstlich daran dachte, zum Christentum zu konvertieren, aber bei einem Besuch des Gottesdienstes am Versöhnungstag so bewegt war, daß er beschloß, einen letzten Versuch zu machen, das Judentum, zu dem er nur eine lose Bindung hatte, für sich wiederzuentdecken und eine Beziehung zu der Religion seiner Vorfahren wiederherzustellen. Er kehrte zum Judentum zurück und wurde ein berühmter Gelehrter. Auf dieses Argument antworten Feministinnen, daß das im Falle Edith Steins hätte geschehen können, wenn sie ein Mann gewesen wäre. Den Frauen ihrer Zeit hatte das Judentum wenig zu bieten. Die begrenzte Rolle, die das traditionelle Judentum den Frauen damals einräumte, hätte Ediths Hunger nach tiefgehender geistiger Nahrung niemals befriedigt. Heutzutage geht es jüdischen Frauen in dieser Hinsicht besser, besonders in den Vereinigten Staaten. Sie können studieren, sich an den Gottesdiensten aktiv beteiligen und zählen, zumindest in konservativen und Reformgemeinden, mit zu den *Minjan*, den zehn Leuten, die für ein Quorum zum Gebet notwendig sind, und werden allmählich zu den Berufen eines Kantors und Rabbiners zugelassen. Aus eigener Erfahrung kann ich bezeugen, daß die Zugehörigkeit zu einer Religion sehr viel mehr an Bedeutung gewinnt, wenn man die Gelegenheit bekommt, in ihren tieferen Schichten zu graben.

Antisemitismus

Auch vor der Machtübernahme durch die Nationalsozialisten war die Gesellschaft zutiefst antisemitisch geprägt. Edith Steins Buch zeigt klar, wie sehr der Antisemitismus als selbstverständlich angesehen wurde und wie verbreitet er war. Im akademischen Bereich war die Laufbahn für Juden sehr begrenzt. In den meisten Fakultäten konnte ein Jude nicht über den Rang eines »außerordentlichen Professors« hinauskommen. Die Taufe jedoch beseitigte dieses Hindernis.[19]

Viele Juden traten aus rein pragmatischen Gründen zum Christentum über. Nur wenige taten es aus religiöser Überzeugung. Edith erwähnt, daß sie ihre Anstellung als Lehrerin an der Breslauer städtischen *Viktoriaschule* dem Mangel an verfügbaren Lehrkräften während des Ersten Weltkriegs verdankte.[20] Ihre Schwester Else hatte in Friedenszeiten keine Stelle erhalten können und mußte schließlich eine Stelle an einer Privatschule

in Hamburg annehmen.[21] Edith erwähnt öfters ihr nicht-jüdisches Aussehen, und scheint recht stolz darauf gewesen zu sein, daß niemand sie für jüdisch hielt.[22] Sie war sich wahrscheinlich gar nicht bewußt, in welchem Ausmaß sie Ansichten, die in ihrer Gesellschaft vorherrschten, selbst angenommen hatte. Ihre herablassende Einstellung gegenüber den Ostjuden hatte sie mit der Mehrheit der deutschen Juden gemein.
Antisemitismus und Vorurteile gab es also schon vor Hitlers Aufstieg zur Macht. Obwohl wir Juden darüber nicht glücklich sein konnten, hatten wir uns in gewisser Weise daran gewöhnt. Und doch war niemand auf das, was kommen sollte, vorbereitet: einen systematischen Antisemitismus, der stufenweise anwuchs bis hin zur Beraubung aller Rechte, der wirtschaftlichen Grundlagen und des Vermögens und schließlich zur »Endlösung«.

Edith Stein und die Stellung der Frau

Abschließend möchte ich gerne ein paar Worte über die Stellung der Frau zur Zeit Edith Steins sagen. Im Jahr 1908 hatte Preußen damit begonnen, Frauen zum Universitätsstudium zuzulassen. Kein Wunder also, daß sich meine Mutter und meine Tante, die sich 1909 und 1911 immatrikulierten, außerordentlich bevorzugt und wegen der ungewöhnlichen Position, in der sie sich an der Universität wiederfanden, gleichzeitig ein klein wenig unsicher fühlten. Nicht daß sie an der Berechtigung oder ihren Fähigkeiten zweifelten, ein Studium aufzunehmen und zu bewältigen. Erna und Edith waren sich ihrer sicher, denn sie waren in dem Bewußtsein erzogen worden, daß Frauen sich sowohl im Haushalt als auch in der Geschäftswelt behaupten könnten. Ihre Mutter war ja ein lebendiges Beispiel dafür. Die Tatsache, daß diese beiden Mädchen die ersten in der Familie waren, die die Universität besuchten, war ein weiterer Beweis dafür, daß ihre Mutter die Forderung hinsichtlich der Möglichkeit einer akademischen Ausbildung für Frauen voll und ganz unterstützte, nicht nur theoretisch, sondern auch finanziell. Jedoch sahen sich beide recht oft erstaunten Blicken seitens der Männer, der Professoren und besonders der Mitstudenten ausgesetzt. Das flegelhafte Benehmen auf den Festen der Studentenverbindungen war berüchtigt; unmäßiges Trinken dabei an der Tagesordnung.
Zu den wichtigsten Problemen der Zeit zählten die Frauenrechte.

Heiß bewegte uns alle damals die Frauenfrage. Hans [Biberstein] war unter den Studenten ein weißer Rabe; er trat nämlich so radikal für vollständige Gleichberechtigung der Frauen ein wie nur irgend einer von uns. Oft sprachen wir über das Problem des doppelten Berufs [für Frauen, d.h. Ehe und Beruf]. Erna und die beiden Freundinnen waren sehr im Zweifel, ob man nicht der Ehe wegen den Beruf aufgeben müsse. Ich allein versicherte stets, daß ich um keinen Preis meinen Beruf opfern würde. Wenn man uns damals die Zukunft vorausgesagt hätte! Die drei andern heirateten und behielten trotzdem ihren Beruf bei. Ich allein blieb unverheiratet, aber ich allein ging eine Bindung ein, der ich mit Freuden jeden andern Beruf zum Opfer bringen wollte.[23]

Die Frauenfrage schien an einem Scheideweg zu stehen. Einerseits kämpften die Frauen um Gleichberechtigung, doch wünschten sie sich eine Emanzipation in gewissen Grenzen. In einem Kurs, den Edith für junge Frauen in der Humboldtgesellschaft gab, wurde klar, daß die Hörerinnen getrennte Klassen den gemischten Klassen und eine Lehrerin einem Lehrer vorzogen.

Sie sprachen mir ... ihre Freude und Dankbarkeit aus, daß ich sie aus dem allgemeinen Kursus gerettet hätte; sie hätten sich so sehr vor den jungen Herren geniert.[24]

Ein noch größeres Problem bestand für Frauen, die an einem anderen Ort studierten. Sie mußten eine Wohnung finden, und selbst in der Universitätsstadt Göttingen, wo Edith studierte, waren die Wirtinnen oft unwillig, an Frauen zu vermieten. Edith hatte Glück. Ihre Wirtin war jung und freundlich.

Es war sehr peinlich, wenn man Wohnung suchte und dann ein mürrisches Gesicht durch einen Spalt herausguckte, um ein paar abweisende Worte zu murmeln. Wir hatten es also sehr gut getroffen.[25]

Und schließlich berichtet sie über eine Studentin, deren Mutter sie nach Göttingen begleitete, um sich um ihre Tochter zu kümmern und sie zu versorgen. Der Vater mußte das ganze Jahr über allein zu Hause bleiben.[26]
Für heutige Leser mag es seltsam erscheinen, daß diese jungen Frauen sich nicht ihre eigenen Mahlzeiten zubereiten konnten, sondern am Studenten-Mittagstisch essen mußten. Höchstens bereiteten sie sich ihr Frühstück selbst. Während der Zeit, als Edith bei ihrem Cousin Richard Courant wohnte, kam täglich eine Putzfrau, um den Kohleofen zu bedienen und der jungen Studentin das Frühstück zu bereiten.[27] Wie haben sich die Zeiten geändert!

Noch ein Nachtrag zu Edith Steins Autobiographie. Wer ist am Ende die Heldin dieses Buches? Ist es Edith oder ihre Mutter Auguste? Viele Leser waren der Ansicht, daß das Bild ihrer Mutter in fast biblischen Dimensionen herausragt. Sie steht dieser Familie vor, versorgend, beherrschend, überredend, in Freude und Leid, manchmal manipulierend, eifersüchtig und Forderungen stellend, und doch geliebt von allen ihren Kindern und Enkeln. Vielleicht ist es angemessen, dieses Kapitel über die Familiengeschichte mit einem Zitat aus dem Brief meines Vaters an seine Kinder zu beenden, denn es zeigt noch einen anderen Blickwinkel auf die autobiographische Darstellung:

> Wenn ich mir überlege, warum Edith alle diese Dinge und noch viele mehr in der nun vorliegenden Weise erörtert, noch dazu da sie weiß, daß sie wohl veröffentlicht werden, kann ich nur zu dem Schluß kommen, daß sie trotz aller zur Schau getragenen Sicherheit hinsichtlich der Wahl ihres Weges ein tiefgehendes Schuldgefühl gegenüber ihrer Mutter hatte.
> Sie, die sich selbst geradezu in der Überzeugung spiegelt, daß sie der Liebling ihrer Mutter sei, mußte sich darüber klar sein, daß keines ihrer Geschwister und auch keines der ausnahmslos »schlechten« Schwiegerkinder ihrer Mutter soviel Enttäuschungen und Herzeleid zugefügt hatte wie sie, deren Wünsche stets erfüllt worden waren (gleichgültig, ob sie wirklich ihr Lieblingskind war oder nicht).
> Die Familiengeschichte, die sie im September 1933 begann, als sie im Begriff war, ins Kloster einzutreten, schrieb sie nicht nur als Huldigung, sondern geradezu als Glorifizierung ihrer Mutter.[28]

Manche Abschnitte in Ediths Buch haben diejenigen, deren familiäre Auseinandersetzungen allzu offen für die Allgemeinheit dargeboten werden, betrübt, doch im großen und ganzen sind wir froh, daß wir dieses authentische Dokument aus der Feder einer Tante haben, die wir alle liebten und verehrten.

15. Kapitel

Im Geiste katholisch-jüdischer Verständigung

Daß ich jüdisch bin, wurde mir im ersten Schuljahr bewußt. Ich besuchte die Volksschule, die jedoch unter katholischer Leitung stand.[1] Unser Klassenzimmer war mit vielen bunten Szenen aus dem Leben Jesu, über das ich nichts wußte, geschmückt.
In jedem Klassenzimmer hing ein Kruzifix, und der Schultag begann mit einem Gebet. Eines Tages rief mich meine Klassenlehrerin ans Katheder und sagte mir, meine Eltern hätten sie gebeten, mich davon zu dispensieren, daß ich mich bekreuzigte und die Gebete mit meiner Klasse sprach. Ich war etwas verdutzt, doch eine weitere Erklärung erfolgte nicht. Gehorsam bekreuzigte ich mich von da an nicht mehr und nahm auch nicht an den Gebeten meiner Mitschülerinnen teil. Auch vom Religionsunterricht, in dem alle meine Mitschülerinnen über das Christentum belehrt wurden, war ich dispensiert.
Kurz darauf freundete ich mich mit einer Klassenkameradin an. Gretel war sanft und gutmütig. Eines Tages war sie nach der Religionsstunde in Tränen aufgelöst. Als ich nach dem Grund dafür fragte, erklärte sie mir, sie habe soeben gelernt, daß die Juden Jesus getötet hätten. Sie wußte, daß ich jüdisch war, und wollte nicht glauben, daß ich so ein schlechter Mensch sei. Naiv wie ich war, versuchte ich sie zu trösten, indem ich ihr versicherte, ich wisse nichts davon; weder ich noch irgend jemand in meiner Familie habe je einen Mord begangen. Ich versicherte ihr, sie müsse wohl etwas mißverstanden haben.
Ich erinnere mich an diese Begebenheit, weil sie meine erste Begegnung mit antijüdischer Indoktrination im Rahmen christlicher Unterweisung war. Glücklicherweise änderte sich dies über vierzig Jahre später mit den Neuerungen, die im Gefolge des Zweiten Vatikanischen Konzils (1962–1965) eingeführt wurden.
Im Alter von sieben Jahren besuchte ich zusammen mit meinem jüngeren Bruder eine jüdische Religionsschule. Dort erhielten wir eine Einführung in die hebräische Sprache, lernten ein wenig biblische Geschichte, jüdische Bräuche und etwas über die Feiertage. Dadurch, daß wir etwas von Judentum lern-

ten und an den Bräuchen zu Hause teilnahmen, bekamen wir ein Verständnis dafür, in welcher Weise wir uns von den meisten in unserer christlichen Umgebung unterschieden.
Viele Jahre später erfuhr ich, daß meine Eltern ganz besonders darauf bedacht waren, uns Kindern eine gute jüdische Ausbildung zu vermitteln, denn sie glaubten, daß meine Tante Edith einen anderen Weg eingeschlagen hätte, wenn sie eine feste Grundlage im Wissen über das Judentum erhalten hätte.
Ich war zwar nicht darauf erpicht, meine Nachmittage in der Religionsschule zu verbringen, doch war ich später sehr dankbar dafür, daß man mich zum Religionsunterricht gezwungen und ich eine recht solide Grundlage erhalten hatte, obwohl wir zu Hause kaum nach jüdischen Bräuchen lebten. Wir zündeten am Freitagabend die Sabbatkerzen an, doch das Hauptereignis war für uns der Sederabend[2], an dem sich die ganze Verwandtschaft in dem großen Saal in Großmutters Haus versammelte. Mein Vater las die Haggadah[3] vor, und ein köstliches Mahl mit allen zeremoniellen Speisen wurde serviert. Immer wenn ich an unsere weitere Familie denke, wie sie vor der Nazizeit und der Zerstreuung in alle Welt bestand, ist es die Sederfeier, die mir am lebhaftesten vor Augen steht.
In unserer Wohngegend waren Juden eine ganz kleine Minderheit. Da mein Bruder und ich schwarze Haare und eine etwas dunklere Gesichtsfarbe hatten, unterschieden wir uns stark von vielen unserer Mitschüler. Uns wurden oft antisemitische Schimpfworte von Kindern auf der Straße zugerufen. Wir taten so, als ob wir es nicht hören würden, und gaben keine Antwort. Von früher Kindheit an war uns eingeschärft worden, nie etwas Auffallendes zu tun. Die Theorie schien zu sein, wenn man nicht auffiele, wenn man sich korrekt benehmen würde, sich nur um sich selbst kümmerte und in jeder Beziehung sein Bestes täte, könne keiner uns etwas Schlechtes nachsagen oder etwas antun. Wenn man rückblickend daran denkt, wie es all den vielen wohlerzogenen jüdischen Kindern mit tadellosem Benehmen unter dem Nazi-Regime erging, kann man nicht umhin, die böse Ironie, die darin steckt, zu bemerken.
Im Frühjahr 1933 wurde meine Tante Edith aus ihrer Lehrtätigkeit in Münster entlassen. Während sie über ihre Zukunft nachdachte, faßte sie einen kühnen Plan: Sie würde um eine Audienz bei Papst Pius XI. bitten und ihn ersuchen, eine Enzyklika gegen den Antisemitismus zu verfassen. Ihre Bemühungen waren edel, aber vielleicht auch etwas naiv in ihren Vorstellungen. Man beschied ihr, daß wegen des »Heiligen Jahres« der Andrang

der Pilger nach Rom so groß sei, daß für sie keine Aussicht bestünde, vom Papst in einer Privataudienz empfangen zu werden.[4] Höchstens könnte sie sich erhoffen, im Rahmen einer kleinen Gruppe zugelassen zu werden. Sie glaubte, daß ihr damit nicht gedient sei, und schrieb stattdessen einen Brief an den Papst, in dem sie ihm ihre Bitte ausführlich erläuterte. Dieser Brief befindet sich noch immer unter den versiegelten Dokumenten des Vatikans; wir besitzen nur ihre Beschreibung dieses Ereignisses:

> Ich weiß, daß mein Brief dem Heiligen Vater versiegelt übergeben worden ist; ich habe auch einige Zeit danach seinen Segen für mich und meine Angehörigen erhalten. Etwas anderes ist nicht erfolgt. Ich habe aber später oft gedacht, ob ihm nicht dieser Brief noch manchmal in den Sinn kommen mochte. Es hat sich nämlich in den folgenden Jahren Schritt für Schritt erfüllt, was ich damals für die Zukunft der Katholiken in Deutschland voraussagte.[5]

In ihrem Bestreben, ein besseres Einvernehmen zwischen Christen und Juden herbeizuführen, war Edith Stein ihrer Zeit voraus. Leider bedurfte es des Grauens der Shoah, des Holocaust, um die umfassenden Reformen herbeizuführen, die mit dem Entschluß von Papst Johannes XXIII., das Zweite Vatikanische Konzil im Jahr 1962 einzuberufen, ihren Anfang nahmen. Edith Stein war nur eine von Millionen, die umgebracht wurden, weil sie Juden waren. In ihrem Brief an Papst Pius XI. sprach sie für das Volk, dem sie entstammte. Andere Bemerkungen zeigen sie jedoch als eine vorkonziliare Katholikin. In ihrem Testament erklärt sie ihre Absicht, für den Unglauben des jüdischen Volkes zu sühnen, und in einer Unterhaltung mit ihrer Mutter, unmittelbar bevor sie in den Karmel eintrat, antwortete sie auf eine Bemerkung ihrer Mutter, es sei wohl möglich, jüdisch fromm zu sein: »Gewiß, wenn man nichts anderes kennengelernt hat.«[6] Was damit gesagt sein soll, ist klar: Das »Andere« ist etwas Besseres.

An dieser Stelle muß ich einer der »Legenden« über Edith, wonach sie angeblich ein katholisches Brevier benutzte, um bei Synagogenbesuchen mit ihrer Mutter Gebete zu sprechen, aufs nachdrücklichste widersprechen. Meine Mutter sagte immer: »Edith hätte das niemals getan. Dafür war sie viel zu anständig und respektvoll.«

Weder Edith Steins Brief noch die Argumente anderer, prominenterer Persönlichkeiten vermochten den Papst dazu zu bewegen, eine Enzyklika gegen den Antisemitismus zu verfassen. Es heißt öfters, daß die Enzyklika *Mit brennender Sorge* von Papst

Pius XI., die 1937 herauskam, eine Antwort auf Edith Steins Gesuch gewesen sei. Dieses Dokument wurde jedoch erst vier Jahre nach ihrem Brief verfaßt und erwähnt die Juden gar nicht. Als der amerikanische Jesuit John LaFarge vom Papst mit dem Entwurf einer Enzyklika über das Thema, das Edith Stein im Frühjahr 1933 in ihrem Brief erwähnt hatte, beauftragt wurde, zog sich die Arbeit daran lange hin. Veröffentlicht wurde die Enzyklika nicht. Der endgültige Entwurf wurde erst 1997 bekannt. Ebenso wurde erst vor wenigen Jahren bekannt, wie umständlich der Weg wirklich war, auf dem das Dokument entstand; auch zeigt der Text, daß die Verfasser noch in den Vorurteilen der Vergangenheit befangen waren und diese Vorurteile weiterhin im Text enthalten sind. Pater Jan Nota[7], der den Entwurf zu *Humani Generis Unitas* – Die Einheit der menschlichen Rasse – entdeckt und analysiert hat, fand darin so viel an überholter Theologie, daß er dazu bemerkte: »Gott sei Dank, daß dieser Entwurf nur ein Entwurf geblieben ist!«[8]

Seitdem hat die Kirche große Fortschritte gemacht. Das Zweite Vatikanische Konzil hat die Kirche in die moderne Zeit geführt, indem es den Dialog mit den verschiedenen Konfessionen aufnahm und zu einer Erneuerung des Denkens ermutigte. Durch das berühmte Dokument *Nostra aetate,* die Erklärung über das Verhältnis der Kirche zu den nicht-christlichen Religionen, eröffnete es auch ein neues Verhältnis zu den Juden. Erst mit diesem Dokument, welches am 28. Oktober 1965 feierlich verkündet wurde, wies die katholische Kirche »jede Verfolgung, gegen wen auch immer sie sich wenden möge«, zurück. Msgr. John M. Oesterreicher sagt dazu in seiner Beurteilung der Entwicklung der Kirche 25 Jahre nach *Nostra aetate:*

> Wir alle, Christen sowohl als auch Juden, müssen verstehen lernen, wie die anderen denken und fühlen, welche Wege sie gehen und was sie leisten. Niemals sollten wir in den Worten anderer verborgene Absichten vermuten noch versäumen, den ihnen ziemenden Respekt zu zeigen. Wir dürfen nicht vergessen, daß die Konzilserklärung eine Friedenserklärung ist, eine einzigartige Gelegenheit, die Gott für uns geschaffen hat und die wir nicht versäumen dürfen.[9]

Mit seinen großen Sprachkenntnissen und seiner Bereitschaft, die ganze Welt zu bereisen – auch heute noch im hohen Alter und trotz seines schlechten Gesundheitszustandes – hat Papst Johannes Paul II. es ermöglicht, Brücken zu bauen, wo bisher unüberbrückbar erscheinende Abgründe existierten. Der Papst schenkt jüdischen Fragen seine Aufmerksamkeit. Wohin er auch reist, sieht er meist ein Treffen mit Vertretern der dortigen

jüdischen Gemeinschaft vor. Als ein Streit wegen der Gründung eines Karmelklosters dicht neben dem Todeslager Auschwitz entbrannte, sorgte der Papst für die Verlegung des Klosters.
Im Jahr 1993 wurden auf seine Veranlassung hin diplomatische Beziehungen zwischen dem Vatikan und Israel aufgenommen, und 1994 unterstützte er ein Konzert im Vatikan zum Gedenken an die *Shoah.* Schon vorher, im Jahr 1986, traf Papst Johannes Paul II. eine historische Entscheidung, als er die große Synagoge in Rom besuchte; es war dies der allererste Besuch eines Papstes. Bei dieser Gelegenheit verurteilte er ausdrücklich den Antisemitismus. Er redete die Juden als »unsere älteren Brüder« an. Er erinnerte sogar an die Deportationen der Juden Roms während des Holocaust. Diese Taten und Worte des jetzigen Papstes werden in jüdischen Kreisen begrüßt. Sie stehen in scharfem Gegensatz zu der Politik des Vatikans zur Zeit der Machtergreifung durch den Nationalsozialismus.
Am 20. Juli 1933 schloß der Vatikan mit der Hitlerregierung ein Konkordat – eine Art Nichteinmischungsabkommen – ab, das von Eugenio Pacelli, dem damaligen Staatssekretär des Apostolischen Stuhles, dem späteren Papst Pius XII., unterzeichnet wurde. Ich erinnere mich noch genau, daß die Nachricht von der Unterzeichnung dieses Konkordats zwischen dem Vatikan und Deutschland eine durchschlagende Wirkung auf die Nazigegner und besonders auf die Juden in Deutschland hatte. Zu dieser Zeit hätte der Vatikan eine klare Position gegen die Ideologie der Nazis und gegen Hitlers Antisemitismus und aggressive Außenpolitik einnehmen können, ohne sich irgendeinem Risiko auszusetzen. In der Tat hätte der Papst als geistliches Oberhaupt der römisch-katholischen Kirche in Deutschland einem großen Teil des deutschen Volkes die Unvereinbarkeit zwischen Programm und Politik der Nationalsozialisten und den ethischen Prinzipien der Kirche aufzeigen können. Stattdessen festigte dieses Konkordat das Ansehen dieses schändlichen neuen deutschen Kanzlers in den Augen der Welt.
Als im September 1939 der Krieg ausbrach, mag eine wirksame Intervention sehr viel schwieriger gewesen sein, denn Hitlers Macht war in diesen sechs Jahren gewachsen und sein übles Programm war Schritt für Schritt in die Wirklichkeit umgesetzt worden. Während der vorhergehenden Jahre hätten Pius XI. und sein Nachfolger Pius XII. eine Menge erreichen können.
Obwohl schon viel Material über die Rolle von Papst Pius XII. während der Kriegsjahre, in denen die Nazis den schlimmsten Teil der Judenverfolgung durchführten, angesammelt worden

ist, sind doch nicht alle Dokumente verfügbar, um den gesamten Sachverhalt untersuchen und ein objektives Urteil fällen zu können. Deshalb wollen wir, statt uns noch weiter der Vergangenheit zuzuwenden, die wichtigen Schritte ins Auge fassen, die heute vom Vatikan unternommen werden.

Am 26. Mai 1994 erklärte die Kirche im Rahmen von Gesprächen in Jerusalem, sie sei mit der Vorbereitung eines Dokuments beschäftigt, welches die Rolle der Kirche bei der jahrhundertelangen Förderung des Antisemitismus behandeln sowie ihr Versagen, dem Holocaust Einhalt zu gebieten, eingestehen solle. Das Dokument sollte von einem Komitee deutscher und polnischer Bischöfe entworfen werden, und sein provisorischer Titel lautete »Antisemitismus, Holocaust und Kirche«. Dieses 14seitige Dokument war elf Jahre in Vorbereitung und wurde schließlich am 16. März 1998 unter dem Titel »Wir erinnern uns: Gedanken zur Shoah« veröffentlicht. Obwohl es sein Bedauern über die Sünden und Fehltritte einzelner Katholiken zum Ausdruck bringt, scheint es »die Kirche« als Institution von irgendeiner Schuld am Holocaust freizusprechen. Es macht auch einen Unterschied zwischen dem »Antisemitismus« der Nazis und dem »Antijudaismus«, der unter christlichen Menschen zu finden war. Während es festhält, daß »die Shoah das Werk eines vollkommen modernen, neu-heidnischen Regimes war«, gibt es zu, daß das antijüdische Lehren und Predigen über Jahrhunderte hinweg mit dazu beigetragen habe, die Grundlage zu schaffen, auf der die Nazidoktrin gedeihen konnte. Die unmittelbare jüdische Reaktion war gemischt. Kardinal Cassidy, Präsident der Vatikanischen Kommission für Religiöse Beziehungen zu den Juden, erläuterte jedoch in einer Ansprache vor dem American Jewish Committee in Washington DC am 15. Mai 1998 seine »Gedanken« zum obigen Dokument.[10] Er machte einige Punkte verständlicher und bat seine Zuhörer, das Dokument nicht losgelöst vom Zusammenhang mit all jenen zu verstehen, die schon vorher von den Bischofskonferenzen verschiedener europäischer Länder erlassen worden waren, noch von den vielen Verlautbarungen durch Papst Johannes Paul II. Diejenigen, die eifrig bemüht sind, eine Versöhnung herbeizuführen, wie z.B. Rabbiner James Rudin und Eugene Fisher[11], betonen, daß dieses Dokument zwar nicht rundum zufriedenstellend ist, aber doch einen wichtigen Schritt auf dem Weg zu größerer Offenheit darstellt. Es bezichtigt die Holocaust-Leugner der Lüge und kann als Material für den Unterricht dienen. Es endet mit der Botschaft:

Wir beten, daß unsere Trauer über die Tragödie, die das jüdische Volk in unserem Jahrhundert erlitten hat, uns zu einem neuen Verhältnis zum jüdischen Volk bringen möge. Wir wollen von dem Bewußtsein der begangenen Sünden zu einem positiven Plan für eine neue Zukunft gelangen, in der wir keinen Judenhaß unter Christen mehr finden und keinen Christenhaß unter Juden. Laßt uns stattdessen einander achten, wie es sich für Menschen gehört, die den Einzigen Schöpfer und Herren anbeten und deren Glaube von unser aller Vater Abraham abstammt.[12]

Im allgemeinen bringen Juden in führenden Stellen jedoch ihre Enttäuschung und Bestürzung zum Ausdruck und weisen darauf hin, daß die Bischöfe in Deutschland, Frankreich und Polen Stellungnahmen abgegeben hätten, die in ihrer Bereitschaft, Verantwortung für das Versagen der Kirche in der Nazizeit zu übernehmen, viel weiter gingen als dieses vom Vatikan erlassene Dokument. Jüdische Stimmen fordern zum Öffnen des Vatikanarchivs auf, um Zugang zu den Dokumenten über den Holocaust zu gewinnen, damit der Sachverhalt so objektiv wie möglich ermittelt werden kann.
Mein eigenes Engagement für den jüdisch-katholischen Dialog habe ich vor Jahren von meiner Mutter übernommen. Als einzige Überlebende der Geschwister Edith Steins hatte sie einen immensen, weltweiten Briefwechsel mit vielen Menschen geführt, die an Edith Stein interessiert waren. Manche waren wissenschaftlich, andere nur allgemein interessiert, und wieder andere, die selbst vom Judentum zum Katholizismus konvertiert waren, sahen in Edith eine Gleichgesinnte. Für viele Menschen stellte Edith Stein eine Art Verschmelzung zwischen Judentum und Christentum dar. Nachdem meine Mutter im Januar 1978 gestorben war, fielen mir ihre gesamte Korrespondenz und alle ihre Verbindungen zu, und seitdem habe ich viel mit diesem Vermächtnis zu tun. Und weil ich oft aufgefordert wurde, Anfragen aus vielen Richtungen, christlichen als auch jüdischen, zu beantworten, mußte ich mir über mein eigenes Denken klar werden, über dieses Thema informiert sein und auch über Fortschritte und Änderungen auf dem laufenden bleiben.
Vor der Seligsprechung Edith Steins schrieb ich einen Artikel für das *New York Times Magazine* [13], in dem ich über meine Tante, ihre Beziehungen zu ihrer jüdischen Familie und deren Haltung zu Ediths Konversion zum Katholizismus und dem Eintritt in den Karmel erzählte. Damals wurde mir klar, daß im Brennpunkt der Diskussion die Frage steht: »Ist Edith Stein eine Gestalt der Versöhnung oder der Entzweiung im katholisch-jüdi-

schen Dialog und ein Hindernis in dem Bestreben nach Annäherung?« Das ist die Frage, mit der die Edith-Stein-Gesellschaften in verschiedenen Teilen der Welt ringen, und sie taucht jedesmal auf, wenn der Name Edith Stein fällt. Selbst unter den Verwandten wird diese Frage heftig debattiert und erörtert. So bestand mein Cousin Gerhard Stein, der bei seiner Heirat evangelisch wurde, darauf, daß

so wie berichtet wird, daß Jesus sein Leben für die Sünden der Menschheit geopfert hat, auch Edith, nach Berichten, bewußt als Opfer für ihr geliebtes jüdisches Volk in den Gastod ging. Anzeichen von Ediths Bestimmung sind ihre Geburt am Versöhnungstag, dem jüdischen Jahrestag der Versöhnung mit Gott für alle Vergehen, und ihr Tod am Tag, an dem der Zerstörung des Tempels in Jerusalem gedacht wird (Tischa b'Av)...[14]

Er glaubte, Edith Stein könne der Welt als Symbol für die Juden, die im Holocaust starben, dienen. Für uns Juden ist es beunruhigend, jemanden, der sich vom Judentum abgewandt und zum Christentum übergetreten ist, als Symbol für die Juden zu betrachten. Bezogen auf ihre eigene Familie, war Edith nur eine von vier Geschwistern, die Opfer der Nazis wurden. Hinzu kommen die Schwierigkeiten bezüglich der Auffassung, daß Edith »für ihr Volk« in den Tod gegangen sei. Der Tod Jesu wird von den Christen als ein Sühnetod betrachtet. Durch sein Opfer büßte Jesus für die Sünden der Menschen und erlöste sie. Im Gegensatz dazu wurde meine Tante Edith zusammen mit Millionen anderer Juden getötet. Ihr Leiden und Tod konnten die anderen nicht retten. Es war ein Tod, den sie nicht gewählt hatte, den sie nicht wählen und den sie nicht vermeiden konnte. Es war ein Tod, der dem Morden weder ein Ende setzen noch eine religiöse Bedeutung verleihen konnte. Tatsache ist, daß Edith Stein in Solidarität mit »ihrem Volke« starb. Obwohl sie die jüdische Gemeinschaft verlassen hatte, wurde sie, in einer ironischen Wendung, im Tode mit ihr vereint. Sie war in dieses Schicksal ergeben, aber sie hatte keine Macht darüber. Weil sie als Jüdin geboren war und von jüdischen Eltern abstammte, definierten die Nazis sie als jüdisch, und so wurde sie eine »Märtyrerin von Auschwitz«.
Kurz vor Edith Steins Seligsprechung ging mein Bruder Ernst Ludwig Biberstein folgendermaßen darauf ein:

Edith hat, fast buchstäblich bis zum letzten Augenblick, ihre Auswanderung [aus Holland] betrieben und wohl auf Rettung gehofft. Von einer Sehnsucht nach einem Opfertod kann da wohl kaum die

Rede sein. Und Opfer wofür? Man schreibt ihr – wohl apokryph – eine Äußerung zu, die jemand bei ihrem Abtransport gehört haben will: »Wir gehen für unser Volk.« Ja, wie denn: für? Heißt das »anstatt«, was ja kaum den Tatsachen entspräche; oder »um seinetwillen«? Seiner Sühnung und Erlösung willen vielleicht, weil es verstockt im Unglauben verharrt ist? Ist das die Basis für Martyrium und Seligsprechung? Davon müßte ich mich ja ganz entschieden distanzieren Da dürfte ich ja gar nicht dabeisein. Denn das wäre ja eine fast lästerliche Abwertung des Opfers der Millionen, die um ihres Glaubens willen »al kiddush haschem« (d.h. zur Heiligung des Göttlichen Namens) wie sie in einen viehischen Tod gegangen sind.[15]

Edith Steins Seligsprechung in Köln am 1. Mai 1987 bot mehrere Gelegenheiten, über diese Dinge zu sprechen. Edith Steins Neffen und Nichten, die der Seligsprechung beiwohnten, waren nicht alle jüdisch. Gerhard Stein habe ich schon erwähnt. Werner Gordon, der damals in Kolumbien lebte und inzwischen verstorben ist, war mit einer Katholikin verheiratet und der Vater einer großen, ausnahmslos katholischen Familie. Ich hatte immer angenommen, daß er selbst getauft war, aber nach seinem Tod fanden wir heraus, daß er bestimmt hatte, er wolle auf einem jüdischen Friedhof nach jüdischem Ritus beerdigt werden. Seine katholische Familie respektierte seinen Wunsch.
Anläßlich der Seligsprechung unserer Tante Edith kamen in unseren Unterhaltungen sehr verschiedene Meinungen über die Bedeutung dieses Ereignisses und über die Symbolik von Edith Stein zutage. Das Erfreulichste an diesem Familientreffen war unser Gefühl der Zusammengehörigkeit. Als alles vorüber war, setzten wir die Diskussionen und Debatten fort. Wir kamen nicht auf einen Schlag zu einem Einverständnis, aber wir hatten einen Weg gefunden, einander zu verstehen und unsere familiäre Bindung nicht zu vergessen. Als wir uns im Jahr 1998 darauf vorbereiteten, bei Edith Steins Heiligsprechung in Rom zugegen zu sein, erinnerten wir uns an das erhebende Gefühl vom Mai 1987 und freuten uns schon darauf, unsere Familienbanden zu erneuern und das unterbrochene Gespräch fortzuführen.
In kleinem Maßstab spiegelt die Familie Edith Steins die Familie der Menschheit wider. So wie die Familie Stein trotz unterschiedlicher Herkunft und unterschiedlicher Glaubensausrichtungen zusammenkommen konnte, so können Juden und Christen in einer Atmosphäre des Friedens und guten Willens zusammenkommen, um ein Gespräch miteinander zu beginnen, zu versuchen, sich gegenseitig zu verstehen und einen Weg zu finden, um Verschiedenheiten zu überbrücken. Manchmal wer-

den die Diskussionen in unserer Großfamilie ziemlich heftig, doch respektieren wir das Recht der anderen, anderer Meinung zu sein. Nach den politischen Umwälzungen, die uns in alle Winde verstreut haben, weigern wir uns, uns von ideologischen oder religiösen Differenzen auseinanderdividieren zu lassen. Der Begriff »Familie« muß ein einigendes Prinzip bleiben.
Meine Kontakte mit Menschen, die, ob einzeln oder in Gruppen, das Gespräch suchen, sind recht aufschlußreich und anregend. Wo immer wir Orte, die mit Edith Stein verbunden sind, besucht haben, wurden wir sehr herzlich aufgenommen. Meine Besuche in verschiedenen Karmelklöstern haben auch zu meinem Verständnis des Lebens meiner Tante im Orden beigetragen. Wir haben Karmelklöster in Deutschland, Polen und einigen amerikanischen Städten besucht und festgestellt, daß sie doch sehr verschieden sind. Das am meisten traditionell ausgerichtete Kloster unter ihnen war wohl das Karmelitinnenkloster in Breslau, wo die Nonnen ihren Besuchern noch immer durch ein Gitter getrennt gegenübersitzen. Auf der anderen Seite der Karmel in Reno, Nevada, wo die Schwestern bei der Arbeit Blue Jeans und Sweatshirts tragen. Aber das sind alles Äußerlichkeiten. In ihrer Arbeit und ihrer Hingabe ähneln sie sich einander mehr, als daß sie sich unterscheiden, und ihre lebhafte Anteilnahme an Edith Stein ist überall gleich groß. Sie sind sehr darauf bedacht, jemanden kennenzulernen, der ihre Mitschwester im Karmel wirklich kannte und ihnen einen einzigartigen Einblick in die Familie geben kann. Selten diskutieren wir über Politik, doch sind die meisten von ihnen nicht so von der Außenwelt abgeschnitten, wie man vielleicht glauben mag. Sie wissen, was in der Welt vorgeht, und dürfen, anders als die Karmelitinnen zu Tante Ediths Zeiten, in Krankheits- oder Todesfällen Familienmitglieder besuchen.
Ich pflege mit den verschiedenen Edith-Stein-Gesellschaften in Amerika und anderswo engen Kontakt und habe von diesen Beziehungen viel gelernt und profitiert. Der Kölner Karmel *Maria vom Frieden*[16], das Kloster, in dem Edith Stein lebte, unterhält das wichtigste Archiv mit Dokumenten und Gegenständen, die zu ihrem Leben und Werk gehören. Die Archivverwalterin, Sr. M. Amata Neyer, ist geradezu eine lebende Enzyklopädie in Sachen Edith Stein. Auch der Edith-Stein-Karmel in Tübingen[17] besitzt eine große Sammlung von Materialien und fördert die Forschung und Verbreitung diesbezüglichen Wissens. Sr. Waltraud Herbstrith, die gegenwärtige Priorin, ist eine höchst produktive Autorin und Referentin zum Thema Edith Stein.

Die Dominikanerinnen von St. Magdalena in Speyer[18], wo Edith Stein von 1923 bis 1931 unterrichtete, haben eine kleine Gedenkstätte und ein Museum in dem Zimmer eingerichtet, welches Edith Stein in jenen Jahren bewohnte. Sie haben Bücher, Dokumente und Andenken zusammengestellt und empfangen viele Besucher, die einen Ort aufsuchen wollen, an dem Edith Stein gelebt und gewirkt hat. Die Nonnen von St. Magdalena halten ihre einstige Lehrerin in liebender Erinnerung und hohen Ehren. Ein wunderschönes Buch von Maria Adele Herrmann OP, das auf gewissenhafte Forschung gegründet ist, beschreibt die Jahre, die Edith Stein in Speyer verbrachte, und dient der Würdigung und Dokumentation dieser Phase ihres Lebens.[19]
In etwas anderem Stil ist eine einzigartige Gedenkstätte für Edith Stein in Lambrecht/Pfalz eingerichtet. Diese Ausstellung wurde von dem Karmeliterbruder Toni Braun geschaffen, der im Nachgehen von Edith Steins Lebensweg von ihrem Geburtsort Breslau bis zu ihrem Todesort Auschwitz sowie durch Begegnungen mit ihren Freunden und Verwandten eine Menge von Gegenständen, Büchern und Andenken zusammengetragen hat. Von seinem Karmel in Mainz unterstützt, richtete er seine Gedenkstätte im Heim seiner Eltern, dem Toni-Schröer-Haus, ein und bietet dort Führungen für Einzelne oder Gruppen an, im Bestreben, das Wissen um Edith Steins Leben und Wirken zu verbreiten und ihre Botschaft von Liebe, Glaube und besserem Einvernehmen zwischen Nationen und Religionen zu fördern.[20]
In den Vereinigten Staaten gibt es das *Edith Stein Center*[21] an der Spalding University in Louisville, Kentucky, gegründet von Sr. Mary Catharine Baseheart[22] im Jahr 1991. Seine wachsende Bibliothek und hervorragende Vortragsreihen sind Edith Stein und dem katholisch-jüdischen Dialog gewidmet.
Sowohl in Amerika als auch in Europa sind mehrere Edith-Stein-Gesellschaften entstanden. Die Edith Stein Guild[23] mit dem Hauptsitz in New York wurde 1955 von zwölf Personen gegründet, die sich mit der Absicht zusammenfanden, die jüdisch-katholischen Beziehungen zu verbessern. Ihr Ziel war es, das Wissen über Edith Stein zu verbreiten, Katholiken jüdischen Ursprungs zu helfen, sich in ihre neue Religion einzuleben und das gegenseitige Verständnis zwischen Katholiken und Juden zu fördern. Heute hat diese Organisation mehr als 300 zahlende Mitglieder und eine Adressenliste von über 1000 Namen. Viele ihrer Gründer sind noch immer aktive und begeisterte Mitarbeiter. Im Jahr 1988 verlieh die Guild ihren jährlichen Edith-Stein-Preis an Sr. Josephine Koeppel OCD[24] und an mich für unsere

»Bemühungen, durch [unsere Schriften] eine Atmosphäre besseren Verständnisses zwischen Katholiken und Juden herzustellen«.

Andere Organisationen, die der Verehrung und dem Studium des Lebens und Wirkens von Edith Stein dienen, sind:

Die *Edith Stein Gesellschaft von Breslau – Towarzystwo im. Edyty Stein)*, gegründet 1989.[25] Diese Gruppe hat sich die Verbreitung der Information über Leben und Werk Edith Steins, die Förderung ihrer Heiligsprechung und die Bemühung um bessere Beziehungen zwischen Katholiken und Juden und zwischen Polen und Deutschen zum Ziel gesetzt. Nach Überwindung vieler Hindernisse hat die Gesellschaft jetzt das ehemalige Haus der Familie Stein in Breslau erworben, um dort ein Zentrum für christlich-jüdische und polnisch-deutsche Verständigung, ein Museum und eine Bibliothek und einen Ort für Vorträge und Forschung einzurichten. Zur Zeit wird das Haus zu diesem Zweck restauriert.

Wir stehen mit der Gesellschaft in Kontakt. Während unseres letzten Besuches 1997 sprach uns der Vorstand der Organisation seine Besorgnis darüber aus, daß alle ernsten Versuche, eine nähere Beziehung mit der jüdischen Gemeinde von Breslau aufzunehmen, zurückgewiesen worden seien. Wir glauben, daß in diesem Falle der Name Edith Stein nicht dazu dient, Brücken zu bauen, sondern vielmehr Hindernisse errichtet.

Wenn man sich der jüdischen Gemeinschaft im Namen Edith Steins nähert, wird ein Bekehrungsversuch vermutet. Das Schwierige ist hier natürlich, daß ein Jude, der zum Christentum übergetreten ist, den Juden nicht als ein Vorbild gelten kann. Deshalb rieten wir der dortigen Edith-Stein-Gesellschaft, anstatt die jüdische Gemeinde zu Veranstaltungen der Gesellschaft einzuladen, nach Projekten Ausschau zu halten, die von beiderseitigem Interesse und Vorteil sein und an denen beide Gruppen gemeinschaftlich arbeiten könnten. Einander auf neutralem Boden zu treffen und gemeinsame Ziele zu erarbeiten könnte zu positiven Ergebnissen führen.

Die *Edith-Stein-Gesellschaft von Lublinitz (Polen)*[26], die mit der größeren Organisation in Breslau eng verbunden ist, wurde am 27. Juni 1991 gegründet. Sie unterhält eine Dauerausstellung über Edith Stein und ihre Vorfahren, die in dieser Stadt gelebt haben. Die Ziele dieser Gesellschaft sind die gleichen wie die der Gesellschaft in Breslau.

Die *Edith-Stein-Gesellschaft Deutschland* wurde am 30. April 1994 gegründet und hat ihren Sitz in Speyer.[27] Ihr Zweck ist, die

vielen Gruppen in Deutschland, die sich mit Edith Stein beschäftigen, untereinander zu verbinden, ihnen zu ermöglichen, miteinander im Gespräch zu bleiben und Informationen auszutauschen. Ihr Ziel ist es, die Verehrung von Edith Stein zu fördern, ihre Botschaft und das Zeugnis ihres Lebens und Werkes zu verbreiten; die Forschung über Philosophie, Theologie, Pädagogik zu unterstützen, Symposien, Pilgerfahrten und den christlich-jüdischen Dialog zu pflegen und das deutsch-polnische Verständnis zu fördern. In München/Würzburg erscheint, davon unabhängig, ein *Edith Stein Jahrbuch* mit wissenschaftlichen Artikeln über verschiedene Aspekte ihres Wirkens und Lebens und damit verbundene Themen. Wahrscheinlich bestehen noch weitere Gruppen oder Organisationen, über die ich keine Kenntnis habe.
Mein Kontakt mit verständnisvollen und aufrichtigen Menschen, die es ehrlich meinen mit ihrem Wunsch, durch gegenseitigen Gedankenaustausch ihr Wissen zu erweitern und auch zu meinem beizutragen, ist stets erfreulich gewesen. Andererseits habe ich hin und wieder solche getroffen, die in Wirklichkeit nur daran interessiert sind, mich von der Überlegenheit ihres eigenen Glaubens zu überzeugen, und so durch ihre Tätigkeit demonstrieren, daß sie die Bedeutung von Dialog mißverstanden haben, da es ihnen lediglich um Missionierungsversuche gegenüber den Juden geht.
Die Christen und Juden haben schon einen langen Weg in ihrem Streben nach Annäherung und besserem gegenseitigen Verständnis zurückgelegt, aber unsere Arbeit ist noch lange nicht beendet. Wir müssen mit offener Bereitschaft und gegenseitiger Achtung den Glauben und die Weltanschauung des anderen kennenlernen und einander das Recht zugestehen, anders zu sein und auf unsere eigene Art unsere Religion auszuüben.
Abschließend noch ein Wort über Verzeihung. Die Juden können weder den Tätern des Holocausts noch denen, die schweigende Zuschauer waren, vergeben. Die Überlebenden können den Tod der Opfer nicht verzeihen. Wir können dem *mea culpa* derer zuhören, die wirkliche Reue empfinden, aber das Verzeihen müssen wir Gott überlassen. Wenn wir unsere Vergangenheit überprüft und unsere Fehler ehrlich zugegeben haben, können wir vertrauensvoll vorwärtsgehen und miteinander für gemeinsame Ziele arbeiten. Und mit Gottes Segen können wir die Aufgabe von *tikkun olam*, der Besserung der Welt, angehen.

Vorwort für die amerikanische Ausgabe

Die Autorin dieses herausragenden Buches ist die Nichte einer Jüdin, die von der katholischen Kirche als Heilige betrachtet wird. Heilige sind für Katholiken Menschen, deren Leben oder, im Falle von Märtyrern, deren Todesart die Kirche als in spiritueller Hinsicht nachahmenswert ansieht. Im Falle Edith Steins, eines Opfers von Auschwitz, ist beides gegeben. Dieses Buch ist zu großen Teilen eine Biographie, ein besonders wertvoller Blick auf Leben und Tod einer katholischen Heiligen, geschrieben von einem nahen Mitglied ihrer weitverzweigten und eng verknüpften Familie. Wunderbar erzählt, wird es katholische Leser, die die Bedeutung von Heiligkeit im Rahmen eines wohl gelebten, jedoch tragisch ausgehenden Lebens begreifen wollen, gleichermaßen fesseln und erbauen.

Dieses Buch ist außerdem die Geschichte von Edith Steins Familie, von der die meisten nicht zum Christentum übergetreten sind, sondern, wie die Verfasserin, gläubige und praktizierende Juden blieben, und von der viele von der Todesmaschinerie der Nazis erfaßt wurden. Aus dieser Perspektive ist dieses Buch kein katholisches Buch, sondern ein zutiefst jüdisches. Es ist die Geschichte einer jüdischen Familie, die wie die Generation vor ihr ein in aller Regel friedliches Leben führen konnte. Zwar drang auch in deren Leben zeitweise der traditionelle Antisemitismus ein, doch nicht so stark, als daß die Familie in Verzweiflung getrieben worden wäre. Im Gegenteil, sie war eine blühende, vorwärtsstrebende Gemeinschaft voller Hoffnung, Humor und Vertrauen in die Zukunft.

Aus all dem wurde sie durch die politischen und später militärischen Erfolge der Nazis herausgerissen, deren rassistischer Antisemitismus Europa wie eine Flut überschwemmte, die den Damm moralischer und humaner Grundüberzeugungen durchbrach, welcher früheren Generationen jüdischer Familien in schlimmen Zeiten einen gewissen Schutz gewährt hatte. Wie so viele andere jüdische Familien wurde auch sie, die in der Vergangenheit so viele Herausforderungen bestanden hatte, fortgeschwemmt. Ihre Geschichte, Edith Steins Geschichte, ist eine ergreifende Erzählung von Schmerz, Kampf, Tod und Überleben.

Lange vor der Katastrophe hatte sich Edith Stein, zur Bestürzung ihrer Familie und nach Jahren des Unglaubens, entschlossen, erst Katholikin und dann Nonne zu werden. Dennoch

wurde sie von den Nazis geächtet und am Ende ermordet, denn in deren Augen war und blieb sie weiter jüdisch. Als Leser lernen wir Edith Stein und ihre Familie vor der Katastrophe kennen und fühlen uns deshalb tief mit ihrem Schicksal verbunden. Dies ist der Kontext, innerhalb dessen die Größe und Menschlichkeit von Susanne Batzdorffs Buch erkennbar wird – ein historischer und sozialer Kontext voller Vieldeutigkeit, voll solcher schrecklicher Übeltaten, daß man neue Worte erfinden mußte, die niemals zuvor in der Sprache des Menschen existiert hatten, wie z.B. »Genozid«, und bekannte Worte wie »Holocaust« neu definieren mußte, um überhaupt, wenn auch nur zögernd und unzulänglich, davon sprechen zu können. Als alles vorüber war, war für die Überlebenden nichts mehr, wie es einmal war. Doch irgendwie fanden sie sich zusammen, und ein Familiensinn kehrte wieder, Hitlers letzter Hoffnung zum Trotz. Jahre vergingen. Eine neue Generation wuchs heran. Dann gab es eine neue Herausforderung, die die Familie einander noch näher brachte: »Tante Edith« sollte von der katholischen Kirche seliggesprochen werden. Die Konvertitin, deren Abkehr vom Glauben ihrer Vorfahren ihrer eigenen Familie damals so viel Kummer bereitet hatte, war auf dem Wege dazu, eine katholische Heilige zu werden! Heiligkeit ist zweifellos die höchste Ehre, die die katholische Kirche einem ihrer Mitglieder erweisen kann. Die Katholiken mögen daher glauben, daß die jüdische Gemeinschaft ob dieser posthumen Erhebung Edith Steins in den Rang der Heiligkeit Freude empfinden würde. Doch solch eine Vermutung, obwohl für Katholiken naheliegend, verkennt den Holocaust in seiner komplexen Vieldeutigkeit und dessen gleicherweise komplexe wie vieldeutige Vorgeschichte hinsichtlich der Beziehungen zwischen Christen und Juden.
Für Juden ist die Anerkennung der Heiligkeit Edith Steins seitens der Kirche ein herausfordernder und beunruhigender Vorgang. (Mit dem Ausdruck »Anerkennung« wird ausgedrückt, daß die Kirche Heilige nicht »ernennt«, wie man zum Beispiel einen Kardinal ernennt, sondern ganz einfach und doch mit größerer Schwierigkeit zu erkennen versucht, daß der Verstorbene tatsächlich »mit Gott« ist.) Edith Steins Nichte führt die Anliegen und Sorgen ihrer jüdischen Familie zusammen mit ihren eigenen Überlegungen beredt aus. Die Juden fragen sich: Was mag bei den Christen dieser Anerkennung zugrunde liegen? Bedeutet sie, daß in den Augen der Kirche nur solche Opfer des Holocaust, die zum Katholizismus konvertiert waren, echte Märtyrer sind? Stellt sie deshalb einen Versuch seitens der Kir-

che dar, den Holocaust für sich zu vereinnahmen, indem sie Katholiken zu dessen Hauptopfern macht? Vom jüdischen Standpunkt aus sind die sechs Millionen Opfer alle gleich. Man kann nicht einen Einzelnen über die anderen erheben. Alle wurden von den Nazis umgebracht, aus demselben, furchtbar einfachen Grund: Sie waren Juden. Ihr Judesein allein genügte, um das Todesurteil durch die Nazis zu vernehmen. Was man tat oder sagte, getan hatte oder noch tun würde, war im Grunde genommen unwesentlich. Von dem Augenblick an, als Edith Stein sich im Zug nach Auschwitz befand, war sie, gleichgültig ob sie ihr Ordensgewand trug oder nicht, eine Jüdin – und aus diesem Grunde dem Tode preisgegeben. So fragen Juden ganz berechtigt: Was hat das mit katholischem Martyrium zu tun? Konvertitin oder nicht, sie starb nicht als Katholikin. Sie starb als Jüdin, ein unendlich kostbares Leben unter sechs Millionen unendlich kostbaren Menschenleben. Nicht mehr und nicht weniger.
Zweitens fragen die Juden ganz zu Recht: Bedeutet die kirchliche Anerkennung Edith Steins als Heilige eine Rückkehr zu den schlechten alten Zeiten? Bedeutet sie, daß nur der zum Christentum konvertierte Jude ein guter Jude ist? Wird sie als Heilige dazu benutzt werden, Katholiken dazu aufzufordern, auf welche Weise auch immer (in der Vergangenheit waren die Mittel, die wir Christen benutzten, traurigerweise allzu oft schlechte) immer mehr Juden zu bekehren. Erfolgt die Heraushebung von Edith Steins Konversion in der Hoffnung, daß andere Juden sie nachahmen und Katholiken sich zu dem Zwecke organisieren, mehr Konversionen zu bewirken?
Im Jahre 1987 veröffentlichte die bischöfliche Kommission für Ökumenische und Interreligiöse Angelegenheiten (BCEIA) der Nationalen Konferenz der katholischen Bischöfe aus Anlaß von Edith Steins Seligsprechung eine Erklärung, die an alle Diözesen der Vereinigten Staaten verteilt wurde. Dieselbe Erklärung wurde, mit kleinen Änderungen, 1997, als die Heiligsprechung Edith Steins angekündigt wurde, an alle Bischöfe der Vereinigten Staaten verschickt. Diese Verlautbarung ging auf eine Anzahl von Erklärungen der kirchlichen Hierarchie, besonders Papst Johannes Pauls II., seit dem Zweiten Vatikanischen Konzil ein. Die Seligsprechung Edith Steins, erklärten die amerikanischen Bischöfe, darf von Katholiken in keiner Weise als Triumph des Christentums über das Judentum verstanden werden. Im Gegenteil, das Nachdenken über den Tod der seligen Edith kann Christen nur zu einer gründlichen Gewissenserforschung (auf Hebräisch *heshbon ha-nefesh,* eine Selbstprü-

fung der Seele) und einem tiefen Gefühl der Reue führen. Sechs Millionen Juden, unter ihnen Edith Stein, wurden in Ländern ermordet, die jahrhundertelang vorwiegend »christlich« gewesen waren. Millionen von Juden wurden zusammengetrieben, in Viehwagen gestopft und in den Tod gejagt von Menschen, von denen die Mehrheit getauft war (obwohl man kaum sagen kann, daß sie in jenen düsteren Tagen christlich gehandelt hätten).

Nachdem Edith Stein verhaftet und in den Zug verfrachtet worden war, wurde sie als Jüdin behandelt und umgebracht. Ihre Mörder interessierte nicht, daß sie katholisch war, nur daß sie jüdisch war. Es gehört zu den bösen Ironien der Geschichte, daß sie möglicherweise überlebt hätte, wenn die Bischöfe der Niederlande den Nazis nicht Widerstand geleistet und die Deportation der Juden öffentlich verurteilt hätten. Die Nazis rächten sich, indem sie sofort alle zum Katholizismus konvertierten Juden, die sie identifizieren konnten, zusammentrieben und deportierten. (Die evangelisch getauften Juden ließen sie vorerst in Ruhe, weil die evangelische Führung die Warnung der Nazis beachtet hatte, ihre ebenso tief empfundene Sorge um die niederländischen Juden nicht öffentlich kundzutun.)

Welche Entscheidung war zu der Zeit die richtige: öffentlich seine Meinung zu sagen oder zu schweigen? Wir werden es niemals wissen. Aber der Kontext von Edith Steins Ermordung, so mehrdeutig er auch ist, als eines Zeugnisses für ihren angenommenen Glauben ist für die Kirche mehr als ausreichend, um sie als echte Märtyrerin zu betrachten – bei gleichzeitiger Anerkennung der Tatsache, daß sie in erster Linie als Jüdin, als eine unter sechs Millionen Juden, getötet wurde. Papst Johannes Paul II. legte darauf in seiner Predigt während der Seligsprechungsfeier in Köln am 1. Mai 1987 besonderen Wert.

Edith Stein ist im Vernichtungslager von Auschwitz als Tochter ihres gemarterten Volkes umgekommen. Trotz ihrer Übersiedlung von Köln in den niederländischen Karmel von Echt fand sie nur vorübergehend Schutz vor der wachsenden Judenverfolgung. Nach der Besetzung Hollands wurde auch dort die Vernichtung der Juden durch die Nationalsozialisten umgehend in die Wege geleitet, wobei die *getauften* Juden zunächst ausgenommen wurden. Als aber die katholischen Bischöfe der Niederlande in einem Hirtenbrief gegen die Deportation der Juden scharf protestierten, verfügten die Machthaber als Rache dafür die Vernichtung auch der Juden katholischen Glaubens. So trat Schwester Teresia Benedicta vom Kreuz zusammen mit ihrer leiblichen Schwester Rosa ... den Weg ins Martyrium an.

Ebensowenig kann die Seligsprechung oder Heiligsprechung Edith Steins bei Katholiken den Gedanken aufkommen lassen, sich zum Zwecke der Konversion der Juden zu organisieren. Ihr Weg war ein individueller spiritueller Weg, ein Sichabwenden vom Unglauben zurück zu Gott auf ihrem eigenen, persönlichen Weg. Wir Katholiken können sie dafür ehren; müssen uns jedoch gleichzeitig daran erinnern, daß Gott das jüdische Volk erwählt hat und ihm einen göttlichen Weg erschlossen hat, dem es seit biblischen Zeiten treu gefolgt ist. An Bekehrungsversuche zu denken, während wir zur gleichen Zeit über Edith Steins Leben nachdenken, wäre eine Entehrung ihres Lebens und Todes. Es würde bedeuten, die in den Worten des Papstes »rettende Warnung« zu ignorieren, die wir dadurch erhalten, daß die Juden auf der Erinnerung an die *Shoah* bestehen.
In seiner Ansprache an den Zentralrat der Juden in Köln kurz vor der Seligsprechung sprach Papst Johannes Paul II. die Bewunderung der Kirche nicht nur für Edith Stein aus, sondern auch dafür, daß das jüdische Volk weiterhin lebendiges Zeugnis für die göttliche Verheißung, die ihm als Gottesvolk verliehen worden ist, ablegt. Er griff direkt die veraltete Lehre an, wonach die Zerstörung des Tempels in Jerusalem im Jahre 70 und die Zerstreuung der Juden (die Diaspora) als Strafe Gottes für die angebliche Kollektivschuld am Tod Jesu auszulegen sei (eine Anschuldigung, die das Zweite Vatikanische Konzil aufs deutlichste verurteilt hat). Anstatt die Diaspora als Zeichen der Schuld zu betrachten, wird die Kirche jetzt aufgefordert, sie als ein Phänomen zu verstehen, das es Israel ermöglicht hat, gegenüber der ganzen Welt Zeugnis abzulegen für seine Treue zu dem einzigen Gott.

Schon in der Antike trugen Juden dieses Zeugnis der Treue bis ins Rheinland ...
Meine verehrten Brüder, Sie hüten so mit Ihren heutigen Gemeinden ein kostbares geschichtliches und geistiges Erbe und sind gewillt, es fruchtbar zu entfalten. Darüber hinaus bekommen diese Gemeinden einen ganz besonderen Wert vor dem Hintergrund der Verfolgung und versuchten Ausrottung des Judentums in diesem Lande. Bereits die Existenz Ihrer Gemeinden selbst ist ein Hinweis, daß Gott, bei dem »die Quelle des Lebens« ist (Ps 36,10) und den der Beter als »Vater und Gebieter meines Lebens« preist (Sir 23,1), den Todesmächten nicht erlaubt, das letzte Wort zu haben. Möge der eine, gütige und barmherzige Vater des Lebens Ihre Gemeinden schützen und sie besonders dann segnen, wenn sie sich um sein heiliges Wort versammeln.

In diesem päpstlichen Wort fließen verschiedene theologische Grundeinsichten auf bemerkenswerte Weise zusammen. Erstens ist festzuhalten, daß von einem »heroischen Zeugnis« nicht nur mit Blick auf das jüdische Volk als solchem durch alle Jahrhunderte hindurch gesprochen wird, sondern hier insbesondere mit Blick auf die Juden im Rheinland. »Heroisches Zeugnis« ist die genaue Bedeutung des Ausdrucks »Martyrium«. Im ersten Teil dieser Ansprache spielt der Papst – keineswegs versteckt – auf den 1096 durch plündernde Nachzügler des ersten Kreuzzugs unternommenen Versuch einer Zwangsbekehrung der Juden im Rheinland bzw. des (nach deren Weigerung) darauf folgenden Massakers an – ein Vorgang, dem sich der Papst und die damaligen Bischöfe zwar widersetzten, der jedoch Tausenden das Leben kostete. Der Papst betrachtet dabei die Christen, die sich daran beteiligten, als die Schuldigen und erkennt ihre jüdischen Opfer als Märtyrer für den wahren Glauben an, den Gott Israel gegeben hat. Zweitens erkennt das Gebet des Papstes für die jüdische Gemeinschaft, insbesondere wenn sie sich zum Gebet versammelt hat, die Rechtmäßigkeit des Judentums und den Wert des Gebets des jüdischen Volkes an den einen Gott, der es auserwählt hat, an.
Diese Versicherung des spirituellen Wertes des Judentums und des jüdischen Gebetes erinnert Katholiken an das einzige offizielle Gebet für das jüdische Volk in der katholischen Liturgie. Es ist das Karfreitagsgebet. Vor dem Zweiten Weltkrieg war dies ein Gebet für die Bekehrung der »perfiden Juden« (auf Lateinisch *perfideles*, »halbgläubige«, im Gegensatz zu *fideles*, »Gläubige«, und *infideles*, »Ungläubige«. Papst Pius XII. verfügte, daß *perfideles* im Sinne von »untreu« anstatt von »perfide«, einem Ausdruck, der im Verlauf der Jahrhunderte seine negative Bedeutung erworben hat, übersetzt werden solle. Als Papst Johannes XXIII. den Ausdruck *perfideles* ganz wegfallen ließ, wurde daraus in unseren katholischen Meßbüchern einfach ein Gebet für die Bekehrung der Juden. Mit der Liturgiereform, die Papst Paul VI. infolge des Auftrags des Zweiten Vatikanischen Konzils unternahm, wurde dieses Gebet jedoch gänzlich umgeschrieben ohne jeglichen Anklang an Bekehrung. Heute ist es ein Gebet, daß das jüdische Volk dem Bund, den Gott mit ihm geschlossen hat, treu bleiben möge. Es gibt in der katholischen Tradition den Ausdruck: *lex orandi, lex credendi*; das Gesetz des Gebetes ist das Gesetz des Glaubens; mit anderen Worten: wie wir beten, so glauben wir. Meiner Ansicht nach findet man in der liturgischen Tradition eine grundlegende Darstellung des katholischen Glaubens bezüglich der Haltung der Kirche zum jüdischen Volke. Nirgends

in unserer offiziellen katholischen Liturgie beten wir für die Bekehrung der Juden zum Christentum. Vielmehr ruft die Kirche dazu auf, für die bleibende Treue der Juden zu dem ihnen aus göttlicher Offenbarung gegebenen Judentum zu beten.
Vielleicht könnte es helfen, wenn wir an dieser Stelle darauf hinweisen, daß mehr als ein Jahrzehnt seit der Seligsprechung vergangen ist, um beobachten zu können, wie Edith Stein in die Erinnerung und Lehre der Kirche integriert wird. In den zahlreichen Bezugnahmen auf sie in katholischen Unterrichtsmaterialien, die mir hierzulande bekannt sind, fand ich keinerlei Tendenzen zu Triumphalismus oder Bekehrungseifer. Vielmehr wird sie als Vorbild einer tapferen und intelligenten Frau vorgestellt, oft zusammen mit Personen wie Dorothy Day, als Beispiel eines Menschen, der einen starken Einfluß auf das Leben der Kirche und der Gesellschaft ausgeübt hat. Diese positive Entwicklung seit der Seligsprechung sollten, so meine ich, diejenigen Juden und Katholiken, die die ganz und gar berechtigten Sorgen vorgetragen haben, in Rechnung stellen.
In seiner Ansprache an den Zentralrat der Juden in Köln und auch in seiner Predigt bei Edith Steins Seligsprechung legte der Papst die Haltung und Absicht der Kirche in ihrer Anerkennung dieser bemerkenswerten Frau – Gelehrte, Philosophin, Theologin, spirituell herausragend, Feministin, schließlich Märtyrerin – als einer Heiligen dar. Viele in der jüdischen Gemeinschaft mögen, wie ich gut verstehen kann, nicht mit dem Papst übereinstimmen, daß Edith Stein zugleich vollkommen Jüdin und vollkommen Katholikin ist. Doch sein sehr feinfühliger Versuch, sicherzustellen, daß ihr Andenken von Katholiken nicht mißbraucht werden kann, um einen christlichen Triumphalismus oder eine organisierte Bekehrung der Juden zu fördern, sollte meiner Meinung nach gerade wegen seiner Einbindung in das katholische Glaubensgefüge respektiert werden.
Papst Johannes Paul II. sagte in seiner Ansprache an den Zentralrat der Juden:

Heute ehrt die Kirche eine Tochter Israels, die während der nationalsozialistischen Verfolgung als Katholikin dem gekreuzigten Herrn Jesus Christus und als Jüdin ihrem Volk in Treue und Liebe verbunden geblieben ist. Zusammen mit Millionen von Brüdern und Schwestern hat sie Erniedrigung und Leiden bis zum Letzten, bis zur unmenschlichen Vernichtung, der *Schoah*, erlitten. Mit heroischem Glaubensmut hat *Edith Stein* ihr Leben in die Hände Gottes, des Heiligen und Gerechten, zurückgegeben, dessen Geheimnis sie ihr ganzes Leben hindurch besser zu verstehen und zu lieben suchte.

Möge der heutige Tag ihrer Seligsprechung für uns alle ein Tag des gemeinsamen Lobpreises und Dankes an Gott sein, der wunderbar ist in seinen Heiligen, wie er sich auch als herrlich und erhaben erwiesen hat in den großen Gestalten des Volkes Israel.

In seiner Predigt bei der Seligsprechung sagte Papst Johannes Paul II.:

... grüßen wir heute in tiefer Verehrung und mit heiliger Freude eine Tochter des jüdischen Volkes, reich an Weisheit und Tapferkeit ... Groß ist deshalb unser aller Freude, daß ich heute ... *Schwester Teresia Benedicta vom Kreuz* in dieser festlichen Liturgie den Gläubigen im Namen der Kirche als *Selige in der Herrlichkeit Gottes* vor Augen stellen darf ... Daß bei dieser Liturgiefeier auch jüdische Brüder und Schwestern, besonders aus der Verwandtschaft Edith Steins, zugegen sind, erfüllt uns mit großer Freude und Dankbarkeit ...
Der Empfang der Taufe bedeutete für Edith Stein *keineswegs* den *Bruch mit ihrem jüdischen Volk*. Sie sagt im Gegenteil: »Ich hatte die Praxis meiner jüdischen Religion als Mädchen von vierzehn Jahren aufgegeben und fühlte mich erst nach meiner Rückkehr zu Gott wieder jüdisch.« Sie ist sich stets dessen bewußt, »nicht nur geistig, sondern auch blutsmäßig zu Christus zu gehören«. Sie leidet selber zutiefst an dem großen Schmerz, den sie ihrer geliebten Mutter durch ihre Konversion hat zufügen müssen. Sie begleitet sie auch später noch zum Gottesdienst in die Synagoge und betet zusammen mit ihr die Psalmen ... Mit ihrem Volk und »für« ihr Volk ging Schwester Teresia Benedicta vom Kreuz zusammen mit ihrer Schwester Rosa den Weg in die Vernichtung ...
Die Kirche stellt uns heute Schwester Teresia Benedicta vom Kreuz als *selige Märtyrerin,* als Beispiel heroischer Christusnachfolge zur Verehrung und Nachahmung vor Augen. Öffnen wir uns für ihre Botschaft an uns als Frau des Geistes und der Wissenschaft, die in der Kreuzeswissenschaft den Gipfel aller Weisheit erkannte, als große Tochter des jüdischen Volkes und gläubige Christin inmitten von Millionen unschuldig gemarterter Mitmenschen ... *Wir verneigen uns tief vor dem Zeugnis des Lebens und Sterbens von Edith Stein,* der herausragenden Tochter Israels und zugleich Tochter des Karmels, Schwester Teresia Benedicta vom Kreuz ... Wenn wir uns geistig an den Ort des Martyriums dieser großen Jüdin und christlichen Märtyrerin begeben, an den Ort jenes schrecklichen Geschehens, das heute »Schoah« genannt wird, vernehmen wir zugleich die Stimme Christi, des Messias und Menschensohnes, des Herrn und Erlösers. Als Bote des unergründlichen Heilsgeheimnisses Gottes spricht er zu der Frau aus Samaria am Jakobsbrunnen: »Das Heil kommt von den Juden« (Joh 4,22–24).

Eugene Fisher
Sekretariat für ökumenische und interreligiöse Angelegenheiten
der Nationalen Konferenz der katholischen Bischöfe der USA

Anmerkungen

Vorwort der deutschen Ausgabe

[1] Reinhold Schneider, Heilige Frauen, in: Schneider: Pfeiler im Strom, Wiesbaden 1958, 166. Das Zitat ist nicht ausdrücklich auf Edith Stein bezogen.
[2] Die Gruppe ist ausführlich dargestellt bei: Elisabeth Prégardier/Anne Mohr, Passion im August (2.–9. August 1942). Edith Stein und Gefährtinnen: Weg in Tod und Auferstehung, Annweiler 1995.
[3] Edith Stein, Welt und Person, Freiburg 1962, ESW 6, 152; demnächst ESGA (= Edith Stein Gesamtausgabe, Freiburg, ab 2000) 9.
[4] Waltraud Herbstrith, Das wahre Gesicht Edith Steins, Bergen-Enckheim 1971, 115.
[5] Ebd., 113.
[6] Brief 560 vom 31. 10. 1938 an Petra Brüning OSU, in: Selbstbildnis in Briefen. Zweiter Teil, Freiburg 2000, ESGA 3, 325.

Prolog

[1] Kosename für Großmutter im schlesischen Dialekt; vgl. auch »Muttel« und »Vatel« in Kapitel 11.
[2] Stein, Edith: *Wie ich in den Kölner Karmel kam*, Würzburg, 1994, S. 46.

Kapitel 1

[1] Stein, Edith, *Aus dem Leben einer jüdischen Familie*, Freiburg 1985, S. 140.
[2] Czerwinski, Janusz, *Breslau, Schlesische Metropole an der Oder*, Berlin 1993, S. 50. Laut einer anderen Quelle, Ernst Scheyer, *Breslau so wie es war*, Düsseldorf 1969, S. 10, erhielt sie diesen Namen erst bei ihrer Jahrhundertfeier 1911.
[3] Ebd., S. 59–60.
[4] Im Jahre 1879 erhielt Brahms ein Doktorat honoris causa von der Universität und komponierte danach dieses Stück und widmete es der Universität Breslau als Zeichen seiner Dankbarkeit.
[5] Stein, Edith, a.a.O., S. 174.
[6] Ebd.,S. 143.
[7] Czerwinski, Janusz, *a.a.O.* S. 84.
[8] Stein, Edith, a.a.O., S. 162.

Kapitel 2

[1] Lagiewski, Maciej, *Breslauer Juden, 1850–1944*, Breslau 1996, Abb. 28.
[2] *Encyclopedia Judaica*, Band 2, S. 1353.
[3] Ebd., S. 1354.

[4] Gay, Ruth: *The Jews of Germany; a historical portrait*, New Haven 1992, S. 127.
[5] Ebd., S. 129.
[6] Ebd., S. 131
[7] *Juden in Preußen. Ein Kapitel deutscher Geschichte*, herausgegeben vom Bildarchiv Preußischer Kulturbesitz, Dortmund 1981, S. 157
[8] Ebd., S. 162–163.
[9] Als wir im Juni 1997 Breslau besuchten, erzählten uns Mitglieder der dortigen jüdischen Gemeinde, daß während der hohen Feiertage 1996 in einem relativ stabilen Teil der Frauengallerie ein Gottesdienst abgehalten wurde. Obwohl die jüdische Gemeinde von Breslau schätzungsweise 200 Mitglieder zählt, strömten etwa 600 Menschen in die Synagogenruine, um am Gottesdienst teilzunehmen. Es war eine Sensation und erregte die Aufmerksamkeit der Presse.
[10] Lagiewski, M., a.a.O., S. 9.
[11] Das Seminargebäude, Wallstraße 1 b, wurde nach dem Zweiten Weltkrieg abgerissen.
[12] Stein, Edith: *Wie ich in den Kölner Karmel kam*, Würzburg 1994. Meine Großmutter besuchte diese Synagoge sonst nicht, doch predigte an diesem Tage einer der hervorragendsten und größten Gelehrten an der Seminarfakultät, Rabbiner Jitzchak Heinemann (1876–1957), und meine Großmutter glaubte, seine Predigt würde Edith interessieren.
[13] Gay, Ruth, a.a.O., S. 152.
[14] *Juden in Preußen*, S. 278–279.
[15] Scholem, Gershom: *Von Berlin nach Jerusalem*, Frankfurt am Main 1997, S. 31.
[16] Ebd., S. 29–30.
[17] Alfred Dreyfus, 1859–1935, war ein Offizier in der französischen Armee und wurde fälschlich des Hochverrats beschuldigt und zu lebenslanger Haft verurteilt. Antisemitismus war der Grund für dieses Verfahren, und nur die von Emile Zola organisierte Gegenbewegung ermöglichte die Aufhebung dieses Justizirrtums und Dreyfus' Rehabilitierung.
[18] *Juden in Preußen*, S. 257.
[19] Ebd., S. 338.
[20] Ebd., S. 342.

Kapitel 3

[1] Der Untergang dieser jüdischen Gemeinschaft wird kurz in einem Artikel von Karol Jonca, »Deportationen der deutschen Juden aus Breslau, 1941–1944 laut der Berichte von Augenzeugen« (Yad Vashem Studies XXV, S. 281) erwähnt: »Die Gestapo deportierte Juden aus Langendorf [Wielowies] bei Gleiwitz am 8. Juni 1942.«
[2] Siehe Anm. 1.
[3] Buchen, Julie, »Erinnerungen an meine Kindheit und an das Elternhaus, meinen Neffen und Nichten gewidmet, um ihnen ein Bild des damaligen Familienlebens zu bieten.« (Manuskript 1920), S. 4.
[4] *Haggadah*, wörtlich »Erzählung«, bezieht sich auf die Erzählung des Auszugs der Israeliten aus Ägypten und wird am Sederabend gelesen.
[5] Das richtige Datum war der 2. August 1871.
[6] Buchen, Julie, a.a.O., S. 17–18.

[7] Stein, Edith, *Aus dem Leben einer jüdischen Familie,* Freiburg 1985, S. 13.
[8] Ebd., S. 14.
[9] Neyer, Maria Amata OCD, »Die Familie Stein in Lublinitz« in: Edith Stein Jahrbuch 1997, Würzburg 1997, S. 385–402. Vieles von der Familiengeschichte Siegfried Steins in Gleiwitz und Lublinitz ist in diesem Artikel rekonstruiert und beruht auf der Forschung von Johann Fikus in Lublinitz.
[10] Stein, Edith, a.a.O., S. 3.
[11] Dieser erstaunliche Satz ist in Edith Steins Buch, S. 5, falsch zitiert: »Herr, schicke uns *nur* soviel, wie wir ertragen können.« Doch meine Mutter pflegte immer die andere Version zu zitieren und versicherte mir, daß ihre Urgroßmutter Ernestine Burchard, geb. Prager, diese Redensart benutzt hat: »Herr, schicke uns *nicht* soviel, wie wir ertragen können.«
[12] Ebd., S. 8–9.
[13] Neyer, Maria Amata, a.a.O.
[14] Dieses Haus wird jetzt renoviert. Es gehört der Edith-Stein-Gesellschaft von Breslau und wird allgemein als »Edith-Stein-Haus« bezeichnet. Die »Villa Nova« vermachte Großvater Salomon seinem Sohn Emil, der sie 1914 verkaufte und dann nach Berlin zog.

Kapitel 4

[1] Dieses Interview fand am 30. Dezember 1977 in Los Angeles statt, und meine Mutter starb am 15. Januar 1978.
[2] Stein, Edith, *Aus dem Leben einer jüdischen Familie,* Freiburg 1985, S. 16.
[3] Ebd., S. 18.
[4] Ebd., S. 19.
[5] Als Edith Kleinkind war, wurde sie »Jitschel« genannt; nach der Erklärung meiner Mutter stammt es aus dem oberschlesisch-polnischen Dialekt.
[6] Der Hinterhof dieses Hauses grenzte an das Holzlager in der Rosenstraße (ul. J. U. Niemcewicza). Edith erzählt, wie ihre Mutter das Geschäft durch eine kleine Tür erreichen konnte, welche der Hausbesitzer für sie in die Mauer hatte einsetzen lassen. Doch als er und die Besitzerin des Grundstücks, auf dem Großmutters Holzgeschäft lag, einen Streit hatten, bestand diese nachtragende Frau darauf, daß das Türchen zugemauert werde. Daraufhin mußte Auguste Stein den langen Weg um den ganzen Straßenblock herum zurücklegen, um von ihrer Wohnung in der Jägerstraße zur Rosenstraße zu gelangen. Der freundliche Mann lehnte für sie jedoch eine kleine Leiter an die Mauer, damit Auguste leichter zum Holzgeschäft gelangen konnte, und etwas später schlug er wieder eine Öffnung in die Mauer.
[7] Ebd., S. XVI, Biberstein, Erna, »Erinnerungen«, 1949.
[8] Stein, Edith, a.a.O., S. 25.
[9] Ebd., S. 37.
[10] Ebd., S. 37.
[11] Ebd., S. 89.
[12] Wir hatten das Glück, daß sie fast 88 Jahre alt wurde, und wir bewunderten ihre Stärken und ihre Tugenden. Edith konnte nicht wissen, selbst zu der Zeit, da sie jene Zeilen schrieb, wie sehr diese Qualitäten erprobt werden würden, besonders in den schwierigen Jahren der Emigration, als Erna im Alter von fünfzig Jahren von neuem anfangen mußte. Sie hatte das medizinische Staatsexamen in einem fremden Land und in einer fremden Sprache zu bestehen; nebenbei mußte sie ohne Haushaltshilfe, die sie vorher gehabt hatte, den

Haushalt führen. Außerdem war sie voller Sorgen um die Verwandten, die zurückgeblieben waren in einem Land, das ihre Vernichtung plante und schließlich ausführte.

[13] Ebd., S. 52–53. Das Schuljahr begann damals zu Ostern.

[14] Ebd., S. 41.

[15] Ebd., S. 30–31.

[16] Bisher konnte ich nicht ermitteln, was das Wort »Äge« bedeutet, jedenfalls ein Werkzeug in der Sägemühle, das zum Spalten von Holz diente.

[17] Buchen, Julie, »Erinnerungen an meine Kindheit und an mein Elternhaus, meinen Neffen und Nichten gewidmet, um ihnen ein Bild des damaligen Familienlebens zu bieten« (Manuskript, 1920), S. 3.

Kapitel 5

[1] Später habe ich das besagte Tischtuch an Tante Elses Urenkelinnen, die in Israel leben und sie nie gekannt haben, weitergegeben. Wie so viele jüdische Familien wurde unsere Familie in den Hitlerjahren über mehrere Erdteile verstreut. Meine Tante Else, ihr Mann Max Gordon und ihre Töchter Ilse und Anni wanderten 1939 nach Kolumbien aus, wohin ihr Sohn Werner ihnen mehr als zehn Jahre zuvor vorangegangen war. Und später ging Anni mit ihrem Sohn Peter von Kolumbien nach Israel.

[2] Stein, Edith, *Aus dem Leben einer jüdischen Familie,* Freiburg 1985, S. 64.

[3] Ebd., S. 66.

[4] Ebd., S. 111–112.

[5] Ebd., S. 70.

[6] Ebd., S. 120–121.

[7] Herbstrith, Waltraud (Hrsg.), *Erinnere Dich – Vergiß es nicht,* Annweiler-Essen 1990, S. 78.

[8] Stein, Edith, a.a.O., S. 121.

[9] Ebd., S. 131.

[10] Ebd., S. 114.

Kapitel 6

[1] Biberstein, Ernst Ludwig, »Erinnerungen an Tante Rosa«, (unveröffentlicht), S. 2.

[2] Stein, Edith, *Aus dem Leben einer jüdischen Familie,* Freiburg 1985, S. 13.

[3] Ebd., S. 5–6.

[4] Ebd., S. 13.

[5] Während einer Reise nach Berlin zeigte uns ein junger Verwandter kürzlich die elegante Villa in einem vornehmen Stadtteil, wo Leo einst mit seiner Familie gewohnt hatte. Seine einzige Tochter Hanna starb erst vor wenigen Jahren.

[6] Ebd., S. 16.

[7] Ebd., S. 20–21.

[8] Stein, Gerhard, Brief an Sr. Josephine Koeppel, datiert vom 28. Oktober 1984.

[9] Stein, Edith, a.a.O., S. 21.

[10] Sachs, Lotte, geb. Stein, Brief an Susanne Batzdorff, datiert vom 15. November 1997.

[11] Herbstrith, Waltraud (Hrsg.), *Erinnere Dich – Vergiß es nicht,* Annweiler/Essen 1990, S. 48.

[12] Neyer, Maria Amata, OCD, »Edith Steins Werk ›Endliches und Ewiges Sein‹, eine Dokumentation« im Edith Stein Jahrbuch, Würzburg 1995, S. 320.

[13] Die große Wohnung, die wir übernehmen sollten, umfaßte sowohl Wohn- als auch Praxisräume. Über der Berg-Platau-Wohnung lebte noch eine andere Arztfamilie mit Namen Batzdorff, ein Chirurg mit seiner Frau und zwei Söhnen. Wir kannten diese Familie vorher nicht, aber im Rückblick erwies sich unser Umzug als eine glückliche Fügung, denn elf Jahre später und auf einem anderen Kontinent heiratete ich Alfred Batzdorff und begann ein Leben mit ihm, welches heute schon mehr als fünf Jahrzehnte andauert. All dies war damals natürlich nicht vorauszusehen, und ich erinnere mich, daß wir Kinder uns diesem Umzug stark widersetzten, besonders deshalb, weil wir spürten, wie er Großmutter zusetzte.

Kapitel 7

[1] Stein, Edith: *Aus dem Leben einer jüdischen Familie,* Freiburg, Herder, 1985, S. 147.

[2] Stein, Wolf, Brief vom 1. März 1993.

[3] Biberstein, Ernst Ludwig: Unveröffentlichter Aufsatz »Das Haus Michaelisstraße 38«, S. 2–3

[4] Ebd., S. 1–2

[5] Teresia Renata de Spiritu Sancto [Posselt]: *Edith Stein, eine große Frau unseres Jahrhunderts,* 7. Auflage, Nürnberg 1954, S. 15.

[6] Ebd., S. 16.

[7] Okolska, Danuta: *Edith Steins Spuren in Breslau,* Breslau 1997, S. 13.

[8] Nach einem Dokument des Katasteramts, datiert vom 29. April 1939, welches den Besitz von Auguste Stein, geb. Courant an den neuen Besitzer Jandel transferiert.

[9] Biberstein, a.a.O., S. 6.

[10] Okolska, a.a.O., S. 13.

[11] Stein, Edith, a.a.O., S. 55. Die Seiten, die einem Ereignis, das 1903 stattgefunden hatte, folgen, sind hier ausgelassen worden. Da dafür die Geschichte des Hauskaufs wieder aufgegriffen wird, erscheint es, als ob das Haus 1903 gekauft worden wäre.

Kapitel 8

[1] Stein, Edith: *Aus dem Leben einer jüdischen Familie,* Freiburg 1985, S. 90–91.

[2] Ebd., S. 91.

[3] Ebd., S. 91.

[4] Ebd.,S. 207.

[5] Ebd., S. 39.

[6] Ebd., S. 174–175.

[7] Ebd., S. 95.

[8] Ebd., S. 94.

[9] Ebd., S. 93.

[10] Biberstein, Hans: Aufsatz (ohne Titel) an seinen Sohn und Tochter gerichtet

als Antwort auf die Beschreibung seiner selbst und seiner Mutter in dem Buch *Aus dem Leben einer jüdischen Familie*. Obwohl undatiert, muß dieser Aufsatz aus dem Jahre 1964 stammen, kurz vor der Publikation der ersten deutschen Ausgabe von Edith Steins Buch; S. 2–3.

11 Ebd., S. 3.

12 Ebd., S. 1.

Kapitel 9

1 Stein, Edith, *Aus dem Leben einer jüdischen Familie*, Freiburg 1985, S. 209. Im Manuskript Edith Steins steht: Das liebe alte Göttingen.

2 Ebd., S. 187.

3 Ebd., S. 186–187.

4 Ebd., S. 209–210

5 Ebd., S. 212. Heute kann man eine solche Gedenktafel an der Außenwand des Hauses Lange Geismarstraße 2 sehen, wo Edith Stein als Philosophiestudentin gelebt hat. Der Text lautet: Edith Stein, Philosophin, 1913–1916.

6 Ebd., S. XVII–XVIII.

7 Ebd., S. 216–217.

8 Ebd., S. 188.

9 Ebd., S. 219.

10 Schuhmann, Karl, »In Göttingen wird nur philosophiert ... Man spricht nur von Phänomenen«, in: *Edith Stein: Studentin in Göttingen, 1913–1916*, Göttinger Bibliotheksschriften, 1993, S. 106.

11 Ebd., S. 108

12 Stein, E., a.a.O., S. 243.

13 Ebd., S. 37.

Kapitel 10

1 Biberstein, Ernst Ludwig, »Erinnerungen an Edith Stein«, in : Herbstrith, Waltraud (Hg.), *Edith Stein, eine große Glaubenszeugin*, Annweiler 1986, S. 130–131.

2 Gordon, Ilse, »Ein, großer, ungewöhnlicher Mensch«, in: Herbstrith, Waltraud (Hg.), *Erinnere Dich, vergiß es nicht*, Annweiler 1990, S. 77.

3 Ebd., S.77–78.

4 Stein, Edith, *Aus dem Leben einer jüdischen Familie*, Freiburg 1985, S. 79.

5 Diese Anekdote (Quelle: siehe Anm. 11) scheint im Widerspruch zu stehen mit der, die in der englischen Übersetzung von Sr. Teresia Renata Posselts Biographie (*Edith Stein*, New York 1952) erwähnt ist. (In den deutschen Ausgaben, die ich besitze, konnte ich diese Bemerkung nicht finden.) Dort zitiert sie »Frau [Katharina] Ruben, Ediths Taufkind«, die berichtet: »Jeder erwartete, daß sie den Preis gewinnen wird ... stattdessen ging er an Martha Ritter, die Klassenerste« (S. 8). Frau Ruben erinnert sich, daß sich das 1905 abspielte, anläßlich von Schillers 100. Todestag, doch glaubt Gerhard Stein, daß es sich um Schillers 150. Geburtstag handelte, und der fiel in das Jahr 1907. Deshalb ist es möglich, obwohl unwahrscheinlich, daß Martha Ritter im Jahre 1905 den Schillerpreis bekam und Edith einen ähnlichen zwei Jahre später.

6 Stein, Edith, a.a.O., S. 60.

[7] Gertrude Stein, geb. Werther war die Frau von Onkel Paul, dem ältesten von Ediths Geschwistern. Sie wurde gewöhnlich »Trude« genannt.
[8] Stein, Edith, a.a.O., S. 61.
[9] Stein, Gerhard, Brief an Sr. Josephine Koeppel, OCD, datiert vom 28. Okt. 1984, S. 3–4.
[10] Ebd., S. 4.
[11] Stein, Gerhard, »[Radio] Ansprache über meine Erfahrungen mit meiner Tante Edith Stein«, 31. März 1987, S. 1.
[12] Sachs, Lotte, geb. Stein, Brief datiert vom 10. November 1997, S. 2.
[13] Stein, Edith, a.a.O., S. 187.
[14] Sachs, Lotte, geb. Stein, Briefliche Antwort auf meine Nachfrage, 10. November 1997. Danach scheint es, daß Lottes Vater [Arno Stein] seine Schwester Edith am 14. Oktober 1938 bei seiner Auswanderung nach Amerika im Kölner Karmel besucht hat.
[15] Bjørnssen, Bjørnstjerne, *Ein fröhlicher Bursch*. Es enthält die [handschriftliche] Widmung: »Der lieben Lotte, zur Erinnerung an ihren Besuch im Karmel«.
[16] *Kölner Selig-und Heiligsprechungsprozeß der Dienerin Gottes Teresia Benedicta a Cruce (Edith Stein),* Köln 1962, par. 45, Nr. 4, S. 34.
[17] Ebd., par. 83, Nr. 12–14, S. 65.

Kapitel 11

[1] Gern erzählte sie, wie sie einmal in die Stadt ging, um in einem eleganten Laden ein Kleid zu kaufen. Kaum war sie dort angekommen, erhielt sie zu Hause einen Notruf. So rief sie unser Mädchen im Geschäft an, und Mutter wurde ans Telefon geholt. »Sagen Sie der Patientin«, sagte meine Mutter, »daß ich in 20 Minuten da sein werde.« Anna, unser Dienstmädchen, erwiderte: »Schade, Frau Doktor, daß sie Ihre Einkäufe nicht erledigen können.« Ach, machen Sie sich keine Sorgen«, antwortete meine Mutter, »das ist schon alles erledigt. Ich war gerade dabei zu gehen.«
[2] Siehe Anmerkung 1 im Prolog.
[3] Siehe Anmerkung 1 im Prolog.
[4] Zu dieser Zeit waren die Examina in medizinischen Fachgebieten relativ neu und durchaus nicht allgemein verbreitet.
[5] Der Friedhof Cosel liegt an der ul. Lotnicza (früher Flughafenstraße) im Nordwesten von Breslau. Meine mütterlichen Großeltern sind auf dem älteren Friedhof an der ul. Slezna (Lohestraße) im Süden der Stadt begraben.
[6] Mit ihrer robusten Gesundheit und geistigen Schärfe war Muttel eine Ausnahme im Kreise gleichaltriger Menschen. Die meisten ihrer Freunde waren krank, und das deprimierte sie. Sie blieb mit ihnen in Verbindung, und in ihren regelmäßigen Telefongesprächen mit uns berichtete sie über die Hüftgelenk-Operation der einen oder den Schlaganfall des anderen. Da sie allein in ihrer Wohnung lebte, machte sie sich Sorgen, daß ihr etwas zustoßen könnte, ohne daß jemand es wissen würde. Sie bat mehrere Freundinnen und Nachbarn, sie regelmäßig anzurufen, um sich zu vergewissern, daß alles in Ordnung sei und sie wollte zu jeder Zeit wissen, wo ihre Kinder zu erreichen seien, daheim oder auf Ferien.
Sie ging gern aus, besuchte uns, reiste nach Kalifornien und war in Kontakt mit ihren Enkeln. Diese schrieben ihr zwar nicht oft, aber wenn sie von ihnen

Nachricht hatte oder Photos bekam, erhellte das ihre Laune und ihre Miene. In unseren Telefongesprächen berichtete sie über alle Ereignisse, eingegangene Briefe, Telefonate, Besuche und alle guten und bösen Nachrichten von ihren Freunden und Bekannten.
Unser Telefon läutet jetzt nur selten am Sonntag um halb elf morgens. Das war immer Muttel. Man konnte seine Uhr danach stellen. Es war immer so gemütlich, am Sonntag morgen beim Frühstück mit ihr zu plaudern. Am Mittwoch Abend riefen wir sie an. Am Sonntag hörte sie auch von meinem Bruder Ernie und seiner Frau Hannah in Davis. Eine ihrer größten Freuden erlebte sie am 26. Oktober 1976. Als ich an diesem Nachmittag nach Hause kam, rief sie mich an, um mich von der Geburt unseres Enkelsohnes Eric in Kenntnis zu setzen. Er wurde am Vormittag geboren, und unser Sohn Jon konnte uns nicht erreichen, weil wir beide arbeiteten. So telefonierte er mit seiner Großmutter. Das war eine Freude für sie, als erste von der Geburt des Babys, ihres neuesten Urenkels zu hören.
Anspruchslos wie sie war, sagte sie selten frei heraus, wenn sie etwas haben wollte. Andererseits gab es Sonntage, an denen sie bei uns zu Besuch war und wir nur unregelmäßig Mahlzeiten zu uns nahmen. Wir hatten vielleicht spät und ausgiebig gefrühstückt und dachten nicht wieder ans Essen. Das war nichts für sie. Wenn es ein Uhr wurde, ließ ihr Magen sie wissen, daß es Zeit zum Mittagessen war.
»Ehrlich gesagt«, bemerkte sie dann, »muß ich gestehen, daß ich etwas essen könnte.« Sie hatte immer einen gesunden Appetit.

Kapitel 12

1 Stein, Edith, *Aus dem Leben einer jüdischen Familie,* Freiburg 1985, S. 14.
2 Ebd., S. 18
3 Stein, Gerhard, Brief an Sr. Josephine Koeppel, 28. Oktober 1984, S. 5–6.
4 Biberstein, Ernst Ludwig, *Vier Buchstaben waagerecht,* Unveröffentlichter Aufsatz, 25. Oktober 1995.
5 Das *Sch'ma* ist ein Gebet, eine kurze Bestätigung des Glaubens an *einen* Gott. Es ist das bekannteste Gebet der jüdischen Liturgie.
6 Stein, Paul, Postkarte an Dr. Goldstein, den Mittelsmann in der Schweiz, datiert vom 17. Juli 1942.
7 Stein, Paul, Brief an seinen Sohn Gerhard in den USA, datiert vom 17. Oktober 1940.
8 Stein, Gertrude, Brief an ihren Sohn Gerhard in den USA, datiert vom 9. Februar 1941.
9 Ebd.
10 Stein, Paul, Brief an seinen Sohn Gerhard in den USA, datiert vom 31. März 1941.
11 *Kaddisch* bezieht sich hier auf das »*Kaddisch der Leidtragenden*«, in dem die Trauernden Gott danken (für das Leben des Verstorbenen).
12 *Chillul Haschem* ist ein hebräisches Wort. Es bedeutet Schmähung Gottes.
13 Biberstein, Ernst Ludwig, *Erinnerungen an Tante Rosa*, Unveröffentlichter Aufsatz, S. 2. Tante Frieda konnte auch stricken und häkeln. Zu jener Zeit hatte ich keine Lust zu irgendwelcher Handarbeit, vielleicht gerade deswegen, weil ich von so vielen Verwandten, die sich auf diesem Gebiet auszeichneten, umgeben war. Erst als ich als Erwachsene Stricken, Häkeln und Sticken auf-

nahm, merkte ich, woher dieses Interesse stammte und habe solche Aktivität seitdem immer als »mein Beruhigungsmittel« empfunden.

[14] Tworoger, Frieda, geb. Stein, Postkarte an ihre Schwester Rosa in Echt, Holland, datiert vom 17. Februar 1942.

[15] Biberstein, E. L., a.a.O., S. 2.

[16] Stein, Edith, *Selbstbildnis in Briefen.* Zweiter Teil, Freiburg 1977, S. 136, Brief Nr. 300 an Mutter Petra Brüning, 16. April 1939.

[17] Barbara van Weersth war eine Verwandte von Mutter Johanna van Weersth, Priorin des Karmelitinnenklosters in Beek, Holland, die im Briefwechsel mit Edith Stein stand.

[18] Stein, Edith, *Selbstbildnis in Briefen.* Zweiter Teil, Freiburg 1977, S. 148. Brief Nr. 312 an Mutter Petra Brüning, 26. April 1940.

[19] Ein *Midrasch* ist eine dichterische Auslegung biblischer Ereignisse, die oft eine Deutung zum Ausdruck bringt, die von der wörtlichen abweicht.

Kapitel 13

[1] Koeppel, Josephine, *Edith Stein, Philosopher and Mystic,* Collegeville, MN 1990, S. 165.

[2] Eine Anmerkung der Übersetzerin, Sr. Josephine Koeppel, in der englischen Ausgabe von *Aus dem Leben einer jüdischen Familie* (Washington DC 1986, S. 463). Das Husserl-Archiv stand unter der Leitung von Prof. H. M. von Breda OFM und beherbergte viele Manuskripte aus dem Nachlaß Edith Steins.

[3] Biberstein, Dr. Erna, Brief an Dr. Lucie Gelber, datiert vom 19. Mai 1963.

[4] Neyer, Maria Amata, Brief datiert vom 22. April 1964.

[5] Frost, Robert, »Death of the Hired Man«.

[6] Leuven, Romaeus, *Heil im Unheil,* Freiburg 1983.

Kapitel 14

[1] Stein, Edith, *Aus dem Leben einer jüdischen Familie,* Freiburg 1985, S. 114.

[2] Ebd., S. 204.

[3] Batzdorff, Herbst 1987.

[4] Stein, Edith, a.a.O., S. 47.

[5] Ebd., S. 207.

[6] Eine ausführliche Beschreibung dieses Ereignises findet sich in Kapitel 8 dieses Buches.

[7] Stein, Edith, a.a.O., S. 180.

[8] Ebd., S. 179–180.

[9] Ebd., S. 223–224.

[10] Ebd., S. 335.

[11] Herbstrith, Waltraud, *Erinnere Dich – Vergiß es nicht,* Annweiler 1990, S. 308 (Brief von Hedwig Conrad-Martius an Msgr. Oesterreicher.)

[12] Koeppel, Josephine, *Edith Stein, Philosopher and Mystic,* Collegeville, MN 1990, S. 56.

[13] Stein, Edith, *Briefe an Roman Ingarden, 1917–38,* Freiburg 1991, Brief Nr. 65, S. 119.

[14] Biberstein, Erna, Brief an Sr. Teresia Margareta OCD, datiert vom 1. April 1964.

[15] Stein, Edith, *Aus dem Leben einer jüdischen Familie,* Freiburg 1985, S. 46.
[16] Ebd., S. 43.
[17] Ebd., S. 181.
[18] Ebd., S. 56.
[19] Ganz anders die später erlassenen Nürnberger Gesetze. Diese bestimmten, daß jemand als jüdisch gelte, dessen Großeltern jüdisch waren. Ein getaufter Jude wurde also als jüdisch betrachtet.
[20] Stein, Edith, a.a.O., S. 354.
[21] Ebd., S. 356.
[22] Ebd., S. 309.
[23] Ebd., S. 96.
[24] Ebd., S. 173.
[25] Ebd., S. 210.
[26] Ebd., S. 259.
[27] Ebd., S. 272
[28] Biberstein, Hans, Brief an seine Kinder, Susanne [Batzdorff] und Ernst Ludwig [Biberstein], S. 22.

Kapitel 15

1 Zu dieser Zeit oblag die Leitung vieler Volksschulen der protestantischen oder katholischen Kirche.
2 *Seder* (wörtlich »Ordnung«) ist auch das Wort, das dem Vorabend des *Pessachfestes* (Fest des »Vorübergangs«) seinen Namen gegeben hat. Dieser Abend findet im häuslichen Rahmen statt, wo die Geschichte der Befreiung aus der ägyptischen Sklaverei vorgelesen wird, darauf folgt eine festliche Mahlzeit.
3 *Haggadah* (wörtlich »die Geschichte«) ist auch der Name des Buches, aus dem am *Sederabend* die Geschichte der Befreiung aus Ägypten vorgelesen wird.
4 Es wurde angenommen, daß 1933 der neunzehnhundertste Jahrestag des Todes Jesu war. Deshalb fanden in diesem Jahr besondere Wallfahrten nach Rom und an andere heilige Stätten statt.
5 Stein, Edith, *Wie ich in den Kölner Karmel kam,* Würzburg 1994, S. 14.
6 Ebd., S. 46.
7 Nota, Johannes Hille SJ, 1913–1995, in Holland geboren, lehrte Philosophie an verschiedenen Universitäten in Europa, den Vereinigten Staaten und Israel. Seine letzte Lehrtätigkeit war an der Fakultät der Brock University in Ontario, Canada. Nota lernte Edith Stein während ihres Aufenthalts im Echter Karmel kennen. Durch diese Begegnungen wurde er mit Edith Steins Philosophie vertraut. Auch gaben sie ihm den Ansporn zu seiner lebenslänglichen Beschäftigung mit dem jüdisch-christlichen Dialog.
8 Passelecq, Georges, & Bernard Suchecky, *The Hidden Encyclical of Pius XI,* NY, Harcourt, 1997, S. 12.
9 Oesterreicher, John M., »A new Beginning: Reflections on *Nostra Aetate* after 25 Years«, in: *Ecumenical Trends,* März 1991, S. 46.
10 »Reflections: The Vatican Statement on the Shoah«, by Edward Idris Cardinal Cassidy, Vatican Commission for Religious Relations with the Jews. Ansprache an das American Jewish Committee, Washington, DC, 15. Mai 1998.
11 Eugene Fisher, Sekretariat für Ökumenische und Interreligiöse Angelegenheiten, Washington, DC.
12 »We Remember: A Reflection on the Shoah«, von Edward Idris Cardinal Cas-

sidy, Präsident, the Most Reverend Pierre Duprey, Vizepräs. & Rev. Remi Hoeckmann, O.P., Secr. 16. März, 1998, letzte Seite.

[13] Batzdorff, Susanne M., »A Martyr in Auschwitz«, *New York Times Magazine*, 12. April, 1987, S. 52.

[14] Stein, Gerhard, Artikel geschrieben am 3. April 1987 für ein Programm der Deutschen Welle in Köln, S.4. [G. Stein irrt hier, wenn er angibt, daß Edith Stein am Tischa b'Av gestorben sei. 1942 fiel der 9. Av (hebr. Tischa b'Av), der jüdische Trauertag, an dem der Zerstörung des Tempels in Jerusalem und anderer trauriger Ereignisse in der jüdischen Geschichte gedacht wird, auf den 23. Juli. Der Mondkalender, nach welchem die Daten für jüdische Fest- und Feiertage festgelegt werden, weicht von dem weltlichen Kalender ab und ändert sich von Jahr zu Jahr. Der 9. Av fällt zwar immer in den Monat Juli oder August, 1942 aber nicht auf den Tag von Ediths Tod.]

[15] Biberstein, Ernst Ludwig, Stellungnahme gegenüber der Deutschen Welle, April 1987, S. 3.

[16] Edith Stein Archiv
Karmel Maria vom Frieden
Vor den Siebenburgen 6
50676 Köln

[17] Edith-Stein-Karmel
Neckarhalde 64
72070 Tübingen

[18] Kloster der Dominikanerinnen St. Magdalena
Hasenpfuhlstrasse 32
D 67346 Speyer

[19] Herrmann, Maria Adele, OP, *Die Speyerer Jahre von Edith Stein*, Speyer 1990.

[20] Edith Stein Gedenkstätte
Toni-Schröer-Haus
Hauptstrasse 93
67466 Lambrecht/Pfalz

[21] Edith Stein Center for Study and Research
Spalding University
851 South Fourth Street
Louisville, KY 40203. USA
John R. Wilcox, Curator

[22] Sr. Mary Catharine Baseheart SCN war Professor für Philosophie an der Spalding University in Louisville, Kentucky. Sie publizierte und dozierte viel über Edith Stein bis ins hohe Alter. Sie starb am 25. Nov. 1994. Ihr Buch *Person in the World; Introduction to the Philosophy of Edith Stein*, Dordrecht 1997, erschien nach ihrem Tode.

[23] Edith Stein Guild
210 West 31st Street New York, NY 10001–2876. USA

[24] Sr. Josephine Koeppel OCD, Karmelitin im Karmel Thornbrow, Elysburg, PA, hat Edith Steins Autobiographie *Aus dem Leben einer jüdischen Familie* sowie ihre Briefe und *Kreuzeswissenschaft* ins Englische übersetzt, ein Buch *Edith Stein, Philosopher and Mystic*, Collegeville, MN 1990 geschrieben und Vorträge über Edith Stein gehalten.

[25] Towarzystwo im. Edyty Stein
ul. Nowowiejska 38
PL 50-315 Wroclaw
POLEN
Dr. Marian Lukaszewicz, Präsident

[26] Towarzystwo im. Edyty Stein, Oddzial w. Lublincu
ul. E. Stein 2
42-700 Lubliniec
POLEN
Maria Burek, Sekretärin

[27] Edith-Stein Gesellschaft Deutschland
Postfach 16 49
67326 Speyer

STAMMBAUM

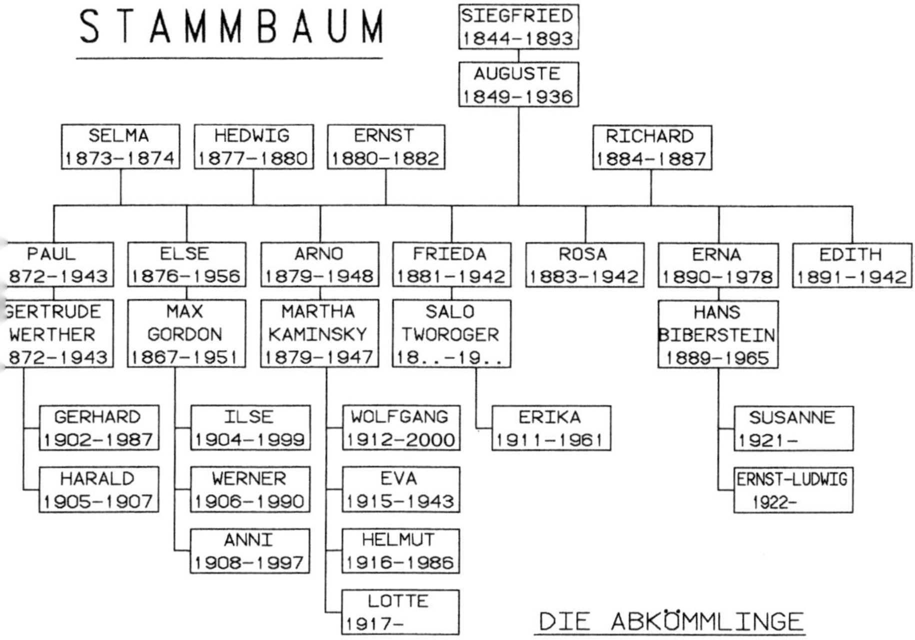

DIE ABKÖMMLINGE
VON
SIEGFRIED UND AUGUSTE STEIN

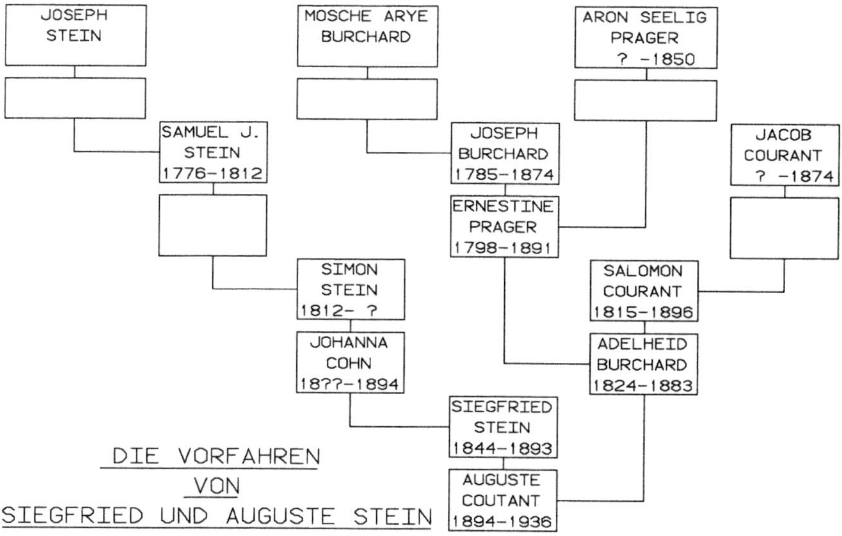

DIE VORFAHREN
VON
SIEGFRIED UND AUGUSTE STEIN

Biographische Übersicht

Hauptereignisse im Leben Edith Steins

1891	12. Oktober	geboren in Breslau
1897	12. Oktober	Eintritt in die Viktoriaschule in Breslau
1908–1911		Besuch des Oberlyzeums der Viktoriaschule
1911		Abitur in Breslau, mit Auszeichnung
1911–1913		Studium an der Universität Breslau: Germanistik, Geschichte, Psychologie, Philosophie
1913–1915		Studium an der Universität Göttingen: Philosophie, Germanistik, Geschichte
1915	Jan.:	Staatsexamen in Göttingen, mit Auszeichnung
1915		Freiwilliger Dienst beim Roten Kreuz in einem Lazarett in Mährisch-Weißkirchen
1916		Referendarzeit in Breslau Doktorexamen in Freiburg, *summa cum laude*
1916–1918		Wiss. Assistentin bei Prof. Edmund Husserl in Freiburg
1917		*Zum Problem der Einfühlung* , Dissertation, Halle 1917
1919–1923		Diverse Forschungsarbeiten, erfolglose Versuche zur Habilitation
1921		Lektüre des »Lebens« der hl. Teresa von Avila im Haus ihrer Freundin Hedwig Conrad-Martius in Bergzabern. Entscheidung zum Eintritt in die katholische Kirche
1922	1. Jan.	Taufe und erste Kommunion in der Pfarrkirche St. Martin in Bergzabern
	2. Feb.	Firmung in der Hauskapelle des Bischofs von Speyer
1923–1931		Lehrerin am Mädchenlyzeum und an der Lehrerinnenbildungsanstalt der Dominikanerinnen von St. Magdalena, Speyer; Übersetzungen und andere Schriften Vorträge in Prag,Wien, Salzburg, Basel, Paris, Münster, Bensdorf
1932–1933		Dozentin am Deutschen Institut für wissenschaftliche Pädagogik in Münster
1933	April	Entlassung aus ihrer Stellung als Dozentin am Institut durch Regierungserlaß unter dem Nazi-Regime
1933	14. Oktober	Eintritt in den Kölner Karmel
1934	15. April	Einkleidung als Sr. Teresia Benedicta a Cruce
1935	21. April	Zeitliche Gelübde; Profeß für drei Jahre

1938	21. April	Ewige Gelübde
	1. Mai	Schleierfest
	31. Dez.	Übersiedlung ins Karmelitinnenkloster in Echt, Niederlande
1934–1942		Arbeit an ihren wichtigsten Werken, *Endliches und Ewiges Sein* und *Kreuzeswissenschaft*, viele kleinere Schriften.
1942	26. Juli	Der Hirtenbrief der niederländischen Bischöfe, der die Deportation der Juden verurteilt, wird von allen Kanzeln in den katholischen Kirchen der Niederlande verlesen.
	2. August	Vergeltungsmaßnahme: Verhaftung aller Katholiken jüdischer Abstammung in den Niederlanden, darunter Edith und Rosa Stein. Überführung in das Durchgangslager Amersfoort, am 4. August nach Westerbork.
	7. Aug.	Deportation von Westerbork nach Osten.
	9. Aug.	Ankunft in Auschwitz; Vergasung in Birkenau
1962	4. Jan.	Eröffnung des Seligsprechungsprozesses durch Josef Kardinal Frings, Erzbischof von Köln
1972	9. Aug.	Abschluß des Diözesanprozesses durch Josef Kardinal Höffner anläßlich der 30. Todestages Edith Steins; anschließend Überführung aller Akten nach Rom
1987	1. Mai	Seligsprechung Edith Steins durch Papst Johannes Paul II. in Köln.
1997	8. Apr.	Der Vatikan gibt kund, daß der Papst offiziell die Wunderheilung von Teresia Benedicta McCarthy anerkannt habe, der letzte Akt, der für die Heiligsprechung Edith Steins erforderlich ist.
1998	11. Okt.	Heiligsprechung Edith Steins durch Papst Johannes Paul II. in Rom.
1999	1. Okt.	Ernennung von Edith Stein zur Mitpatronin Europas

Literaturverzeichnis

1917 *Zum Problem der Einfühlung.* Inaugural-Dissertation, Halle, 1917; Nachdruck: München, 1980.

1922 *Beiträge zur philosophischen Begründung der Psychologie und der Geisteswissenschaften. I: Psychische Kausalität; II: Individuum und Gemeinschaft.* In: Jahrbuch für Philosophie und phänomenologische Forschung, Bd. V, Halle a. d. Saale, 1922; Nachdruck: Tübingen, 1970.

1925 *Eine Untersuchung über den Staat.* In: Jahrbuch für Philosophie und phänomenologische Forschung, Bd. VII, Halle a.d. Saale, 1925; Nachdruck: Tübingen, 1970.

1928 (Übersetzung:) J.H. Newman, *Briefe und Tagebücher bis zum Übertritt zur Kirche,* Gesammelte Werke, Bd. 1, München, 1928.

1929 *Husserls Phänomenologie und die Philosophie des hl. Thomas von Aquino.* In: Jahrbuch für Philosophie und phänomenologische Forschung, Ergänzungsband, Halle a. d. Saale, 1929.

1930 *Das Ethos der Frauenberufe.* In: Edith Steins Werke, Bd. V: Die Frau. Ihre Aufgabe nach Natur und Gnade, Louvain – Freiburg, 1959, 1–15.

1931 *Beruf des Mannes und der Frau nach Natur- und Gnadenordnung.* In: Edith Steins Werke, Bd. V: Die Frau. Ihre Aufgabe nach Natur und Gnade, Louvain – Freiburg, 1959, 17–44.

1931 *Wege zur inneren Stille.* Vortrag November 1931. In: Monatsbrief der Societas Religiosa, Februar 1932, und: Edith Stein, eine große Frau unseres Jahrhunderts, Schwester Teresia Benedicta a Cruce, Philosophin und Karmelitin, ein Lebensbild, gewonnen aus Erinnerungen und Briefen durch Schw. Teresia Renata de Spiritu Sancto, Freiburg, Taschenbuch Nr. 3, 9. Aufl. 1963, 84ff.

1931 *Potenz und Akt. Studien zu einer Philosophie des Seins.* Edith Steins Werke, Bd. XVIII, Freiburg, Basel, Wien, 1998.

1931–32 *Des hl. Thomas von Aquino Untersuchungen über die Wahrheit (Quaestiones disputatae de veritate).* In deutscher Übertragung von Edith Stein, Bd. I, Breslau, 1931 Bd. II, Breslau, 1932; Neuauflage: Edith Steins Werke (ESW), Bd. I (ESW III), Louvain – Freiburg, 1952; Bd. II (ESW IV), Louvain – Freiburg, 1955.

1932 *Probleme der Frauenbildung.* In: Edith Steins Werke, Bd. V: Die Frau. Ihre Aufgabe nach Natur und Gnade, Louvain – Freiburg, 1959, 93–187.

1932 *La Phénoménologie.* Journée d'Études de la Societé Thomiste, Juvisy, 12 Sept. 1932.

1932 *Aufgabe der Frau als Führerin der Jugend zur Kirche.* In: Edith Steins Werke, Bd. V: Die Frau. Ihre Aufgabe nach Natur und Gnade, Louvain – Freiburg, 1959, 189–203.

1932 *Lebensgestaltung im Geist der heiligen Elisabeth.* In: Edith Steins Werke, Bd. XI: Verborgenes Leben, Druten – Freiburg, Basel, Wien, 1987, 27–39.

1932 *Die ontische Struktur der Person und ihre erkenntnistheoretische Problematik.* In: Edith Steins Werke, Bd. VI: Welt und Person. Beitrag zum christlichen Wahrheitsstreben, Louvain – Freiburg, 1962, 137–197.

1932–33 *Theologishe Anthropologie.* Als *Was ist der Mensch? Eine theologische Anthropologie* veröffentlicht in: Edith Steins Werke, Bd. XVII, Freiburg, Basel, Wien, 1994.

1932–33 *Erkenntnis, Wahrheit, Sein.* In: Edith Steins Werke, Bd. XV: Erkenntnis und Glaube, Freiburg, Basel, Wien, 1993, 49–62.

1933 *Übersetzung der Briefe des Areopagiten. Himmlische Hierarchie, kirchliche Hierarchie.* Unveröffentlichtes Manuskript.

1933–39 *Aus den Erinnerungen meiner Mutter* und *Aus unserer Familiengeschichte: Die beiden Jüngsten.* Veröffentlicht als *Aus dem Leben einer jüdischen Familie,* Edith Steins Werke, Bd. VII, Louvain – Freiburg, 1965; vollständige Ausgabe: Druten – Freiburg, Basel, Wien, 1985; Neuauflage: *Aus meinem Leben.* Mit einer Weiterführung über die zweite Lebenshälfte von Maria Amata Neyer OCD, Freiburg, Basel, Wien, 1987.

1934 *Das mystische Sühneleiden. Zum Fest des hl. Johannes vom Kreuz.* Unveröffentlicht.

1934 *Liebe um Liebe. Leben und Werke der heiligen Teresa von Jesus.* Kanisiuswerk, Kleine Lebensbilder Nr. 84, Freiburg/Schweiz, 1943; Neuauflage in: Edith Steins Werke, Bd. XI: Verborgenes Leben, Druten – Freiburg, Basel, Wien, 1987, 40–88.

1934 *Die heilige Teresia Margareta vom Herzen Jesu.* Rita-Verlag, Würzburg, 1934; Neuauflage in: Edith Steins Werke, Bd. XI: Verborgenes Leben, Druten – Freiburg, Basel, Wien, 1987, 89–100.

1934–36 *Endliches und ewiges Sein. Versuch eines Aufstiegs zum Sinn des Seins.* Edith Steins Werke, Bd. II, Louvain – Freiburg, 1950; 2., unveränderte Auflage: Freiburg, Basel, Wien, 1962; 3., unveränderte Auflage: Freiburg, Basel, Wien,1986.

1936 *Das Gebet der Kirche.* In: Edith Steins Werke, Bd. XI: Verborgenes Leben, Druten –Freiburg, Basel, Wien, 1987, 10–25.

1937 *Eine deutsche Frau und große Karmelitin. Mutter Franziska von den unendlichen Verdiensten Jesu Christi, O.C.D. (Katharina Esser), 1804–1866.* In: Eugen Lense, Die in Deinem Hause wohnen. Menschen im Ordensstand, Einsiedeln–Köln, 1938, 147–163. Neuauflage in: Edith Steins Werke, Bd. XII: Ganzheitliches Leben, Freiburg, Basel, Wien, 1990, 139–150.

1937 *Missae et Officium in honore B.V.M. sub titulo: Regina Pacis.* Maschinenschrift mit Handkorrekturen von Edith Stein im Edith Stein Archiv, Köln.

1938 *Pater Andreas vom hl. Romuald OCD.* In: Stimmen vom Karmel, Bamberg, Jg. 1939.

1938 *Sancta Discretio.* In: Erbe und Auftrag, 38. Jg. 1962, Heft 3.

1938 *Mein erstes Göttinger Semester.* In: Teresia Renata de Spiritu Sancto, Edith Stein. Schwester Teresia Benedicta a Cruce, Philosophin und Karmelitin. Ein Lebensbild. Nürnberg, 1948. Neuauflage: Heroldsberg bei Nürnberg, 1979.

1938 *Wie ich in den Kölner Karmel kam.* In: Teresia Renata de Spiritu Sancto, Edith Stein. Nürnberg, 1948. Neuauflage: Würzburg, 1994.

1940 *Hochzeit des Lammes.* In: Edith Steins Werke, Bd. XI: Verborgenes Leben, Druten – Freiburg, Basel, Wien, 1987, 127–133.

1941 *Wege der Gotteserkenntnis. Die »Symbolische Theologie« des Areopagiten und ihre sachlichen Voraussetzungen.* In: Tijdschrift voor Philosophie, 8. Jg. Nr. 1, Febr. 1946, 27–74. Neuauflage: *Wege der Gotteserkenntnis – Dionysius der Areopagit und seine symbolische Theologie.* München, 1979.

1941–42 *Kreuzeswissenschaft. Studie über Joannes a Cruce.* Edith Steins Werke, Bd. I, Louvain, 1950; 2. verbesserte Auflage: Louvain – Freiburg, 1954; 3. Auflage: Druten – Freiburg, Basel, Wien, 1983.

Edith Steins Werke (ESW) sind seit 1950 in achtzehn Bänden erschienen, herausgegeben von Lucy Gelber, Romaeus Leuven OCD und Michael Linssen OCD vom *Archivum Carmelitanum Edith Stein.*
Verlag Herder, Freiburg, ediert ab 2000 eine vollständige, kritische Ausgabe der Schriften Edith Steins: die neue *Edith Stein-Gesamtausgabe (ESGA)* in 24 Bänden. Herausgeber ist das *Internationale Edith Stein Institut Würzburg* unter Leitung von Michael Linssen OCD in Zusammenarbeit mit Prof. H.-B. Gerl-Falkovitz und zahlreichen Fachgelehrten.

Quellenverzeichnis

Diese Liste enthält nur veröffentlichtes Material, obwohl die Verfasserin auch Briefe und unveröffentlichte Aufsätze aus ihren persönlichen Karteien benutzt hat.

Batzdorff, Susanne M.: *A Martyr of Auschwitz.* In: The New York Times, April 12, 1987.
Breslau. In: Encyclopedia Judaica, Bd. IV, 1353, Jerusalem, 1972.

Cassidy, Edward Idris, Cardinal: *Reflections: The Vatican Statement on the Shoah,* by Edward Idris Cardinal Cassidy, Pres. Vatican Commission for Religious Relations with the Jews. Address to the American Jewish Committee, Washington, DC, May 15, 1998.
Cassidy, Edward Idris, Cardinal: *We Remember: A Reflection on the Shoah,* by Edward Idris Cardinal Cassidy, President, Vatican Commission for Religious Relations with the Jews, the Most Reverend Pierre Duprey, Vice President, and the Reverend Remi Hoeckmann OP, Secretary, March 16, 1998.
Czerwinski, Janusz: *Breslau, Schlesische Metropole an der Oder,* Berlin, 1993.

Gay, Ruth: *The Jews of Germany; a Historical Portrait,* New Haven, 1992.

Herbstrith, Waltraud, OCD, Hg.: *Erinnere dich – vergiß es nicht. Edith Stein – Christlich-jüdische Perspektiven,* Annweiler-Essen, 1990.
Herrmann, Maria Adele, OP: *Die Speyerer Jahre von Edith Stein, Aufzeichnungen zu ihrem 100. Geburtstag,* Speyer, 1990.

Juden in Preußen; ein Kapitel deutscher Geschichte, Bildarchiv Preußischer Kulturbesitz, Dortmund, Harenberg Kommunikation, 3. Auflage, 1982. (Offizieller Katalog der Ausstellung »Juden in Preußen«, Berlin, 1981.)

Kölner Selig- und Heiligsprechungsprozess der Dienerin Gottes Sr. Teresia Benedicta a Cruce (Edith Stein), Professe und Chorschwester des Ordens der Allerseligsten Jungfrau Maria vom Berge Karmel, Köln, 1962.
Koeppel, Josephine: *Edith Stein, Philosopher and Mystic,* Collegeville, MN, 1990.

Lagiewski, Maciej: *Breslauer Juden, 1850–1944, (The Jews of* Breslau*),* Wroclaw, 1996.
Leuven, Romaeus, OCD: *Heil im Unheil. Das Leben Edith Steins:*

Reife und Vollendung; Edith Steins Werke, Bd. X, Druten – Freiburg, 1983.

Neyer, Maria Amata, OCD: *Die Familie Stein in Lublinitz,* in: Edith Stein Jahrbuch, Bd. 3, Würzburg, 1997, 385–402.
Neyer, Maria Amata, OCD: *Edith Steins Werk »Endliches und ewiges Sein«. Eine Dokumentation,* in: Edith Stein Jahrbuch, Bd. 1, Würzburg, 1995, 311–343.

Oesterreicher, John M.: *A new Beginning: Reflections on »Nostra aetate« after 25 Years,* in: Ecumenical Trends, March 1991.
Okólska, Danuta: *Edith Steins Spuren in Breslau,* Wroclaw, 1997.

Passelecq, Georges, and Bernard Suchecky: *The Hidden Encyclical of Pius XI,* New York, 1997.
Posselt, Teresia Renata de Spiritu Sancto, OCD: *Edith Stein,* New York, 1952.

Salter, Mark, and Gordon McLachlan: *Poland,* London, 1994.
Scheyer, Ernst: *Breslau so wie es war,* Düsseldorf, 1969.
Scholem, Gershom: *From Berlin to Jerusalem; Memories of my Youth,* New York, 1980 (dt. *Von Berlin nach Jerusalem* , Frankfurt/Main 1997).
Stein, Edith: *Briefe an Roman Ingarden, 1917–1938.* Edith Steins Werke, Bd. XIV, Freiburg, Basel, Wien, 1985.
Stein, Edith: *Aus dem Leben einer jüdischen Familie.* Edith Steins Werke, Bd. VII, Druten – Freiburg, Basel, Wien, 1985.
Stein, Edith: *Selbstbildnis in Briefen, Erster Teil, 1916–1933.* Edith Steins Werke, Bd. VIII, 2. Auflage, Freiburg, Basel, Wien, 1998.
Stein, Edith: *Selbstbildnis in Briefen, Zweiter Teil, 1934–1942.* Edith Steins Werke, Bd. IX, Druten – Freiburg, Basel, Wien, 1977.
Stein, Edith: *Selected Writings,* ed. by Susanne M. Batzdorff, Springfield, IL, 1990.
Stein, Edith: *Studentin in Göttingen, 1913–1916,* Göttinger Bibliotheksschriften, 1993.

Register